冶金企业班组长安全管理知识

韦建华　编著

"理论+方法+工具+模板"四位一体

·向班组长提供·
安全管理技能提升方案

图书在版编目(CIP)数据

冶金企业班组长安全管理知识/韦建华编著. —北京：中国劳动社会保障出版社，2013

班组长职业能力提升系列丛书

ISBN 978-7-5167-0178-2

Ⅰ.①冶… Ⅱ.①韦 Ⅲ.①冶金工业-班组管理-安全管理 Ⅳ.①F407.36

中国版本图书馆 CIP 数据核字(2013)第 014386 号

中国劳动社会保障出版社出版发行

（北京市惠新东街 1 号 邮政编码：100029）

出 版 人：张梦欣

*

北京金明盛印刷有限公司印刷装订 新华书店经销

880 毫米×1230 毫米 32 开本 8.5 印张 223 千字

2013 年 1 月第 1 版 2013 年 1 月第 1 次印刷

定价：25.00 元

读者服务部电话：(010) 64929211/64921644/84643933

发行部电话：(010) 64961894

出版社网址：http://www.class.com.cn

“班组长职业能力提升系列丛书” 序言

班组长是企业生产管理的直接指挥者和现场组织者，是企业与生产员工主要的沟通桥梁，也是企业最基层的负责人。班组长管理水平的高低直接影响班组的效率和士气，从而影响企业产品的生产进度、质量以及生产安全等。

相信不少班组长在工作的过程中，都遇到过以下几大类问题：有计划无调度、紧急订单生产无秩序、生产线不均衡、现场管理混乱、工艺准备不充分、防呆措施不充分、设备维护不到位、生产效率低下、质量问题层出不穷……

“班组长职业能力提升系列丛书”力图为企业及生产一线的班组长解决上述困扰，全面阐述班组管理的实用知识与技巧，并提供了“拿来即用”的制度、方案、表单等工具，以帮助企业打造一支高士气、高效率、零缺陷、低损耗的班组。

本系列丛书具有以下三大优势。

一、知识体系健全

在生产现场，班组长的主要任务是交货期管理 D（Delivery）、成本管理 C（Cost）、质量管理 Q（Quality）、设备管理 M（Machine）、安全管理 S（Safety）、班组员工与劳务管理 H（Human）。“班组长职业能力提升系列丛书”按照这一体系进行分册编写，全面阐述了班组长管理基础知识、现场管理知识、安全管理知识、成本管理知识、质量控制知识、设备管理知识等，书的内容针对性强，适合开展班组长专题培训时使用。

二、突出行业班组的特殊性

在不同的行业中，班组长的工作方式、工作重点差别很大。因此，专业化、行业化的班组图书才能更好地适应不同行业班组的真正需要。“班组长职业能力提升系列丛书”根据这一需求，特别针对冶金、电力等特殊行业的班组安全管理，单独重点编写，有利于特殊行业的班组借鉴使用。

三、理论方法与实战工具相结合

“班组长职业能力提升系列丛书”突破了以前单品种班组长培训图书只讲理论方法的局限性，将理论知识与班组长的工作实践相结合，在阐述班组管理理论知识与方法的同时，还提供了大量的制度、方案、案例、表单等工具模板，真正做到了实际、实用，不仅有利于班组长建立健全自身的知识体系，还可以在实际工作中“拿来即用”或“稍改即用”。

所以，本系列丛书既可以作为企业实施生产班组管理的指导手册，也可以作为班组长进行自我培训的指导用书。

前 言

“班组长职业能力提升系列丛书”第一批共推出8本，《冶金企业班组长安全管理知识》是其中的一本。做好安全生产管理，能够保护劳动者在生产过程中的安全，最大限度地减少作业人员工伤和职业病，保护其生命安全和身体健康，所以班组必须重视安全生产管理。

安全生产管理，是指为了预防生产过程中发生人身、设备事故，形成良好的劳动环境和作业秩序而采取的一系列措施和活动。本书详细叙述了班组长在安全管理中会用到的管理知识、方法与实用工具。全书具有以下三大特点。

一、内容全面实用

本书内容主要包括班组安全管理目标与责任、冶金企业危险源识别与防范、冶金企业现场作业安全管理、矿山企业安全作业管理、钢铁企业安全作业管理、焦化企业安全作业管理、冶金企业事故应急与急救、班组安全管理制度与教育、班组安全文化建设、班组安全生产体系、班组安全心理管理、冶金安全法律法规12大事项，并针对现场问题的发现、分析与解决给出相应的工具与对策。

二、图文并茂便于阅读

本书集结了作者多年在企业指导、咨询过程中实际运用的资料和工具，其最大的特点就是以图文并茂的形式，将理论与实践密切结合，既生动地介绍了生产现场的相关理论，又将与生产一线紧密相关的案例、经验介绍给读者。

三、实战工具便于使用

因书中给出的图表、制度、方案、案例、工具大部分都是在作者生产现场实际经过演练和操作的，所以读者只需根据本企业的实际稍加改动或“拿来即用”，就可以让它们在生产现场的管理工作中发挥作用。

在本书编写的过程中，董连香、刘井学、程富建、刘伟、董建华负责资料的收集和整理，赵帅、董芳芳、任玉珍、李苏洋、廖应涵负责图表的编排，韦建华负责编写了本书的第 1 章，姚小风负责编写了本书的第 2 章，程淑丽负责编写了本书的第 3 章，高玉卓负责编写了本书的第 4 章，孙玖凡负责编写了本书的第 5 章、第 6 章，杨晓溪负责编写了本书的第 7 章，杨雪负责编写了本书的第 8 章，薛显东负责编写了本书的第 9 章，李育蔚负责编写了本书的第 10 章，高娃负责编写了本书的第 11 章，滕金伟负责编写了本书的第 12 章，全书由韦建华统撰定稿。

准正锐质生产管理咨询中心

2012 年 12 月

内容提要

这是一本关于冶金企业实施生产班组安全管理的指导手册，是班组长进行自我培训、提升现场管理技能的指导用书。

本书从冶金企业生产安全管理的实际出发，详细阐述了班组安全管理目标与责任、冶金企业危险源识别与防范、冶金企业现场作业安全管理、矿山企业安全作业管理、钢铁企业安全作业管理、焦化企业安全作业管理、冶金企业事故应急与急救、班组安全管理制度与教育、班组安全文化建设、班组安全生产体系、班组安全心理管理、冶金安全法律法规 12 大事项，并针对安全问题的发现、分析与解决给出相应的实用工具与对策，理论性、实操性二者兼具。

本书适合冶金企业生产部管理人员、人力资源部或培训部人员、生产现场管理人员（班组长、线长、拉长、工段长等）以及生产管理领域的人员研究、阅读和使用。

CONTENTS 目录

第1章　冶金企业班组安全管理

1.1　冶金企业班组安全管理知识

1.1.1　冶金企业班组安全生产的特点

冶金企业安全生产随着国内安全生产技术的不断发展，虽有进步但依然存在重大隐患，究其原因为冶金企业作业环境差，粉尘、噪声、高温、有毒有害气体等因素严重危害生产一线作业人员的生命健康。

1. 班组安全生产特点

班组安全生产是指在生产作业过程中，为避免人员伤害和财产损失，而采取相应的预防和控制措施，以保证生产现场人员和财产安全，并保证生产经营活动正常进行的相关活动。冶金企业班组安全生产特点如图1—1所示。

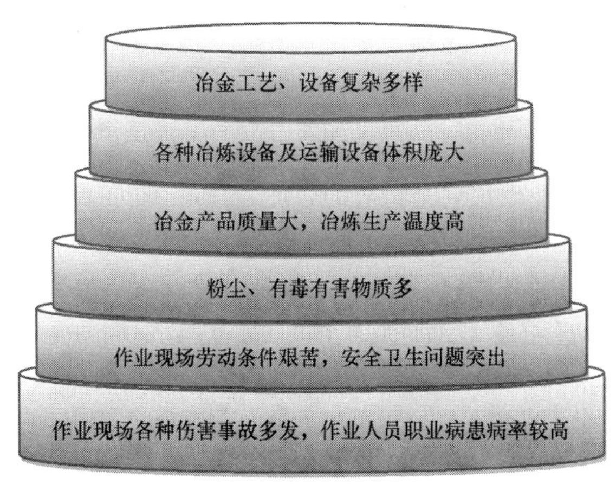

图1—1　冶金企业班组安全生产特点

2. 安全生产存在的问题

根据冶金行业的整体安全生产特点，冶金企业班组安全生产的问题较为突出，主要体现在管理机制不健全、安全投入少或执行不到位等方面，其具体表现如图 1—2 所示。

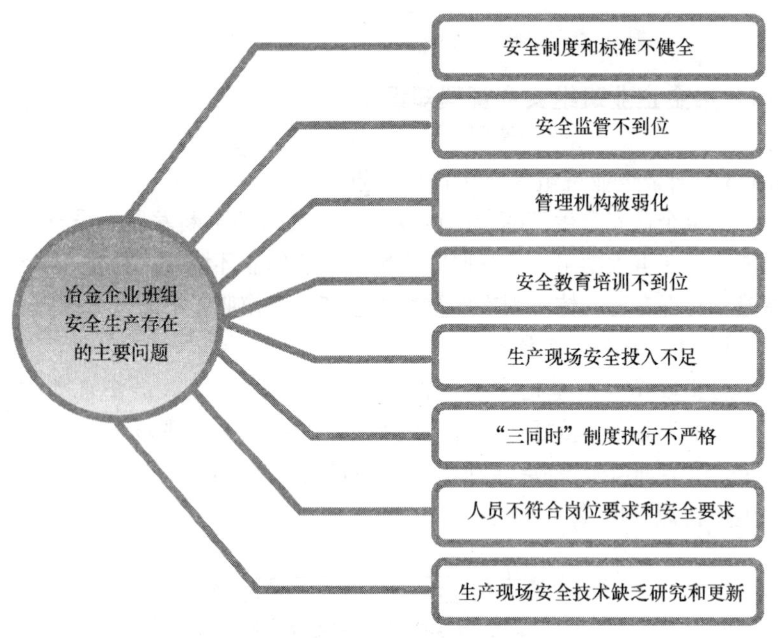

图 1—2　冶金企业班组安全生产存在的主要问题

1.1.2　冶金企业班组安全事故的分类

冶金企业中产品加工类型多种多样，加工工艺也各有不同，根据对业内多年资料的整理和统计，冶金企业安全事故多发生在炼铁、炼钢、轧钢、有色金属冶炼等生产加工的过程中。

另外，冶金作业中多采用煤气和氧气两种工业危险气体，也是发生生产安全事故的主要原因。冶金企业生产现场安全事故分类见表 1—1。

表 1—1　　冶金企业生产现场安全事故分类

事故类别	事故原因	事故表现
工艺事故	作业人员因习惯或不熟悉安全操作技术而违章作业，安全生产技术设计有缺陷，现场缺乏检查和指导，安全规章制度不完善或执行不严，作业环境缺乏人员管理等原因	主要表现为高温及化学品导致的灼烫伤害、机具伤害、车辆伤害、物体打击、有毒有害气体和化学品引起的中毒和窒息、可燃物质导致的火灾和各类爆炸、高处坠落，以及触电和煤气中毒等
设备事故	设备设计和质量缺陷，设备到达使用极限，设备间相互影响，防护装置失效或缺陷等原因	
意外事故	意外停水、停电，自然灾害，人为外力等原因	

1.2　班组安全管理知识

1.2.1　安全生产制度管理

为完善冶金企业生产现场安全管理体系，班组长应协助车间和生产部建立健全安全生产制度体系。冶金企业的安全生产制度体系主要包括安全生产管理制度和安全操作规程两大方面。如图 1—3 所示，冶金企业班组安全操作规程根据作业工序主要包括但不限于这六种。

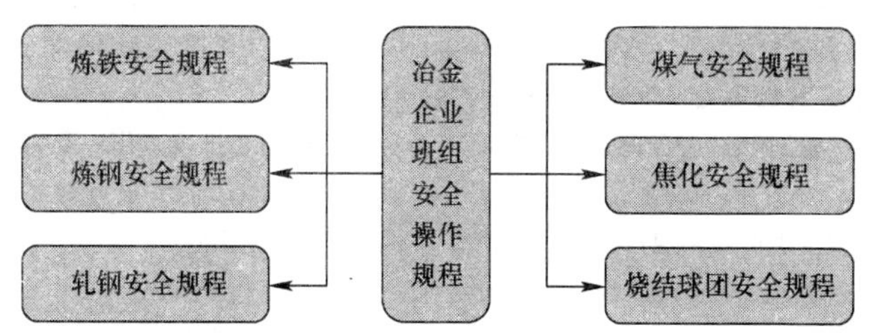

图 1—3　冶金企业班组安全操作规程

安全生产管理制度作为冶金企业安全生产制度体系的重要内容，需要由安全监督体系进行执行监督和效果考核，以保证安全生产制度的严格执行。冶金企业班组安全生产管理制度一般必须包括图 1—4 所示六项制度。

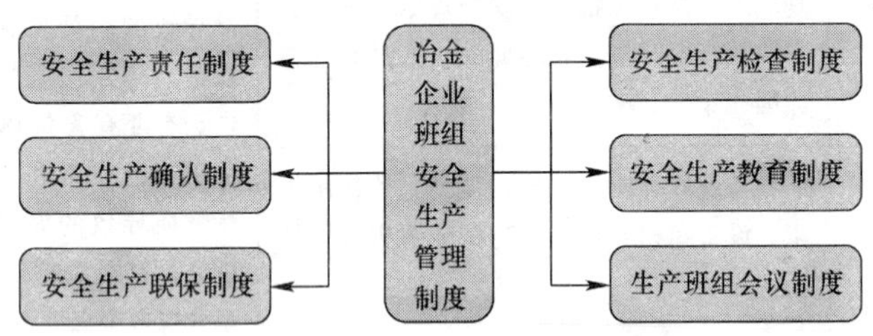

图 1—4　冶金企业班组安全生产管理制度

1.2.2　安全生产责任管理

冶金企业生产现场应注意对生产班组安全生产责任的管理，通过制定班组长和班组安全员安全管理责任书，要求生产一线员工与企业签订安全生产责任书，明确生产班组各成员的安全生产责任。班组长及安全员的安全管理职责见表 1—2。

表 1—2　　班组长及安全员的安全管理职责

班组长安全管理职责	安全员安全管理职责
1. 贯彻执行企业安全生产工作方针，制订安全生产计划，在班组内配备专职或兼职安全员 2. 开好班前班后会，落实“五同时”，认真进行“两交两查”，合理分配班组人员的工作 3. 执行安全生产相关规章制度，不违章指挥，带头做好安全生产工作，监督班组成员的作业情况，及时叫停纠正违章作业，并对违章人员进行惩罚	1. 执行并监督班组长制订的安全生产计划，组织班组内的安全活动，推广安全生产和安全管理方面的先进经验 2. 组织隐患排查工作，及时通报，并保证该方案的实施并进行效果评估，确保及时消除安全隐患 3. 有权制止班组成员的违章指挥和违章作业行为，遇有严重险情，有权责令先行停止生产

续表

班组长安全管理职责	安全员安全管理职责
4. 做好安全工作记录，定期参加上级安全工作会议，并提出合理的安全改善建议 5. 定期申请检验冶金特种设备，不得安排班组成员使用未经定期检验或者检验不合格的特种设备 6. 及时排查生产现场安全隐患，对于无法自行排除的应及时向上级汇报，协助班组整改 7. 加强特种设备的作业人员及相关管理人员的安全知识教育和培训，严格执行持证上岗制度，非持有专业证书的人员不得从事特种作业或管理工作 8. 发生工伤事故后，迅速组织抢救人员，保护现场，及时向领导汇报情况，积极协助进行重大安全事故的应急救援工作	4. 加强对班组安全防护用品的收发、使用和保管的管理，指定地点存放安全器具，并定期对作业所需的安全设施设备进行检修，确保作业区域内安全设施、装置以及使用的安全器具完好可用 5. 定期对班组内成员的安全目标达标情况进行督促和检查，按时填报安全报表和相关资料，保证其准确性和真实性 6. 发生安全事故，按“四不放过”的原则参与事故调查，并按相关要求及时完成事故调查报告，协助班组长教育事故责任者，制定反事故措施并监督实施

1.2.3　安全生产教育管理

冶金企业同其他生产企业一样，对一线作业人员实行三级安全教育，主要包括工厂级、车间级和班组级三个等级的教育。其中，班组级安全生产教育最为重要，主要包括冶金企业安全生产文化、安全生产作业标准、安全生产技能等方面的教育和培训。

班组安全生产教育是为实现生产现场“零违章、零事故”的安全生产目标服务的。安全生产文化学习主要指班组成员对冶金企业的安全生产方针和安全生产理念进行理解和执行。

安全生产作业标准教育主要是对各岗位作业规程、安全作业标准以及生产中的相关注意事项等内容进行学习，其具体内容如图1—5 所示。

安全生产技能教育是指为保证安全生产所必需的个人能力的教

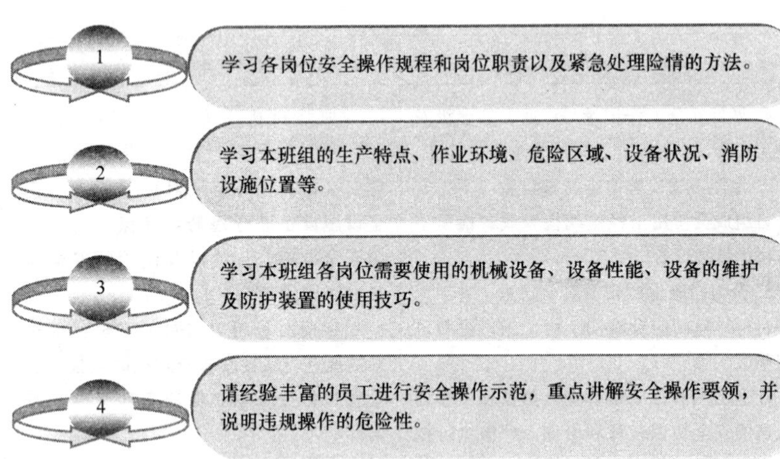

图 1—5　安全生产作业标准教育的内容

育，使班组成员通过学习达到“三会”技能标准，使“三不准”原则在实际生产过程中得到普及。“三会”和“三不准”的具体内容如图 1—6 所示。

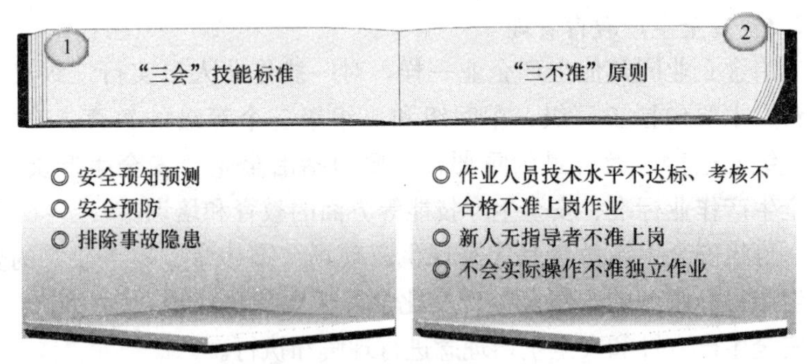

图 1—6　“三会”和“三不准”的具体内容

1.2.4　安全生产监检管理

安全生产监检作为一般企业安全生产的重要工作，在冶金生产中同样需要班组长的重视。安全生产监检的目的在于及时发现生产现场中的安全隐患，并及时进行整改，将生产风险限制在可控范围内。冶金企业在进行安全生产监管时，要严格按照《冶金企业安全生产监督管理规定》的要求进行，其中，安全监检工作具体包括安全检查和安全监督两项工作，具体内容见表1—3。

表1—3　　安全生产监检管理的具体内容

监检项目	执行者	具体内容
作业人员	班组长或安全监督人员	◎检查一线操作人员对安全生产的认识和责任心 ◎检查一线操作人员忽视安全的思想是否已克服，出了事故是否能认真吸取教训
基层管理	安全监督人员	◎检查一线管理层是否能够正确处理安全与生产的关系 ◎检查一线管理层能否坚持安全和生产“五同时”，出现问题能否严肃处理并落实整改措施
安全制度	安全监督人员	◎检查各项制度的执行情况，有无违章指挥、违章作业的现象，是否制定车间、班组安全管理制度
工艺管理	班组长或安全监督人员	◎检查各种原材料是否按规定投入，各部门是否按规定操作，操作原始记录是否真实
设备管理	班组长或安全监督人员	◎检查设备、仪表、车间、通道、安全装置、消防器材等的安全状况是否良好 ◎检查工位、设备、工具堆放是否整齐 ◎检查设备操作人员防护用品穿戴、保管是否良好，消防通道是否畅通

1.2.5　安全生产事故管理

安全生产事故管理是冶金企业安全生产管理的重要组成部分，是降低企业安全损失的主要手段。冶金企业安全生产事故管理工作主要包括制定安全事故应急预案、事故发现和上报、执行应急预案、事故调查、编制安全事故报告、事故责任追究、安全整改七个步骤和内容。

当发生安全事故时，为保证事故处理效率，降低冶金企业的损失，生产现场一般按照图 1—7 所示安全事故处理流程进行。

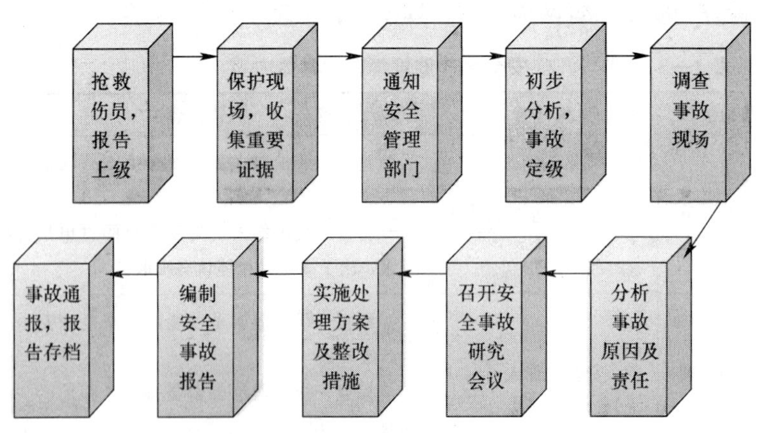

图 1—7 安全事故处理流程

冶金企业相关人员和班组长在进行事故处理过程中，应严格按照“四不放过”原则进行调查处理，查明事故的直接原因和间接原因，吸取事故教训，以便采取相应的整改和教育措施，提高冶金企业的安全生产管理水平。“四不放过”原则的基本内容如图 1—8 所示。

图 1—8 “四不放过”原则的基本内容

根据国家相关法律、法规的规定，一般将冶金企业安全事故分为特大事故、重大事故、较大事故和一般事故四个级别。冶金企业进行安全事故处理时，具体要求如下：

（1）发生重大级别以上的安全事故时，企业应立即建立以安全委员会为领导的应急指挥小组，主要成员包括安全部和生产部的相关人员。

（2）发生重大级别以上的安全事故时，全体员工应在应急指挥小组的领导下开展紧急抢救工作，以防事故蔓延。

（3）当发生安全事故时，班组长应按照遇事冷静、互相协调、通力配合、不慌不乱的原则，尽快完成救助、上报、保护现场等工作。

1.2.6　安全生产劳动防护

安全生产劳动防护是冶金企业作业人员的基本安全保护措施。为避免冶金企业作业人员的职业性伤害，并加强职业病的防范与管理，相关管理人员应加强对一线作业人员的安全生产劳动防护的管理。

冶金企业安全生产劳动防护工作应针对冶金企业安全生产的特点进行，从制度、劳动保护用品、安全教育、环境管理和技术等方面着手，具体内容如图1—9所示。

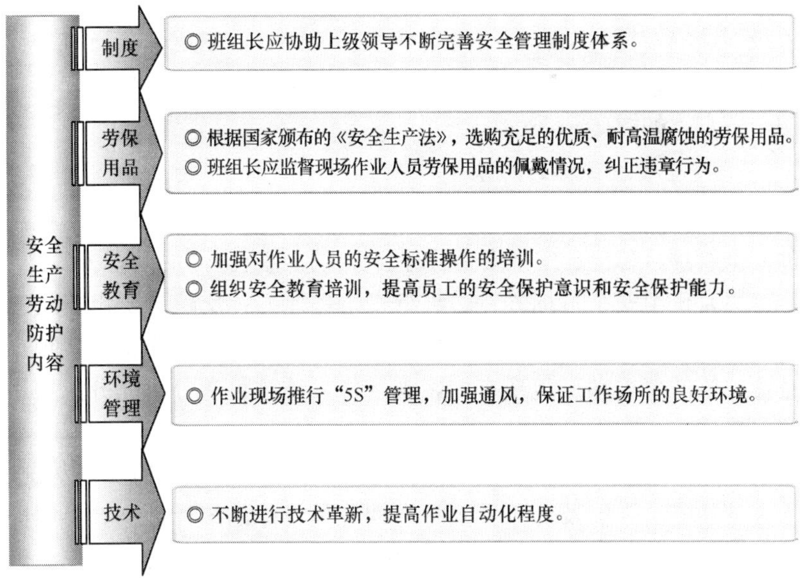

图1—9　安全生产劳动防护内容

第2章　班组安全管理目标与责任

2.1　班组安全管理目标

2.1.1　确定班组安全管理目标

安全管理目标是企业实行安全目标管理、控制企业安全生产活动的重要依据，各班组应根据本企业的任务及其具体情况来制定各自的安全管理目标。

1. 安全管理目标的特点

冶金企业班组制定安全管理目标要依据党和国家的方针政策、上级下达的指标，结合班组的现状和环境因素，制定一个通过全体班组成员努力可以实现的安全总目标。这个安全管理目标必须具备四个特点，如图2—1所示。

2. 安全管理目标的内容

冶金企业班组安全管理目标包括班组安全目标方针、班组生产的安全管理目标值、实现安全管理目标的措施等方面的内容。

(1) 班组安全目标方针。班组安全目标方针反映了班组安全工作方向，班组安全目标方针的制定要以企业目标方针为依据，根据企业整体的要求和班组现有的客观条件，经过科学分析充分论证后加以确定。

(2) 班组生产的安全管理目标值。根据企业自身的安全状况、上级下达的命令以及历年特别是近期各项目标的统计数据，参照同行业特别是先进企业的安全管理目标值，制定科学、可行的安全管理目标值。常见的安全管理目标值如图2—2所示。

明确性

- ◆ 目标要具体明确，既有数量目标，又有形象目标。数量目标如工伤人数、负伤率、死亡率等；形象目标如达到国际先进水平等。
- ◆ 目标数量不宜过多，要重点突出，体现本班组的特点。
- ◆ 目标期限要适当，不宜过长或过短。

可行性

- ◆ 目标的高度应根据需要与可能性综合确定，既先进又合理，既能鼓励职工的热情，又能通过努力而实现。

系统性

- ◆ 充分考虑各队、班组业务之间的内在联系与分工协作的关系，使目标既有可分性又有组合性。

应变性

- ◆ 根据冶金作业的实际情况，在作业发生变化时应注意应变。
- ◆ 在制定安全管理目标时，既要有相对的稳定性，又要有一定的灵活性，以达到促进安全生产的目的。
- ◆ 总目标制定后，要展开目标，逐级提出分目标；通过目标的展开，明确划分各部门及个人的职责范围。
- ◆ 目标由下级提出后，必须经上级纵横协调、综合平衡后确定。

图 2—1　安全管理目标的特点

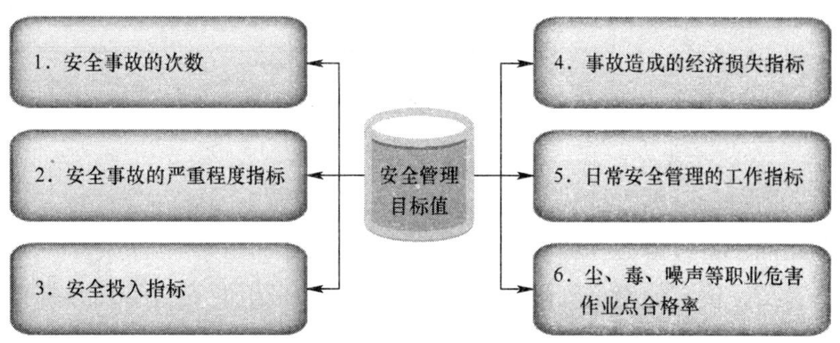

图 2—2　常见的安全管理目标值

（3）实现安全管理目标的措施。安全管理目标措施是安全管理目标落实的保证，因此确定安全管理目标值后，应制定组织措施、技术措施和管理措施，将安全管理目标进一步具体化、系统化。

3. 安全管理目标制定步骤

班组安全管理目标的确定是一个完整的决策过程，主要包括采取合理的步骤和运用必要的科学预测、决策方法。一般说来，制定班组安全管理目标可分为以下四步，具体如图 2—3 所示。

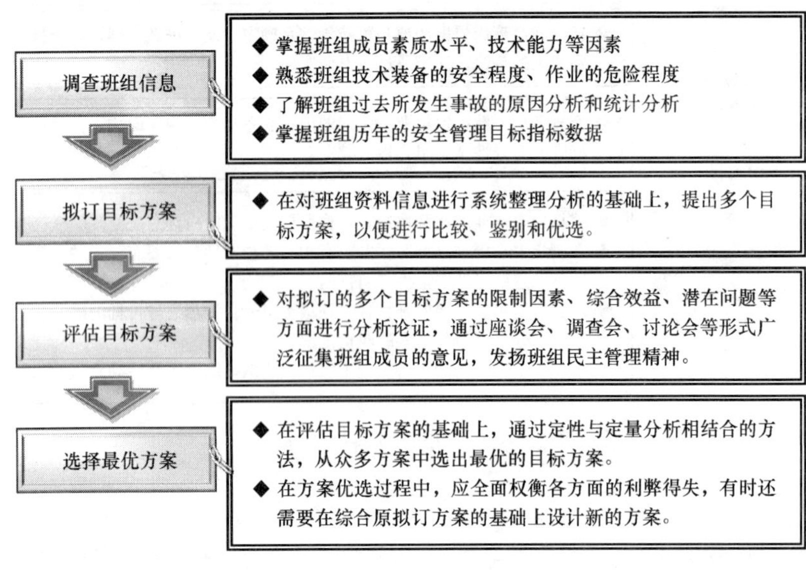

图 2—3　安全管理目标制定步骤

4. 安全管理目标制定的注意事项

（1）班组安全管理目标的制定依据。企业安全管理总目标是制定车间、班组安全管理目标的基本依据，具体如图 2—4 所示。

（2）确定的安全管理目标要切合实际。班组的安全管理目标值是班组技术与管理水平的综合反映，应恰如其分，既要能激发班组成员奋斗的激情，又要符合实际。

班组长及安全员在制定班组安全管理目标时，应根据班组生产性质、近年安全管理实绩、安全管理基础、班组成员素质、设备状况等拟定班组安全管理目标的初步设想，将控制要求进行分解，具体列出目标限额。分解的目标如图 2—5 所示。

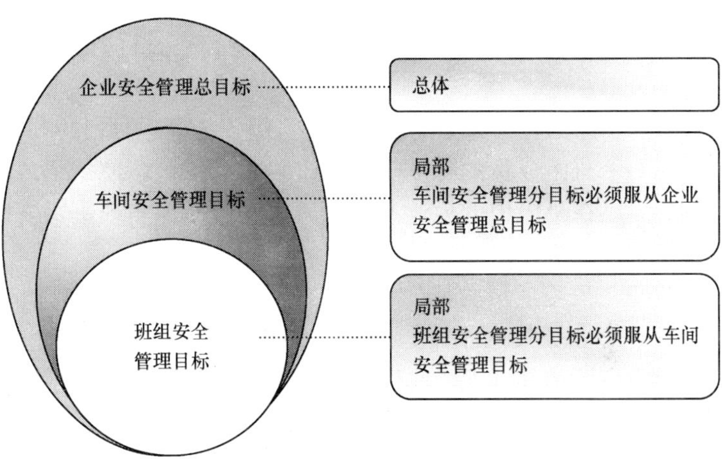

图 2—4 班组安全管理目标的制定依据示意图

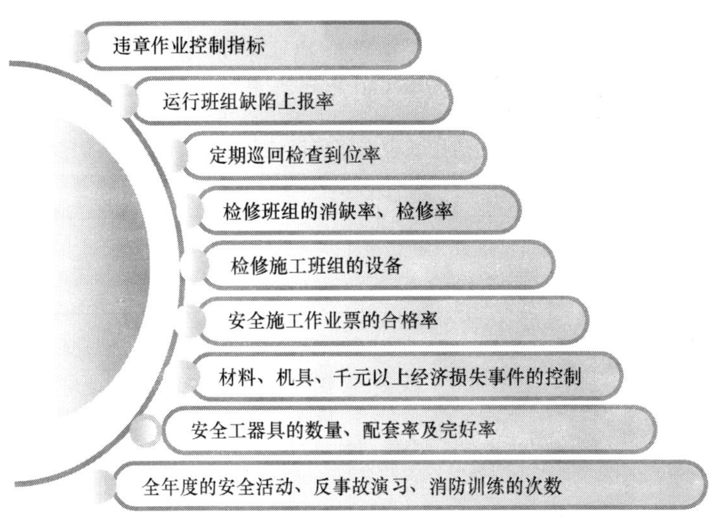

图 2—5 班组安全管理目标分解示意图

在班组成员充分讨论、建议的基础上，班组长和安全员共同制定出本班组的安全管理目标，并贴在作业现场醒目的地方，公之于众。

(3) 各班组成员的目标需明确。在班组安全管理目标的基础上，应制定出每个班组成员的年度安全管理目标和措施，使每个班组成员都明确自己在班组中的地位和作用，以及自己为实现班组安全管理目标所承担的责任。

制定每个班组成员的目标和措施时，应考虑成员的实际情况，如安全意识、业务技术水平、工种、制度熟悉情况、实际作业中的安全状况、设备的实际状况等。通过班组各成员安全管理目标的制定，防止班组成员的违规操作现象，促进班组安全状况的改进。

2.1.2 钢铁班组长安全管理目标与职责

为认真贯彻执行“安全第一，预防为主”的方针，提高班组成员安全素质，控制和减少伤亡事故的发生，实现安全生产，钢铁厂各班组长应明确安全管理目标，落实措施和责任，实现班组安全生产。钢铁班组长安全管理目标及职责见表2—1。

表2—1 钢铁班组长安全管理目标及职责

目标项	目标值	职责措施说明
事故率	班组全部成员轻伤事故率控制在2‰之内	◆杜绝和消灭施工现场重大伤亡、重大火灾爆炸等事故
安全教育率	安全教育率达95%	◆班组长负责新成员入厂时的第三级教育，对其进行钢铁班组变换工种操作培训 ◆班组长应带领班组成员认真学习并严格执行安全技术操作规程，自觉遵守安全生产规章制度和纪律，反对违章作业

续表

目标项	目标值	职责措施说明
交底率	分部分项交底率达100%	◆班组长应认真与施工员、车间负责人做好安全技术交底。将班组负责的钢铁工程阶段分部分项，进行全面、完整、翔实并有针对性的交底
安全隐患和问题整改率	安全隐患和问题整改率达96%以上	◆安全隐患整改做到定人、定时间、定措施
文明工地合格率	文明工地合格率达100%	◆文明施工、材料堆放、现场整洁、污水排放、防火设施、环境卫生等方面的工作要严格按施工组织平面图进行布置，整齐有序，生活设施实现标准化、规范化
防护装置完好度	员工防护良好，防护装置完好	◆爱护和正确使用安全防护装置（设施）及个人劳动防护用品，进入施工现场戴好安全帽，高处作业挂好安全带，使用手持和移动式电动工具应穿好绝缘鞋，戴好绝缘手套 ◆维护生产现场的一切防护设施，不得任意拆改，如脚手架、护身栏、洞口邻边防护设施，若必须变动时，须经批准
奖励与处罚	有奖有罚，奖罚分明	◆对工地职工在安全生产、文明施工方面遵章守纪的好人好事、典型事迹、表彰奖励的资料及违章违约人员的典型事例、批评教育与处罚资料均应归类存入安全管理档案
责任落实情况	责任落实到具体个人	◆单位工程的项目经理与施工班组应严格执行落实各级安全生产责任制，明确职责，加强安全生产责任制和目标管理的监督检查和考核，真正落实到位

2.1.3 矿山班组长安全管理目标与职责

矿山班组是冶金企业的重要组成部分，也是安全事故较为集中的班组，矿山班组长应认真贯彻执行《中华人民共和国安全生产法》（以下简称《安全生产法》）、《中华人民共和国矿山安全法》（以下简称《矿山安全法》），明确安全管理目标，并采取措施实现目标，营造安全工作环境。

1. *矿山班组长安全管理目标*

矿山班组长的安全管理目标是杜绝和消灭重大坍塌事故、重大伤亡事故等安全事故，防范和减少违章违规操作，建设安全班组。

2. *矿山班组长职责*

矿山班组长的职责见表 2—2。

表 2—2　　矿山班组长的职责

职责	具体说明
分解安全目标	◆矿山班组长需明确安全管理目标，并进行横向和纵向分解，落实到每个班组成员
责任落实到位	◆班组长应落实安全责任，将矿区的每台设备和每件工具的管理维护以及片区的管辖权落实到班组成员，谁出事谁负责
定期法规学习	◆班组长应组织班组成员学习《安全生产法》《矿山安全法》和各种安全生产技术标准，规范班组成员作业行为
召开班组安全会	◆抓好班组成员日常安全作业管理，按规定程序每天开好班组安全会，严格执行现场施工流程和工作标准，坚持做到精细化管理
安全培训	◆除日常的指导培训外，每月应专门培训 3～5 次 ◆每周进行一次班组安全小测试
安全活动	◆开展矿山安全月或安全班组评比活动 ◆结合矿山班组实际开展安全演练

续表

职责	具体说明
安全检查	◆对班组成员安全操作规程进行日常抽检 ◆班组成员之间进行互检，组织班组之间互检，配合各级领导检查
安全宣传	◆班组长以班组专栏、警示牌、安全知识小卡片的形式进行安全宣传，传达行业安全生产形势、近期事故和原因分析等信息

2.1.4　钢铁安全员安全管理目标与职责

冶金企业应依法健全安全生产管理机构，设置安全管理办公室，至少配备一名专职的钢铁安全管理员，明确钢铁安全管理员的安全管理目标。

1. 钢铁安全员安全管理目标

（1）基本安全管理目标。班组内无违章违纪作业行为，无火灾爆炸等安全事故发生。

（2）安全用品管理目标。班组内作业人员按照相关要求佩戴安全防护用具进行作业，并在作业完成后及时归还，安全计划期间内无安全用品丢失被盗现象出现。

（3）安全活动管理目标。安全计划期内每月至少组织一次安全活动，班组成员的安全知识抽考成绩合格。

2. 钢铁安全员职责

（1）落实安全责任。安全员应完善并落实安全生产奖惩制度，对于安全生产责任未落实，或有违规违章等现象的要对当事人进行经济处罚。

（2）日常安全检查情况。钢铁车间现场安全员应当熟悉检查的内容，具备安全隐患预知与处理能力。在各车间主任的配合下每天对全厂至少进行一次安全巡查。

（3）安全隐患排查与整改。安全员配合安全部组织工厂级安全隐患排查工作，隐患排查工作每月至少三次，并做好相关记录，对于查出的安全隐患应当及时整改。

（4）应急预案制定与演练。安全员应配合安全管理办公室定期对本冶金企业安全事故应急预案进行修订，应急演练每年应组织不少于两次。

（5）安全活动。按照国家安全生产监督管理总局下发通知的要求积极开展“百日安全无事故活动”和“安全生产月”等活动，对活动要有方案、照片和总结。

（6）安全事故。安全员严格执行事故报告制度，发生安全事故立即上报领导，由上级组织向安监局报告。发生安全事故必须及时组织抢救、调查处理，对安全生产事故按“四不放过”的原则处理，并配合安监部门做好对事故的调查处理。

（7）检查体检情况。安全员需对各班组员工的体检情况进行检查。冶金企业必须依照有关法律、法规要求给员工购买足额的工伤保险，每年至少组织作业人员体检一次，保证作业人员的体检率达到90%以上。

（8）安全评价。安全员参与班组安全评价工作，安全评价可分为企业级和班组级。安全员参与企业内部开展的安全评价工作，对年度、季度无安全事故发生的班组进行奖励，对安全事故高发班组进行一定的惩罚。

2.1.5 矿山安全员安全管理目标与职责

1. 矿山安全员安全管理目标

矿山安全员负责矿山安全生产的监督和检查工作，并对矿山事故进行调查、分析、处理。矿山安全员的安全管理目标有以下四项，如图 2—6 所示。

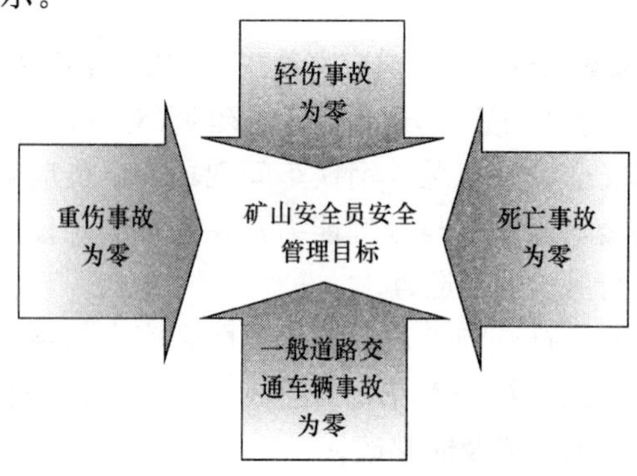

图 2—6　矿山安全员的安全管理目标

2. 矿山安全员职责

矿山安全员是矿山施工现场不可缺少的岗位，矿山安全员的安全管理职责可以从以下几个方面来进行阐述，见表2—3。

表2—3　　矿山安全员职责

职责	具体说明
安全事故防范	◆保障井下安全规范生产，减少井下安全事故和隐患
矿山安全制度宣传	◆积极宣传有关安全生产方针、政策、法规以及公司、矿山相关安全制度 ◆参与制定矿山作业场所的安全生产规章制度
安全检查	◆负责井下每个巷道现场日常安全监督检查 ◆发现危及员工人身安全的隐患，及时采取必要防范措施，制止违章作业 ◆检查各项管理方案、应急预案和组织机构、资源配备的落实情况，协助矿长实施演练，并做好记录
安全应急处理	◆在危及作业人员生命安全的紧急情况下，立即通知现场人员撤离危险区域
安全教育培训	◆对班组成员进行安全思想教育，杜绝“三违”“四不伤害” ◆负责新员工和年度、日常全员安全教育培训工作
安全宣传	◆负责施工现场重要危险部位的警示、安全标语牌的制作和宣传工作
安全汇报	◆参加公司、矿山安全生产会议，定期汇报安全生产工作，提出安全生产方面的建议和要求，按时上报安全生产各类报表
事故调查	◆参加工伤事故和未遂事故的调查、分析、处理，提出防范措施，并将事故及时、真实地统计上报
防护检查	◆督促检查员工劳动防护用品正确使用和防护用品及时发放 ◆戴安全帽，拿井下炮烟浓度检测仪器进行检查
环境控制	◆建立健全安全管理资料和职业安全健康及环境危害因素识别台账，准确及时上报各种报表和反馈事故隐患整改情况 ◆负责对施工现场粉尘、有毒有害气体、噪声等主要环境因素控制措施情况的检查与纠正

2.2 班组安全管理责任

2.2.1 班组长安全管理责任书

以下为某冶金企业的班组长安全管理责任书，供参考。

<table>
<tr><td rowspan="2">文案名称</td><td rowspan="2">班组长安全管理责任书</td><td>编　号</td><td></td></tr>
<tr><td>执行部门</td><td></td></tr>
<tr><td colspan="4">

一、目的

为了落实安全责任制，全面实现车间班组的安全管理目标，切实加强安全管理，保护员工的生命安全，公司根据冶金行业法律、法规要求以及本公司车间安全生产管理目标，特订立班组长安全管理责任书。

二、适用范围

本责任书适用于冶金作业现场所有班组长。

三、班组长安全管理目标与职责

（一）安全管理目标

各班组长安全管理目标具体如下图所示。

班组长安全管理目标

（二）安全管理职责

1. 对班组的安全管理负全面责任。模范遵守安全规章制度和安全操作规程，合理安排班组成员工作，带领本班组人员安全作业。

2. 经常对班组成员进行安全教育和培训，组织班组成员学习安全技术规范、安全操作规程以及企业安全生产管理规章制度。

3. 加强安全监督工作。监督班组成员正确使用个人防护用品，不断提高自我保护能

</td></tr>
</table>

续表

<table>
<tr><td rowspan="2">文案名称</td><td rowspan="2">班组长安全管理责任书</td><td>编　　号</td><td></td></tr>
<tr><td>执行部门</td><td></td></tr>
<tr><td colspan="4">
力。无安全保护的班组成员不准进入施工现场。
4. 加强安全检查工作。对所使用的器械、设备、防护用具及作业环境进行班前安全检查，发现问题应立即采取措施进行整改。
5. 遵守规章制度。严格执行工序交接、检查制度，听从施工员的正确指挥，认真执行安全技术交底。有权拒绝违章指挥，不违章冒险作业。
6. 班组长负责对本班组新员工进行第三级安全教育和上岗操作指导，考试合格后方可上岗。不安排未经三级安全教育的员工上岗。
7. 做好设施设备的安全维护工作。定期检查和维护生产设备、安全装备、消防设施、防护器材和急救器具，使其保持完好和正常运行。
8. 积极组织班组安全活动。引导班组成员掌握现场救护基本知识，发生事故要立即上报并积极配合事故调查组。班组长要对事故进行调查分析，查清原因，防止类似事故的重复发生。
9. 抓好班组建设，提高班组管理水平。保持生产作业现场整齐、清洁，实现文明生产，并做好班组的思想政治工作。
四、考核细则
1. 班组或班组内成员获得上级部门或企业总部安全生产奖励时，除对班组或成员进行奖励外，车间对班组长酌情另行嘉奖。
2. 班组内成员有违规行为的，除对违规的个人罚款外，班组长还需承担罚款的30%。
3. 对安全生产有特殊贡献的班组长，除公司奖励外，车间另外给予一定奖励。
4. 班组一年内无安全事故，并且严格执行《冶金企业安全生产监督管理规定》及各安全操作规程的对班组长奖励200元。
五、附则
1. 如本责任书条文与上级颁发的有关规定相抵触时，按上级规定执行。
2. 本责任书一式三份，公司、车间各备案一份，班组自留一份。
3. 本责任书自签订之日起生效，有效期限为一年，即20__年1月1日至20__年12月31日。
公司经理：　　　　　　　　　　班组长：
年　月　日　　　　　　　　　　年　月　日
</td></tr>
</table>

编制人员		审核人员		批准人员	
编制日期		审核日期		批准日期	

2.2.2 安全员安全管理责任书

以下为某冶金企业的安全员安全管理责任书。

<table>
<tr><td rowspan="2">文案名称</td><td rowspan="2">安全员安全管理责任书</td><td>编　　号</td><td></td></tr>
<tr><td>执行部门</td><td></td></tr>
</table>

一、目的

为了明确安全员的安全工作目标，规范安全员的职责，保障一线作业人员按安全规范生产，减少和杜绝安全事故和隐患，特制定本责任书。

二、适用范围

本责任书适用于冶金作业现场安全员。

三、安全员安全管理目标及职责

（一）安全管理目标

安全员的管理目标是对班组进行全面安全检查，及早发现安全隐患，制止违章作业，减少安全事故。

（二）安全管理职责

1. 积极宣传党和国家的安全生产方针政策、规章制度，并监督检查执行情况。

2. 根据企业上级下发的指示，结合本单位具体情况制订月、季、年安全计划。

3. 安全员协助班组长做好班组安全生产工作，接受公司安全员的业务指导。

4. 安全员作为第一责任人对班组安全生产、班组成员人身安全负责。

5. 安全员负责制定安全生产制度和安全技术操作规程，并监督其执行情况。

6. 对班组进行安全生产宣传教育，组织交流安全管理先进经验。组织特殊工种进行安全技术培训。

7. 经常进行现场安全检查，发现事故苗头和事故隐患及时采取切实可行的防范措施。及时制止违章作业和违章指挥，如遇有险情，应责令停止生产，并报告领导处理，对严重违章指挥和违章作业者有权给予经济处罚和越级汇报。

8. 经常深入一线作业现场，掌握安全生产情况，调查研究生产中的不安全因素，从生产、技术管理方面提出改进意见或要求。

9. 参加安全事故调查，进行事故统计分析并按规定向领导汇报。在年、季、月生产会议上汇报安全工作情况，提出安全操作要求。

四、考核细则

1. 若因为安全员检查不到位而导致安全事故发生，则应根据事故严重程度，对安全员进行一定处罚。

2. 安全员负责的班组一个月或一年无事故发生，对安全员进行奖金或物质奖励。

续表

<table>
<tr><td rowspan="2">文案名称</td><td rowspan="2" colspan="3">安全员安全管理责任书</td><td>编　　号</td><td></td></tr>
<tr><td>执行部门</td><td></td></tr>
<tr><td colspan="6">**五、附则**
如本责任书条文与上级颁发的有关规定相抵触时，按上级规定执行。
责任人：
年　月　日</td></tr>
<tr><td>编制人员</td><td></td><td>审核人员</td><td></td><td>批准人员</td><td></td></tr>
<tr><td>编制日期</td><td></td><td>审核日期</td><td></td><td>批准日期</td><td></td></tr>
</table>

第3章　冶金企业危险源识别与防范

3.1　冶金企业危险源识别

3.1.1　重大危险源的辨识

重大危险源是指在长期或者临时生产、搬运、使用或者储存危险物品时，危险物品的数量等于或者超过临界量的单元（包括场所和设施）。冶金企业只有辨识、确认危险源，才能有效地预防和控制重大事故的发生，保障全体劳动人员的安全与健康。

由于冶金企业会涉及高温、高压、有毒、有害等多个领域，所以会形成众多的重大危险源。此时，班组长需要熟悉和掌握冶金企业生产过程中的常见危险源，以及准确、及时地辨识重大危险源的程序及标准，进而对其进行管理和控制，避免冶金企业重特大事故的发生。

1. 冶金企业常见危险源

冶金企业的生产过程既有冶金工艺所决定的高热能、高势能的危险，又有化工生产具有的有毒有害、易燃易爆和高温高压的危险。另外还存在机具、车辆和高处坠落等伤害。

在冶金生产过程中经常会发生钢水或铁水喷溅爆炸，煤气中毒或燃烧、爆炸等事故，以及忽然停电等造成的铁水或钢水在炉内凝固、煤气网管压力骤降等而引发的重大事故。

冶金企业的危险源具有危险因素复杂、相互影响大、波及范围广、伤害严重等特点，针对这些特征班组长应熟悉并掌握冶金企业常见的危险源。按照冶金作业的不同，可对危险源进行分类，详见表3—1。

表 3—1 冶金企业常见的危险源

冶金作业	主要危险源
炼铁生产	烟尘、噪声、高温辐射、铁水和熔渣喷溅与爆炸、高炉煤气中毒、高炉煤气燃烧爆炸、煤粉爆炸、机具及车辆伤害、高处作业危险等
炼钢生产	高温辐射、钢水和熔渣喷溅与爆炸、氧枪回火燃烧爆炸、煤气中毒、车辆伤害、起重伤害、机具伤害、高处坠落伤害等
轧钢生产	高温加热设备、高温物流、高速运转的机械设备，煤气、氧气等易燃易爆和有毒有害气体，有毒有害化学制剂，电气和液压设施，能源、起重运输设备，以及作业、高温、噪声和烟雾影响等
煤气、氧气生产	煤气，其主要危险是腐蚀、毒害、燃烧和爆炸 氧气，其主要危险是易燃烧和易爆炸
有色金属冶炼生产	高温、噪声、烟尘危害，有毒有害、易燃易爆气体和其他物质中毒、燃烧及爆炸危险，各种炉窑的运行和操纵危险，高能高压设备的运行和操纵危险，高处作业危险，复杂环境作业危险等
黄金冶炼生产	高温、噪声、烟尘危害，氰化物和汞中毒，易燃易爆气体和其他物质中毒、燃烧及爆炸危险，高能高压设备的运行和操纵危险，高处作业危险，复杂环境作业危险等

2. 重大危险源辨识的基本程序

冶金企业重大危险源辨识的程序是分析危险、有害因素，建立分析指标，确定重大危险源的过程，主要包括收集资料、明确分析对象、确定辨识范围、计算危险物品数量或危险场所能量、记录重大危险源五步，具体如图 3—1 所示。

3. 重大危险源的辨识标准

(1) 辨识依据。冶金企业重大危险源的辨识依据是物质的危险特性及其数量，具体的内容见表 3—2 和表 3—3。

收集冶金企业重大危险源辨识、危险性分析所必需的资料。

分析冶金生产工艺、场所及环境，确定重大危险源辨识对象的性质、位置与特点。

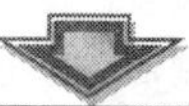

划分单元，单元指一个（套）生产装置、设施或场所，或同属一个冶金企业的且边缘距离小于500 m的几个（套）生产装置、设施或场所。

计算单元中的危险物品数量或危险场所能量，如达到或超过危险指标，则完成辨识，并进入下一步记录重大危险源；如没有达到危险指标，则应返回到上一步，确定危险源范围后，再次计算危险物品数量或危险场所能量。

记录重大危险源

对照重大危险源辨识指标，如达到或超过重大危险源辨识指标，则认定为重大危险源。

图 3—1　重大危险源的辨识程序

表 3—2　　危险物质名称及其临界量

序号	类别	危险物质名称和说明	临界量（t）
1	爆炸品	叠氮化钡	0.5
2		叠氮化铅	0.5
3		雷酸汞	0.5
4		三硝基苯甲醚	5
5		三硝基甲苯	5
6		硝化甘油	1
7		硝化纤维素	10
8		硝酸铵（含可燃物>0.2%）	5
9	易燃气体	丁二烯	5
10		二甲醚	50

续表

序号	类别	危险物质名称和说明	临界量（t）
11	易燃气体	甲烷，天然气	50
12		氯乙烯	50
13		氢	5
14		液化石油气（含丙烷、丁烷及其混合物）	50
15		一甲胺	5
16		乙炔	1
17		乙烯	50
18	毒性气体	氨	10
19		二氟化氧	1
20		二氧化氮	1
21		二氧化硫	20
22		氟	1
23		光气	0.3
24		环氧乙烷	10
25		甲醛（含量>90%）	5
26		磷化氢	1
27		硫化氢	5
28		氯化氢	20
29		氯	5
30		煤气（CO，CO和H_2、CH_4的混合物等）	20
31		砷化三氢（胂）	12
32		锑化氢	1
33		硒化氢	1
34		溴甲烷	10
35	易燃液体	苯	50
36		苯乙烯	500

续表

序号	类别	危险物质名称和说明	临界量（t）
37	易燃液体	丙酮	500
38		丙烯腈	50
39		二硫化碳	50
40		环己烷	500
41		环氧丙烷	10
42		甲苯	500
43		甲醇	500
44		汽油	200
45		乙醇	500
46		乙醚	10
47		乙酸乙酯	500
48		正己烷	500
49	易自燃的物质	黄磷	50
50		烷基铝	1
51		戊硼烷	1
52	遇水放出易燃气体的物质	电石	100
53		钾	1
54		钠	10
55	氧化性物质	发烟硫酸	100
56		过氧化钾	20
57		过氧化钠	20
58		氯酸钾	100
59		氯酸钠	100
60		硝酸（发红烟的）	20
61		硝酸（发红烟的除外，含硝酸>70%）	100
62		硝酸铵（含可燃物≤0.2%）	300
63		硝酸铵基化肥	1 000

续表

序号	类别	危险物质名称和说明	临界量（t）
64	有机过氧化物	过氧乙酸（含量≥60%）	10
65		过氧化甲乙酮（含量≥60%）	10
66	毒性物质	丙酮合氰化氢	20
67		丙烯醛	20
68		氟化氢	1
69		环氧氯丙烷	20
70		环氧溴丙烷（表溴醇）	20
71		甲苯二异氰酸酯	100
72		氯化硫	1
73		氰化氢	1
74		三氧化硫	75
75		烯丙胺	20
76		溴	20
77		乙撑亚胺	20
78		异氰酸甲酯	0.75

表3—3　未在表3—2中列举的危险物质类别及其临界量

类别	危险性分类及说明	临界量（t）
爆炸品	1.1A项爆炸品	1
	除1.1A项外的其他1.1项爆炸品	10
	除1.1项外的其他爆炸品	50
气体	易燃气体：危险性属于2.1项的气体	10
	氧化性气体：危险性属于2.2项非易燃无毒气体且次要危险性为5类的气体	200
	剧毒气体：危险性属于2.3项且急性毒性为类别1的毒性气体	5
	有毒气体：危险性属于2.3项的其他毒性气体	50

续表

类别	危险性分类及说明	临界量（t）
易燃液体	极易燃液体：沸点≤35℃且闪点＜0℃的液体；或保存温度一直在其沸点以上的易燃液体	10
	高度易燃液体：闪点＜23℃的液体（不包括极易燃液体）；液态退敏爆炸品	1 000
	易燃液体：23℃≤闪点＜61℃的液体	5 000
易燃固体	危险性属于 4.1 项且包装为Ⅰ类的物质	200
易于自燃的物质	危险性属于 4.2 项且包装为Ⅰ或Ⅱ类的物质	200
遇水放出易燃气体的物质	危险性属于 4.3 项且包装为Ⅰ或Ⅱ类的物质	200
氧化性物质	危险性属于 5.1 项且包装为Ⅰ类的物质	50
	危险性属于 5.1 项且包装为Ⅱ或Ⅲ类的物质	200
有机过氧化物	危险性属于 5.2 项的物质	50
毒性物质	危险性属于 6.1 项且急性毒性为类别 1 的物质	50
	危险性属于 6.1 项且急性毒性为类别 2 的物质	500

注：以上危险化学品危险性类别及包装类别依据 GB12268 确定，急性毒性类别依据 GB20592 确定。

（2）辨识指标。单元内存在危险物质的数量等于或超过表 3—2、表 3—3 规定的临界量，即被定义为重大危险源。单元内存在的危险物质的数量根据危险物质种类的多少区分为以下两种情况。

①单元内存在的危险物质为单一品种，则该物质的数量即为单元内危险物质的总量，若等于或超过相应的临界量，则被定义为重大危险源。

②单元内存在的危险物质为多品种时，则按下面的公式计算，若满足此公式，则定义为重大危险源。

$$\frac{q_1}{Q_1}+\frac{q_2}{Q_2}+\cdots+\frac{q_n}{q_n}\geqslant 1$$

式中 q_1，q_2，…，q_n——每种危险物质实际存在或者以后将要存在的量，单位为吨（t）；

Q_1，Q_2，…，Q_n——与表 3—2 和表 3—3 中各危险物质相对应的临界量，单位为吨（t）。

3.1.2　重大危险源的监控

根据物质不同的特性、存储量、临界量，可将重大危险源分为生产场所重大危险源和储存场所重大危险源。凡存在重大危险源的冶金企业，必须按照《安全生产法》《中华人民共和国突发事件应对法》(以下简称《突发事件应对法》) 的要求，对重大危险源进行登记建档，并进行定期检测、评价、监控及管理。

班组长应对重大危险源进行合理、有效的监控，了解重大危险源的等级分类及相关监控措施，掌握重大危险源的具体监控措施，配合冶金企业负责人及安全管理人员做好生产现场重大危险源的监控管理工作。

1. 重大危险源等级分类

按照重大危险源在意外状态下可能发生事故的最严重后果，可将重大危险源分为以下四级，如图 3—2 所示。

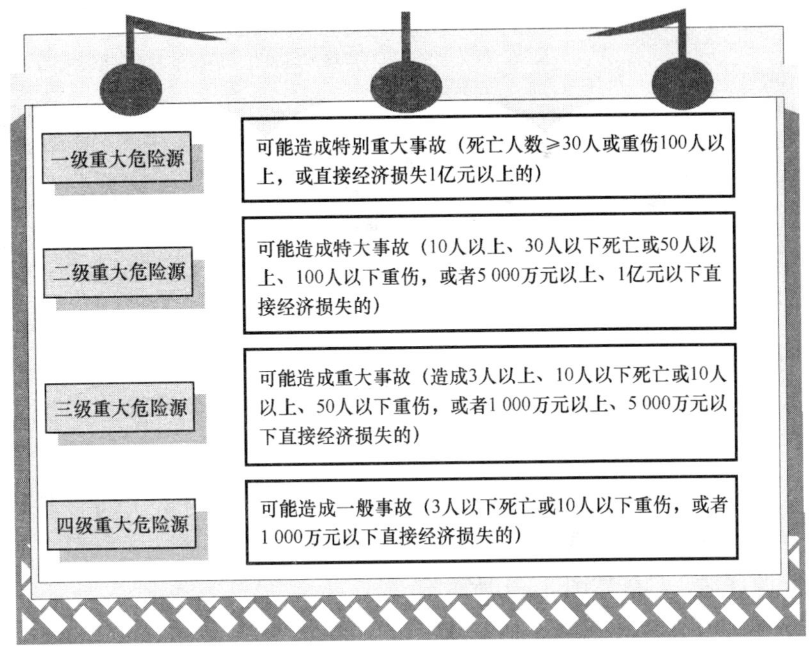

图 3—2　重大危险源的等级分类图

2. 重大危险源监控的具体措施

冶金企业的主要负责人对本单位的重大危险源监控管理工作全面负责，并可指定重大危险源管理与监控的具体负责人。根据重大危险源的级别，可对重大危险源进行有效的监控管理。具体措施如图 3—3 所示。

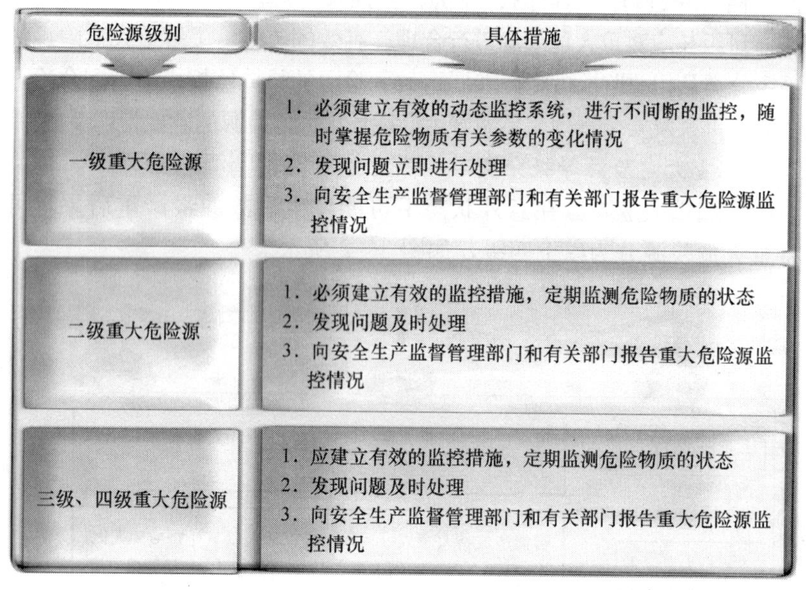

图 3—3　不同级别危险源的监控措施

3.1.3　重大危险源的评估

1. 重大危险源评估范围

冶金企业应当定期对重大危险源进行检测和评价，并将检测和评价结果上报安监局。冶金企业符合以下条件之一的应进行重大危险源评估，具体如图 3—4 所示。

2. 重大危险源评估方法

LEC 评价法是常用的重大危险源评估方法。它是对具有潜在危

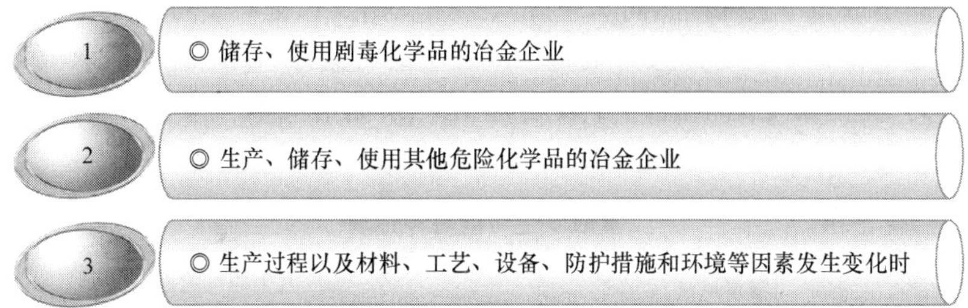

图 3—4 重大危险源评估范围

险性作业环境中的危险源进行半定量的安全评价方法。该方法采用与系统风险率相关的三个方面指标值的乘积来评价系统中人员伤亡风险大小。这三个方面的指标如图 3—5 所示。

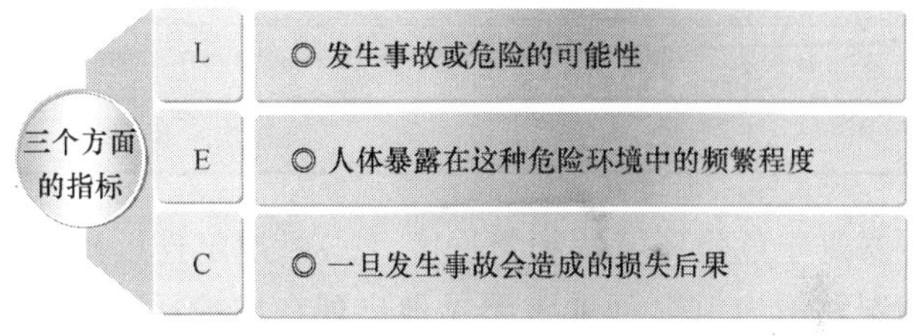

图 3—5 LEC 评价法三个方面的指标

冶金企业取得 L、E、C 这三个指标科学的准确数据的过程相当烦琐，为了简化评价过程，可采取半定量计值法，即根据以往的经验和估计，分别将这三个方面划分为不同的等级，并赋予数值，再以三个分值的乘积 D 来评价危险性的大小，即风险值 D=L×E×C。

其中，D 值越大，说明该班组作业危险性越大，需要增加安全措施，或减小发生事故的可能性，或减少人体暴露于危险环境的频繁程度，或减轻事故损失，直至调整到允许范围内。

具体 L、E、C 这三个指标的赋值标准如下：

（1）事故发生的可能性（L）。当用概率表示冶金企业事故发生的可能性（L）的大小时，绝对不可能发生的事故概率为 0，必然发生的事故概率为 1。然而从系统安全角度出发，绝对不可能发生的事故是不存在的，所以人为地将事故发生的可能性（L）最小值取值为 0.1，必然发生的事故的分数定为 10，其他情况取 0.1～10 的中间值。具体见表 3—4。

表 3—4　　事故发生可能性评估表

分数值	事故发生的可能性
10	完全可以预料
6	相当可能
3	可能，但不经常
1	可能性小，完全意外
0.5	很不可能，可以设想
0.2	极不可能
0.1	实际不可能

（2）暴露于危险环境的频繁程度（E）。规定连续出现在危险环境中的情况赋值为 10，而非常罕见地出现在危险环境中的情况赋值为 0.5，对介于两者之间的各种情况规定若干个中间值，具体见表 3—5。

表 3—5　　暴露于危险环境的频繁程度（E）评估表

分数值	暴露于危险环境的频繁程度
10	连续暴露
6	每天工作时间内暴露
3	每周一次或偶尔暴露
2	每月一次暴露
1	每年几次暴露
0.5	非常罕见暴露

（3）发生事故的后果（C）。由于事故造成的人身伤害和财产损失范围很大，因此规定其分数值范围为1～100。将需要救护的轻微伤害或较小财产损失的分数规定为1；将造成多人死亡或重大财产损失的分数规定为100，其他情况的数值介于1～100之间，具体见表3—6。

表3—6　　发生事故的后果（C）评估表

分数值	人员伤亡情况
100	10人以上死亡
40	3～9人死亡
15	1～2人死亡
7	严重，重伤
3	重大，致残
1	引人注意，不利于基本安全卫生要求

（4）确定风险级别界限值。计算风险值D，以确定风险级别的界限值。此界限值应根据冶金企业实际情况而定，同时可根据发展情况进行调整，以符合持续发展的要求。风险值（D）的级别划分标准见表3—7。

表3—7　　风险值（D）的级别划分标准

D值	>320	160～320	70～159	21～69	<20
危险级别	极其危险	高度危险	显著危险	一般危险	稍有危险
备注	不能继续作业	要立即采取措施和整改	需要整改	需要注意控制	可以接受，需要关注

3. 重大危险源评估报告

重大危险源评估由具备资质的安全生产中介机构进行，同时该机构出具评价报告，并对其做出的检测检验和评价结果负责。重大危险源评估报告包括以下内容，如图3—6所示。

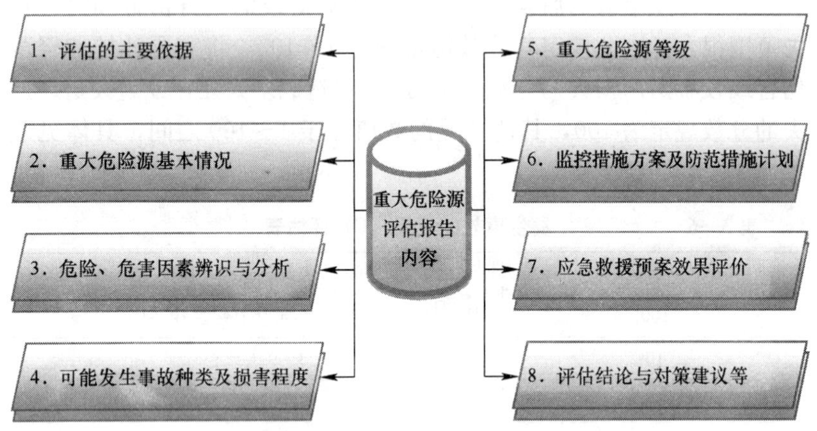

图 3—6　重大危险源评估报告的八大内容

3.1.4　重大危险源的申报

根据《冶金企业安全生产监督管理规定》，冶金企业应对重大危险源登记建档，并定期检测、评估和监控危险源，报安全生产监督管理部门备案。班组长应配合本企业安全管理人员做好重大危险源的登记建档及申报工作，熟悉申报的类型及要求。

1．重大危险源申报范围

根据《安全生产法》和国家标准《危险化学品重大危险源辨识》（GB 18218—2009）的规定，以及冶金企业的实际工作的需要，可将重大危险源申报登记划分为如图 3—7 所示的八种类型。

图 3—7　重大危险源申报类型

2. 重大危险源申报要求

冶金企业要对本企业的重大危险源进行登记建档，建立重大危险源管理档案，按照国家和地方有关部门重大危险源申报登记的具体要求，在每年 3 月底前将有关材料报送当地县级以上人民政府安全生产监督管理部门备案，具体的要求如下：

（1）冶金企业对新构成的重大危险源，要及时报告当地县级以上人民政府安全生产监督管理部门备案。

（2）对已不构成重大危险源的，冶金企业应及时报告核销。

（3）冶金企业存在的重大危险源在生产过程、材料、工艺、设备、防护措施和环境等因素发生重大变化，或者国家有关法规、标准发生变化时，应对重大危险源重新进行安全评估，并及时报告当地县级以上人民政府安全生产监督管理部门。

3.2　冶金企业危险源防范

3.2.1　危险源防范的经验

对于企业来说，安全意味着发展、稳定、效益、保障；对于班组长及班组成员来说，安全意味着责任。班组长应不断学习总结国内外危险源防范经验，提高对危险源的识别、评估技能及管理控制水平。具体危险源防范的经验主要有以下十条。

（1）在生产现场设置明显的警戒标志，注明危险源、可能发生的事故、现有控制措施等内容，警示员工提高自我保护意识，加强安全防范，确保安全生产。

（2）事故隐患排除前或者排除过程中无法保证安全的，应当将危险区域内的作业人员撤出，并疏散可能危及的其他人员。

（3）对于安全评价结果显示危险极大的安全隐患，冶金企业应安排停产停业或者停止使用。

（4）对暂时难以停产或者停止使用的相关生产储存装置、设施、设备，应当加强维护和保养，防止事故发生。

（5）加强冶金企业高热量、有毒有害、易燃易爆、高温高压、机具、车辆、高处坠落等，特别是钢水、铁水喷溅爆炸，煤气中毒或燃烧、爆炸等危险源的监控及管理工作。

（6）冶金作业现场布局要合理，保持清洁整齐。对于有毒有害作业，必须配备防护设施。

（7）有高温、低温、潮湿、爆炸等危险的劳动场所，必须采取相应的有效防护措施。

（8）雇请外单位人员在冶金企业的场地进行施工作业时，应加强管理，对违反作业规定并造成企业财产损失者，须索赔并严加处理。

（9）对新员工、临时工、实习人员，必须先进行安全生产的三级教育才能准许其进入操作岗位。对改变工种的工人，必须重新进行安全教育才能上岗。

（10）对从事压力容器设备、电气、车辆驾驶、易燃易爆等特殊工种人员，必须进行专业安全技术培训，经有关部门考核取得合格操作证后，才能准许其独立操作，严禁无证人员操作。

3.2.2 危险源防范的方法

危险源防范的方法可从制度建设、人员管理、操作管理、设备管理、环境管理等方面考虑，具体可采取以下方法。

1. 制定安全防护措施

为保证冶金企业班组安全地完成生产作业，班组长应积极配合上级领导及相关部门制定安全防护措施，提出安全预防建议。安全防护措施的具体内容见表 3—8。

表 3—8　　安全防护措施

安全防护措施	具体内容
生产环境安全防护	◎生产现场应配备安全防护装置及设施，应符合国家颁布的工业企业设计卫生标准、建筑设计防火规范及其他所有规定的要求

续表

安全防护措施	具体内容
生产环境安全防护	◎有毒有害生产作业场所应确实具有可靠的通风、吸尘、净化、隔离等必要的防护措施，并定期进行环境监测 ◎有毒有害生产作业场所应与无害作业区和生活区分开，且应设置自动报警装置和通风设施 ◎生产现场的危险品应具有醒目的安全标识和相应的安全应急预案
生产过程安全防护	◎生产现场必须确保具有可靠的安全防护设备、应急救援设施以及通信报警装置 ◎生产班组应对安全防护设施进行经常性维护、检修，确保其处于良好的运行状态 ◎进入有毒有害作业现场，作业人员需佩戴符合国家职业卫生标准的防护用品，并保证作业场所良好的通风状态 ◎企业定期组织对有毒有害作业场所进行职业中毒危害因素监测和评价
生产人员安全防护	◎新职工从业前要进行健康检查，对于不符合该岗位健康要求的，坚决不予接收，对生产操作人员定期进行健康检查，并建立健康档案 ◎对受到或可能受到急性职业中毒危害的员工，班组长应要求企业及时组织健康检查和医学观察

2. 加强安全教育管理

为提高班组长及班组成员的安全生产意识，预防生产安全事故的发生，企业一般采用三级安全教育制，将安全教育分为工厂级、车间级以及班组级三个等级，其中班组级安全教育的内容如图3—8所示。

3. 明确安全生产责任

冶金企业可通过建立健全安全生产责任制，将安全生产责任落实到生产一线的每一个人身上，并要求相关管理人员进行监督和定期考核，促使生产人员按照安全操作规程进行作业，避免安全生产事故的发生。安全生产责任制在生产班组主要落实在班组长、班组

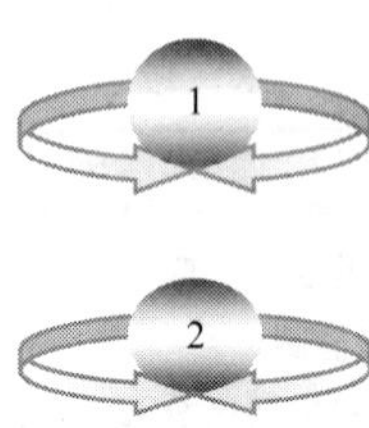

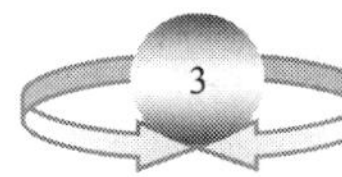
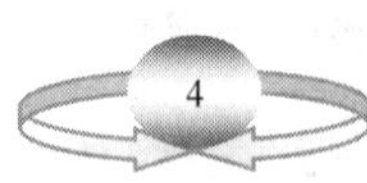

图 3—8　班组级安全教育的内容

成员的身上。

（1）班组长安全生产责任。班组长安全生产责任主要体现在下列七个方面。

①贯彻执行冶金企业安全生产工作方针，领导班组进行安全作业生产。

②执行安全生产相关规章制度，带头做好安全生产工作，并监督班组成员的作业情况。

③做好安全工作记录，定期参加安全工作会议，并提出合理的安全改进建议。

④合理分配班组人员的工作，不准强令员工冒险作业。

⑤及时检查生产现场的安全防护措施，发现不安全因素及时向车间主任汇报并提出整改措施，及时制止没有可靠安全措施进行保护的作业。

⑥对班组内员工进行安全教育及指导，监督班组成员防护用具的使用及维护情况。

⑦发生工伤事故后，迅速组织抢救人员，保护现场，并及时向领导汇报情况。

（2）班组成员安全生产责任。班组成员安全生产责任主要体现在下列七个方面。

①认真学习并严格遵守安全生产技术操作规程和相关规章制度，确保不违章作业。

②在生产过程中及时劝阻他人的违章操作或向班组长汇报。

③拒绝违章指挥，不在安全设备不完善和危险区域进行操作。

④发现不安全因素后应及时向上级汇报。

⑤熟悉劳动保护用品和安全设施，爱护安全设备和设施。

⑥发生工伤事故后应及时、全力抢救伤员，并立即报告领导，保护现场，如实向调查组反映事故经过和原因。

⑦积极参加安全生产活动，主动提出安全改进建议。

4. 实施安全检查

（1）安全检查内容。班组长应详细了解安全检查内容，以便于对相关内容进行重点管理，配合相关领导进行安全检查。安全检查的具体内容如图 3—9 所示。

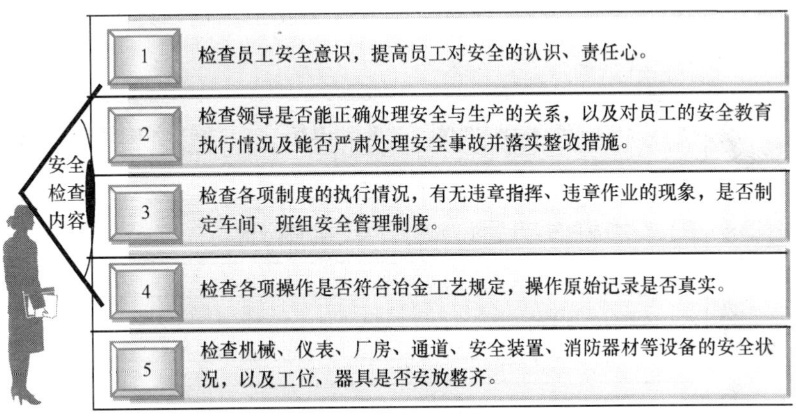

图 3—9　安全检查的具体内容

（2）安全隐患整改。班组长在进行安全检查中发现安全隐患的，要及时报告上级领导，由各级领导及有关职能部门制定整改方案，并要求相关责任人严格按照整改方案执行。为保证安全隐患整改的效果，有关部门和人员在制定整改方案时应注意下列三个事项。

①方案制定要做到“四定”，即定项目、定时间、定责任人、定实施监督复核人。

②隐患整改过程中做到“三不推”，即班组能整改的不推给车间和部门执行，车间和部门能整改的不推给整个企业，当天能整改的不推到第二天。

③制定奖罚制度，相关管理人员应对不能按时完成整改任务的责任人进行经济处罚，并在安全生产考核时加倍扣分。造成的事故由责任人承担责任。

5. 设备危害预防

（1）各种生产设备和仪器要正确使用，经常维护和检修，不符合安全要求的陈旧设备，应有计划地更新和改造。

（2）各种压力容器设备要定期检修维护，严格按照国家相关规定实施年检。操作人员要认真记录工作日志。压力容器上的主要安全部件应定期送到国家指定部门进行校验。

（3）电气设备和线路应符合国家有关安全规定，具体要求如图3—10所示。

电气设备应有可熔保险和漏电保护，绝缘必须良好，并有可靠的接地或接零保护措施。

有易燃易爆危险的工作场所，应配备防爆型电气设备。

潮湿场所和移动式的电气设备，应采用安全电压。

电气设备必须符合相应防护等级的安全技术要求。

图3—10　电气设备安全规定

6. 火灾预防

（1）易燃、易爆物品的运输、储存、使用、废品处理等，必须设有防火、防爆设施，严格执行安全操作守则和定员定量定品种的安全规定，防止火灾危害发生。

（2）易燃、易爆物品的使用和储存地点，要严禁烟火，消除可能发生火灾的一切隐患。

（3）在易燃、易爆物品附近需要动用明火时，必须进行申请审批。动火作业申请审批程序如图 3—11 所示。

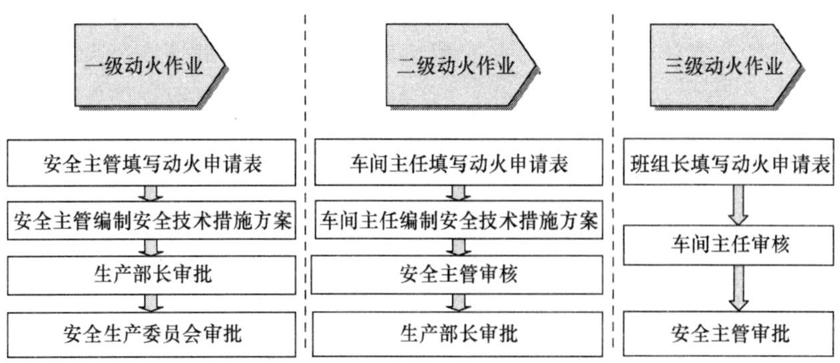

图 3—11　动火作业申请审批程序

7. 危害可视化

为尽可能让冶金企业生产现场作业人员增强危害预防意识，推动自主管理和自我控制，企业可采用目视管理方法进行防范，不同阶段的目视管理工具及使用说明见表 3—9。

表 3—9　目视管理工具及使用说明

不同阶段	常用目视管理工具	使用说明
推行阶段	刊物	目视管理小组使用黑板报、专刊等形式，通过漫画、图片展示等手段向现场生产人员灌输目视管理实施的目的、内容及效果等，激发员工的参与热情
	海报、标语、横幅	目视管理小组通过印制海报，制作并悬挂标语、横幅等，将目视管理的目标、口号及预期效果向现场生产人员进行展示，为目视管理的导入营造气氛

续表

不同阶段	常用目视管理工具	使用说明
导入、实施阶段	红牌	用来区分日常生产活动中的非必需品
	看板	展示物品的放置场所等基本状况
	信号灯	工序内发生异常或运转变化时，用于通知管理人员
	作业流程图	描述工序重点和作业顺序的简明指示书，也称为步骤图，用于指导生产作业
	反面教材	结合实物与适当说明，展示不良的现象及后果
	提醒板	记录重要事项或不良现象，防止遗漏或遗忘
	区域线	主要用于整理与整顿异常原因、停线故障等
	警示线	用于界定和划分危险区域，传递某种注意或警告的信息，以避免人身伤害
	生产管理表	揭示生产线的生产状况、进度的表，记入生产实绩、设备开动率和异常原因（停线、故障）等

3.2.3 危险源防范的制度

以下为某冶金企业危险源防范制度，供参考。

制度名称	××冶金企业危险源防范制度	编　　号	
		执行部门	

第1章　总　　则

第1条　目的

为切实加强本公司危险源的防范管理，有效遏制和防范重、特大事故的发生，保障公司职工生命和财产安全，根据《安全生产法》《突发事件应对法》等有关法律法规，结合公司实际，制定本制度。

第2条　适用范围

本制度适用于公司重大危险源的防范管理工作。

第3条　重大危险源定义

重大危险源是指长期或临时生产、搬运、使用或储存危险物品，且危险物品的数量等于或超过临界量的单元（包括场所和设施）。

第2章　重大危险源管理

第4条　重大危险源分类

续表

制度名称	××冶金企业危险源防范制度	编　　号	
		执行部门	

重大危险源可分为生产场所重大危险源和储存场所重大危险源，是否为重大危险源，要根据物质不同的特性、存储量、临界量加以确定。

第 5 条　成立危险源管理领导小组

为强化本公司危险源管理工作的组织领导，确保危险源预防管理的各项工作顺利进行，特成立危险源管理领导小组，具体由以下人员组成。

组长：______。副组长：______、______。成员：______、______、______。

第 6 条　检测、评价与监控重大危险源

按照《安全生产法》《突发事件应对法》的要求，本公司应对重大危险源进行登记建档，定期进行检测、评价、监控，填报“生产经营单位基本情况表”“各类重大危险源基本特征表”“重大危险源周边环境基本情况表”。

第 7 条　排除安全隐患

1. 在对重大危险源进行检测、评价与监控的过程中，如发现存在安全隐患，危险源管理领导小组应当责令相关单位及部门立即排除。

2. 在隐患排除前或者排除过程中无法保证安全的，应当责令相关单位及部门从危险区域撤出作业人员，暂时停产、停业或者停止使用。

3. 隐患排除后，经危险源管理领导小组审查同意，方可恢复生产经营和使用。

第 8 条　制定应急救援预案

公司必须制定重大危险源应急救援预案，落实应急救援预案的各项措施。重大危险源应急救援预案应当包括如下图所示的内容。

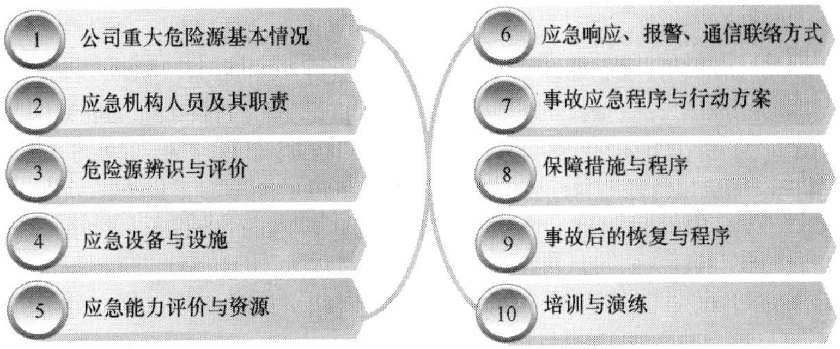

1 公司重大危险源基本情况
2 应急机构人员及其职责
3 危险源辨识与评价
4 应急设备与设施
5 应急能力评价与资源
6 应急响应、报警、通信联络方式
7 事故应急程序与行动方案
8 保障措施与程序
9 事故后的恢复与程序
10 培训与演练

重大危险源应急救援预案的内容

续表

制度名称	××冶金企业危险源防范制度	编　号	
		执行部门	

第9条　应急救援预案演练

公司应当根据应急救援预案制定演练方案和演练计划，每两年进行一次实战演练或模拟演练。

第3章　危险源防范具体措施

第10条　锅炉事故预防

本公司在使用和检修锅炉时的安全措施主要包括以下五点。

1. 新装和检修过的锅炉必须向当地锅炉压力容器安全监察机构申报，经检验获得批准后方可投入使用。

2. 司炉工必须经过技术培训，取得合格证以后才能上岗操作。

3. 建立以岗位责任制为主的各种安全规章制度，煤粉、油、气燃料的锅炉还要建立防火、防爆、防毒制度，并严格执行。

4. 经常或定期对设备和各个生产环节进行检查，发现故障要及时排除；保持锅炉的水位计、压力表和安全阀等安全附件的灵敏性和可靠性；对受压部分，必须按规程要求定期进行检修和打压试验。

5. 如发现锅炉出现重大故障或事故，要立即向领导报告，并采取有效措施加以处理，以防止事故扩大。

第11条　压力容器事故预防

为保证压力容器的安全运行，应做到以下五点。

1. 在压力容器使用运行中，要建立严格的安全制度和操作规程。

2. 操作人员必须经过安全技术培训考核，取得合格证后才能上岗。

3. 要做好压力容器的维修和保养工作，经常保持其良好状态。

4. 压力容器发生威胁安全的严重故障时，需立即采取紧急措施处理。停止运行时，首先要妥善地泄放气体或物料，降低压力，绝不容许再加气体或物料，并要与相连岗位做好联系工作。

5. 压力容器出现下列情况时，应立即停止运行，具体情况如下图所示。

续表

<table>
<tr><td rowspan="2">制度名称</td><td rowspan="2">××冶金企业危险源防范制度</td><td>编　　号</td><td></td></tr>
<tr><td>执行部门</td><td></td></tr>
</table>

1 ◎ 操作压力或容器壁温度已超过规程规定极限，采取措施仍无效而且有继续恶化趋势时

2 ◎ 压力容器出现裂缝、变形或泄漏时

3 ◎ 安全装置失效，连接管损坏，难以保证安全操作时

4 ◎ 操作岗位发生火灾，威胁操作人员的人身安全时

5 ◎ 压力容器的安全报警装置发出警告信号时

压力容器停止运行情况

第 12 条　起重事故预防

起重作业主要的安全条件有以下五点。

1. 安装使用各种起重设备必须符合法规和规程规定的安全标准，经检验、测定合格后方可安装使用。

2. 各种起重设备必须有完善的安全装置，如超载限制器、力矩限制器、限位器、偏斜调整和显示装置、连锁保护装置、夹轨钳和锚定装置、缓冲器、风级风速警报器等。

3. 使用中必须经常或定期检查维修机件和安全装置，保持其完好状态。特别要严格细致检查钢丝绳、钩头等要害部分，发现有不符合安全规程的缺陷必须更换和维修，否则严禁使用。

4. 吊装时不准超负荷、超速和斜吊，禁止任何人站在吊装物品上或在下面停留、行走。

5. 起重机司机必须经过专业安全技术训练、考试，取得合格证方准上岗操作。起重吊装要有专人指挥和监护。起重作业中，禁止任何人不服从指挥和违章作业。

第 4 章　附　　则

第 13 条　本制度由公司安全管理部负责制定、解释及修订。

第 14 条　本制度经总经理办公室审批通过后，实施生效。

编制人员		审核人员		批准人员	
编制日期		审核日期		批准日期	

第4章　冶金企业现场作业安全管理

4.1　冶金企业现场作业安全

冶金企业的生产机械化程度越来越高，在日常的生产作业中常常会由于一些人为因素或不可抗力因素，导致安全事故的发生。为了保证员工的人身安全，降低企业的生产损失，班组长作为班组管理的第一责任人应该重视安全事故的预防与防护工作。

4.1.1　电气作业安全

1. 生产人员操作规范

在班组生产过程中，大部分电气事故是由错误操作和违章作业造成的，这往往是因为企业安全教育不够、安全制度不严、安全措施不完善、操作者素质不高等问题所导致的。

班组长和车间主任应监督生产人员按照正确的作业方式使用各种电气设备，强化员工的安全生产意识。具体操作规范有以下几点。

（1）生产人员在使用电气设备时应严格按照标准的作业程序进行操作，严禁员工为了节省时间而采取各种简化和替代操作。

（2）班组长应监督员工做好绝缘防护，如穿戴绝缘的皮手套和防护服等，要求员工在操作高压设备时应注意保持安全距离。

（3）如果电气设备发生故障，应禁止非专业人员维修设备。

2. 电气作业环境管理

冶金行业的生产现场经常伴有潮湿、高温、现场混乱、移动式设备和携带式设备以及金属设备繁多等不安全因素，所以触电事故发生的频率经常高于其他行业。电气作业环境的基本要求如下：

（1）班组长要对现场作业环境进行监测，注意电路连接摆放的位置，并保持地面的干燥。

（2）电气设备周围、电路线周围不可放置易燃易爆物，以防静电事故引起火灾，如果是生产要求必须放置易燃易爆的物料，班组长应做好必要的防护措施。

3. 电气作业设备管理

各种电气设备在运行过程中会产生各种各样的故障，致使设备停止运行而影响生产，严重的还会造成人身或设备事故。为了保证设备的正常运行，减少电气维修的停机时间，提高设备的利用率和劳动生产率，班组长应重视对电气设备的检验、维护和保养，具体的要求如下：

（1）对于新购进的电气设备，班组长应组织对其进行安全检验。

（2）对于存在安全隐患的设备，班组长有权拒绝使用。

（3）班组成员在全部停电或部分停电的电气设备上工作时，应有保证安全的技术措施，包括停电、验电、装设接地线、悬挂标示牌和装设遮栏，这些安全措施应该由管理该设备的值班电气人员执行，同时应该有监护人在场。

4.1.2　起重作业安全

在金属的冶炼过程中，原材料、产品以及设备等重物的搬移、吊运、装卸都是由起重作业完成的。起重人员在整个作业过程中，既承担了搬移、吊运、装卸物体的操作，还承担了整个作业过程的指挥，对能否及时安全地完成生产任务起着关键性作用。

1. 起重工作安排

班组长在作业前，要对整个作业活动可能产生的危险因素进行识别，编制控制危险因素的安全技术和措施，并与相关作业人员进行沟通。

班组长应将起重作业工作交由技术熟练、头脑灵活、注意力集中的员工。当作业人员操作经验不足时，班组长应在一旁亲自进行作业指导。班组长不能允许起重工作人员以外的人操作起重机。

作业人员在进入生产运行区域进行作业时，必须取得相关生产人员的同意，并遵守相关的管理制度和规定。

2. 起重作业环境

起重作业安全主要受环境因素的影响。作业人员在进行起重作业时，班组长应做好以下工作。

（1）保证作业场所周围的环境。清理障碍物，确保作业通道的畅通，禁止在运行管道、设备以及不坚固的构筑物上捆绑链条葫芦、滑车和卷扬机等设备作为起吊重物的承力点。

（2）在大风、大雾、强降雨等恶劣天气条件下禁止户外作业。

（3）不允许起重机在架空输电线路下方或附近进行工作。如果确实需要，必须开具安全施工作业票，制定可靠的防范措施并有专人监护。

表 4—1 是起重作业与电线保持距离的具体要求，供读者参考。

表 4—1　　　　起重作业与电线的距离要求

电路电压（kV）	1 以下	1～35	35～60	60～110	110～154	154 以上
允许的最近距离（m）	1.5	3	3.1	3.6	4.1	4.7

3. 起重作业操作规范

起重作业操作规范的具体内容如图 4—1 所示。

4. 起重设备维护

班组长必须保证起重机和相关器具的安全使用，并在机械设备上标明使用的规范。禁止员工对超出机器负荷的物体进行起重作业，避免造成机械的损坏和人员伤亡。

班组长应定期或不定期组织对起重搬运机的检修和维护工作，并督促起重作业人员在每次使用前应做好检查工作，尤其要对钢丝绳和吊钩进行检查，确认设备完好无损且符合所需技术要

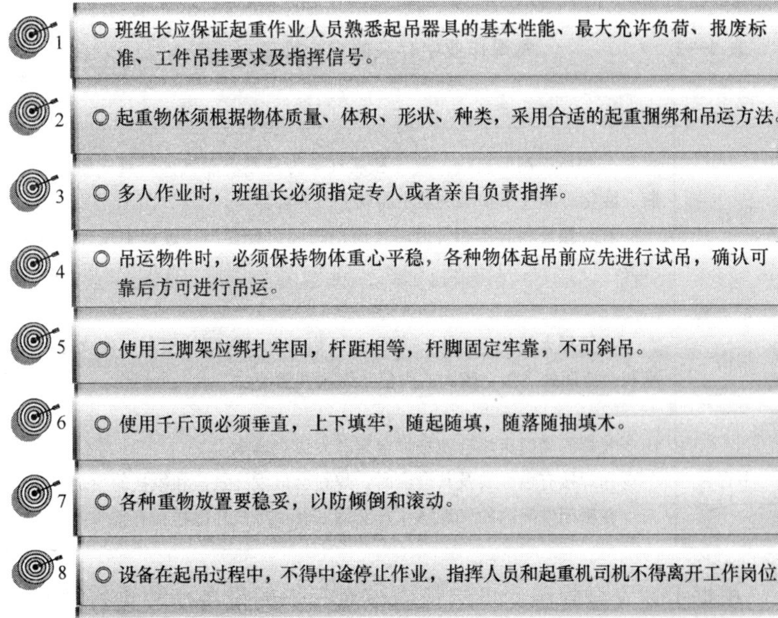

图 4—1 起重作业操作规范的具体内容

求后方可使用。

4.1.3 焊接作业安全

焊接作业主要分为电焊作业和气焊作业。焊工经常与各种易燃易爆气体、压力容器、电机电器接触，而且在焊接过程中，还会产生有毒气体、有害粉尘、弧光辐射、高频噪声等。所有这些不安全因素，都有可能导致爆炸、火灾、触电、烫伤、中毒等安全事故。

1. 气焊作业

气焊是利用可燃气体（主要是乙炔）在纯氧中燃烧，使焊丝和母材接头在高温中熔化，从而形成焊缝的一种焊接方法，其存在的安全隐患有爆炸、灼伤、中毒等，具体内容见表4—2。

表4—2　　气焊作业中存在的安全隐患

隐患	具体内容
爆炸	◇气焊所应用的乙炔、氢气和氧气等为易燃易爆气体，氧气瓶、乙炔瓶、液化石油气瓶和乙炔发生器属于压力容器 ◇在焊接燃料容器和管道时，使用的明火会在焊接过程中发生爆炸和火灾
灼伤	◇在气焊火焰的作用下，尤其是气割时氧气射流的喷射，使火星、熔滴和熔渣四处飞溅，较大的火星、熔滴和熔渣易造成人员灼伤
中毒	◇气焊的高温火焰会使被焊金属蒸发成金属烟尘 ◇在焊接有色金属及其合金时，焊粉会散发出氯盐和氟盐的燃烧产物 ◇在密闭空间内的气焊操作，会遇到其他生产性毒物和有害气体

根据上述安全隐患，班组长应该对气焊的设备摆放进行监督和检查，对气焊作业人员的操作进行具体规范，具体内容如图4—2所示。

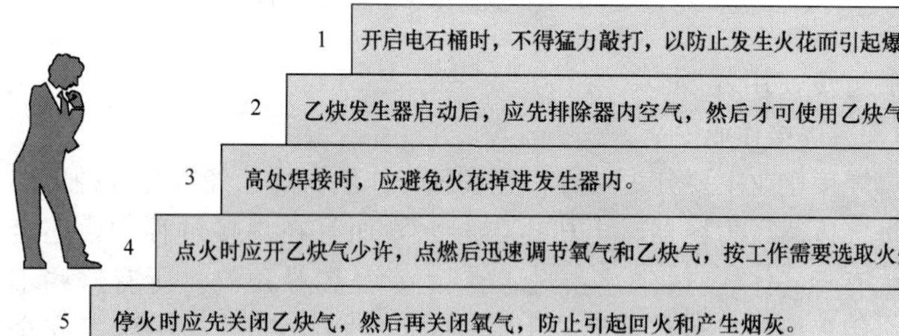

图4—2　气焊安全作业操作规范

2. 电焊作业

电弧会产生强烈的可见光以及大量的紫外线和红外线，这些放射物容易灼伤眼睛和皮肤。作业人员在焊接时，熔化的金属飞溅、焊条头或炽热的焊件与身体接触，会产生人体烫伤的现象。与气焊作业类似，电焊也容易产生很多有毒气体，发生爆炸和火灾事故。

班组长以及现场管理人员除了要对有关设备进行监督和检查外，还要保证员工在作业时满足以下基本要求，见表 4—3。

表 4—3　　电焊作业的基本要求

基本要求	具体内容
作业环境要求	◇在下雨、下雪时，不得进行露天施焊 ◇施焊前，应先检查周围环境是否存在易燃易爆物品 ◇严禁在有压力或密封的容器或管道上进行焊接与切割作业
具体操作要求	◇在高处作业时，不允许将焊接电缆放在电焊机上 ◇横跨道路的焊接电缆必须装在铁管内，防止被压破漏电 ◇严禁将焊接电缆与气焊的胶管混在一起 ◇在容器内焊接时，应使用胶皮绝缘防护用具，并在附近安设电源开关 ◇连续焊接超过 1 h 后，应检查焊机电缆，如温度达到 80℃时，必须切断电源

4.1.4　锅炉作业安全

高炉冶炼是冶金工作中最重要的环节。在高炉冶炼作业中，由于锅炉设备需接触高温，所以发生爆炸的可能性很大，属于危险防护的重点对象。

1. 装料安全

装料系统的作用是将符合冶炼要求的料坯持续不断地供给高炉进行冶炼。装料系统应尽可能减少装卸与运输的环节，提高机械化、自动化水平，保证高炉冶炼的安全运行。锅炉装料的安全要求见表 4—4。

表 4—4　锅炉装料的安全要求

安全项目	相关要求
储矿槽	◇矿槽上必须设置隔栅，周围应设置栏杆，并保持设施的完好 ◇各个矿槽应该按照顺序自动下料，消除人工捅料的出现 ◇料槽应设置料位指示器，卸料口应选用开关灵活的阀门，可采用液压闸门 ◇对于放料系统应采用完全封闭的除尘设施
原料输送系统	◇料车必须设有两个相对方向的出入口，并设有防水防尘措施 ◇卸料口卸料方向必须与胶带机的运转方向一致，机上应设有防跑偏、防打滑装置 ◇胶带机在运转时容易伤人，所以必须在停机后，方可进行检修、加油和清扫工作
顶炉装料系统	◇钟式高炉装料以大钟为中心，由大钟、料斗、大小钟开闭驱动设备、探尺、旋转布料等装置组成 ◇采用高压操作必须设置均压排压装置，并做好各装置之间的密封工作

2. 供水与供电安全

高炉是连续生产的高温冶炼炉，应避免发生中途停水、停电等事故。特别是大、中型高炉必须采取可靠的应对措施，保证安全供电、供水。

（1）供电安全的基本要求

①不能停电的仪器设备，若发生停电，应考虑人身及设备安全，设置必要的保安应急措施，设置专用、备用的柴油发电机组。

②计算机、仪表电源、事故电源和通信信号均为保安负荷，各电器室和运转室应配备紧急照明使用的带铬电池荧光灯。

（2）供水安全的基本要求。高炉炉体、风口、炉底、外壳、出渣等必须连续供水，一旦中断便会烧坏冷却设备，发生停产的重大事故。为了确保安全供水，大、中型高炉应采取如图 4—3 所示的防护措施。

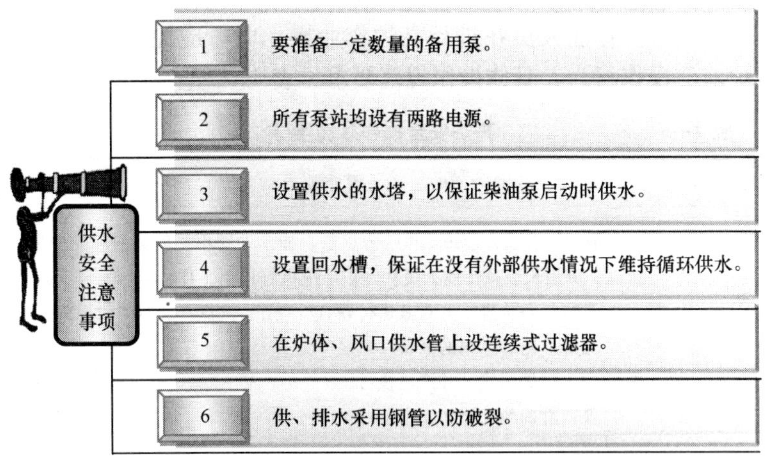

图 4—3　锅炉供水安全注意事项

3. 煤粉喷吹作业安全

高炉煤粉喷吹系统最大的危险是发生爆炸与火灾事故。具体的注意事项如下：

（1）识别高炉风口的压力以确定喷吹罐的压力，保证煤粉能吹进高炉又不致使热风倒吹入喷吹系统。

（2）混合器与煤粉输送管线之间应设置逆止阀和自动切断阀。

（3）喷煤风口的支管上应安装逆止阀。

（4）由于煤粉极细，停止喷吹时，喷吹罐内、储煤罐内的储煤时间不能超过 12 h。

（5）罐体内壁应圆滑，曲线过渡，管道应避免有直角弯。

（6）喷吹罐、储煤罐应有泄爆孔，防止因爆炸产生强大的破坏力。

（7）作业人员在操作时应该经常检视，及早发现和处理，防止发生因炉况不好或其他原因使风口结焦，或由于煤枪与风管接触处漏风使煤枪烧坏的现象。

4. 高炉安全操作规范

班组长及作业人员在进行高炉作业操作时，应注意开炉前以及停炉前的操作行为，具体操作规范要求见表4—5。

表4—5 高炉安全操作规范要求

操作阶段	基本要求
开炉前	在锅炉作业前，开炉工作极为重要，如果处理不当就会引起安全事故，所以，班组长以及作业人员在开炉前应做好以下工作： 1. 进行设备检查，并对其进行联合检查 2. 做好原料和燃料的准备 3. 制定烘炉曲线，并严格执行 4. 保证准确的计算和配料
停炉前	在停炉过程中，由于煤气中一氧化碳和氢的浓度以及温度会逐渐增高，容易发生煤气爆炸事故，因此，班组长以及作业人员应在停炉前做好以下工作： 1. 处理煤气系统，以保证该系统蒸气畅通，严防向炉内漏水 2. 切断已损坏的冷却设备的供水，更换损坏的风渣口 3. 利用打水控制炉顶温度在一定的范围内 4. 保证炉况正常，严禁休风 5. 打水喷头必须设置在大钟下，如设置在大钟上时，应严禁开关大钟

4.1.5 机械作业安全

冶金行业中各种机械设备经常处于高温、高压、高空作业的环境，并且要接触易燃易爆物，才能完成工艺复杂的冶炼过程。当这些机械发生局部失效或出现使用故障时，轻则造成生产延迟，重则将会造成爆炸、火灾和毒气泄漏等安全事故。

1. 常见的机械安全问题

机械问题发生的原因主要分为两类：一类是机械设备本身设计和制造不过关，一类是使用机械时不注意保养。具体的内容见表4—6。

表 4—6　　常见的机械安全问题

问题名称	问题介绍	发生事故原因
韧性断裂	机械设备在载荷的作用下，产生的应力超过材料的最高强度，进而产生容器破裂的现象	容器超压 器壁厚度不够或使用中变薄
脆性断裂	容器在破裂时没有发生塑性变形，器壁压力远未达到材料强度	低温 材料存在缺陷 焊接区有缺陷
蠕变	金属材料长期在高温条件下受热应力的作用而产生缓慢、连续的塑性变形	设计选材不合理 操作不规范，维护不及时
磨损	机械长时间的使用会造成各种形式的磨损，以物理磨损为主	零件表面粗糙度值较大 机械使用时间过长 不注意润滑和降温保养

对引进的机械设备，班组长及生产管理者应认真检查设备的设计质量和材料质量。在日常的生产过程中应注意设备的各项保养工作，对于使用年限较长的机械设备应重点监测。

2. 安全检查和试验

为了识别和排除机械设备中的潜在危险，企业应定期或不定期对设备进行检查和试验。安全检查和试验主要是针对要害设备（易燃易爆的装置和输送管道、冶炼高炉）以及关键和贵重的生产设备进行。

另外，班组长以及生产现场的管理人员应该制定专门的检查和维修方案，并组织相关人员定期对电气系统做绝缘电阻测试、耐压试验、静电测试，以及各种安全防护装置和仪器仪表的性能测试。

3. 附属配套装置

为了保证班组人员的安全作业，企业会在生产设备、生产设施以及厂房内安装一些附属装置，具体的附属配套装置见表 4—7。

表 4—7　　机械作业附属配套装置

装置类型	装置作用
防护装置	对设备中容易发生事故的部分设置必要的隔离防护装置，以免操作人员不慎落入或接触到危险区域
保险装置	当机械设备中出现危险情况时，可以自动消除危险情况的装置，如熔断器、安全阀、限位器、自动脱落装置
连锁装置	将机械设备设计成能够按规定顺序进行操作，降低事故发生的频率，如高频电路的电气柜门装有连锁装置，以保证开门时能够自动切断电源
制动装置	设备上的制动装置可以在出现紧急情况时，帮助操作人员及时避免事故的发生
信号装置	利用声音、光线等方式发出预警信号，提醒操作或监察人员各种危险情况的发生

4. 操作安全规范

作业人员在进行机械操作时，车间主任和班组长应监督员工严格按照机械使用说明书的要求进行操作，在操作复杂的机械上要粘贴操作步骤的图示和简介。

此外，企业应合理制定各生产岗位间的操作流程，避免多个人员操作设备的过程中发生相互干扰。当需要多个人员同时进行作业时，必须有专门的监督人员进行现场指挥。

4.1.6　冶炼作业安全

冶炼作业是冶金行业最核心的工作步骤，冶炼作业的员工还要接触很多危险的设备和原材料，而且操作工序比较复杂。因此，冶炼作业安全是现场安全管理的重要内容之一。

1. 冶炼作业安全教育

班组长及其他相关负责人应该强化各生产人员的安全作业意识，组织冶炼车间人员做好以下三项工作，具体如图 4—4 所示。

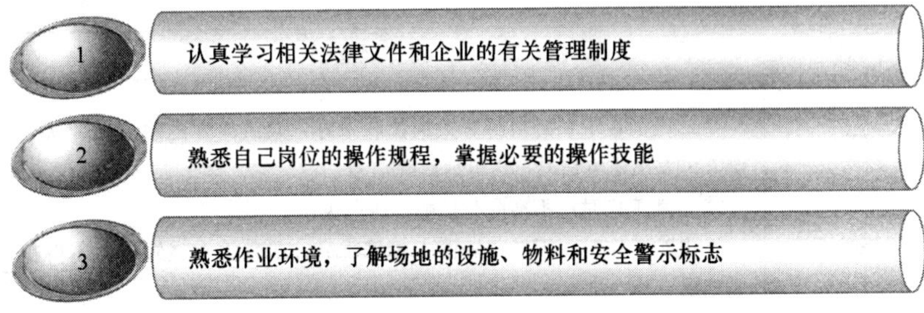

图 4—4　冶炼作业的安全教育工作

2. 采取安全防护措施

保持工作场所的清洁，作业人员在擦拭设备时，严禁用水或湿布擦拭电气装置，以防发生短路或设备漏电时造成触电事故。禁止非操作人员在操作繁忙场所、危险区、煤气区逗留。

另外，作业人员在作业时应做好个人防护，按要求佩戴、使用本岗位操作所需的劳动防护用品。

3. 具体作业规范

班组长和车间主任等现场管理人员需要确保作业员工按照规范的要求进行生产作业。冶炼作业主要涉及冶炼炉前工、冶炼炉面工、冶炼配电工、加糊工等，其具体操作规范见表 4—8。

表 4—8　　冶炼操作规范

岗位	操作规范
冶炼炉前工	◇新的或长期停用的旧的铁水包（渣包）、锭模，一定烘烤到 120℃以上方能使用 ◇吊车吊物或浇注、倒渣时，应有专人按规定信号指挥吊车，其他人员应远离吊物 ◇电炉在生产时，禁止在炉口下逗留，如必须在该处工作时，要有专人看管炉口 ◇用氧气开炉眼时，应安放挡板，开氧气时应由小到大缓慢开启；炉眼烧开后，迅速关闭氧气，氧气安全关闭后，方准将氧气管拉出安全挡板外

续表

岗位	操作规范
冶炼炉面工	◇送电前，班长必须与有关岗位联系好，人员离开危险区，确认无误方可发出送电信号，送电后解除信号 ◇正常工作时，不准同时接触两相电极 ◇电炉工作时，不准往短网上投掷物品，严禁用水浇短网，不得爬上烟罩 ◇洗炉时，禁止向炉内投入冷料；必须加入时，要有确保避免爆炸的措施
冶炼配电工	◇高压合闸时，应先合隔离开关，后合油开关；分闸时，先分油开关，后分隔离开关 ◇非工作人员，一律不得进入配电室和变压器房 ◇进入液压房、变压器房，严禁吸烟
加糊工	◇向电极筒内加电极糊要做到准确无误，加电极糊平台要保持整洁，不准放金属物 ◇同一座电炉不准同时从事装填电极糊和焊接电极壳的工作 ◇用大锤破碎电极糊时，禁止戴手套

4.1.7 氧气作业安全

冶金行业不仅用氧量大，而且氧气的用途广泛，从原料加工、冶炼、轧钢到机修、基建，甚至生活后勤工作，都可能会用到氧气。纯氧中进行的氧化反应异常激烈，氧气与氢气、煤气、天然气等可燃气体混合后可能会发生爆炸。如果对氧气操作不当很容易导致安全事故的发生。

1. 氧气的燃爆

当可燃物与氧气混合并存在激发能源时，可能发生燃烧，但不一定会产生爆炸。只有当氧气与可燃气体均匀混合后，浓度在爆炸极限范围内时，遇到激发能源才能引发爆炸。所以，班组长等现场管理人员应将氧气与易燃易爆物隔离，严格限制氧气罐周围使用明火的行为。

2. 氧气作业的安全装置

为了保证氧气作业的安全，企业通常要安装各种安全装置，管理人员需对这些装置进行日常检验，保障其能够正常使用。氧气作业安全装置主要包括三大类，其具体内容见表4—9。

表4—9　　氧气作业安全装置

装置名称	装置作用
安全泄压装置	◆用以保证设备、管道等的安全运行，防止发生超压事故的一种保险装置。若系统压力超过规定值，它就自动将系统内的气体迅速排出一部分，使系统压力恢复至正常值
报警停车连锁装置	◆该装置能够通过对一系列参数进行监控，发现异常或超限，自动报警和停车 ◆目前，使用较普遍的是温度、压力、浓度、阻力、流量、液位报警停车连锁装置 ◆轴位移保护、防喘振保护、振动保护、超速保护，以及电压、电流、接地保护也经常采用报警停车连锁装置
其他防护装置	◆氧气作业事故的其他防护措施包括放散阀、逆止阀、防爆墙、防雷防静电接地等，这些装置都可以避免危险的发生

4.1.8 煤气作业安全

在冶金行业里，煤气是炼铁、炼焦、炼钢的副产品，同时也是冶金炉窑加热的主要燃料。煤气作为气体燃料，是工业生产的主要能源之一。但煤气属于易燃物，且当中含有大量的一氧化碳，容易导致人员中毒。因此，煤气作业是安全防护工作的重点。

1. 煤气中毒

煤气属于有毒气体，存在煤气泄漏隐患的部位有高炉风口、高炉冷却架、热风炉煤气闸阀、煤气鼓风机围带等处，作业人员在这些区域作业时最容易发生煤气中毒事故。因此，班组长及生产管理人员应对这些区域进行重点监测。

班组长和有关负责人应对煤气实行分级管理，根据一氧化碳的含量，将作业区域分成一类、二类、三类危险区域。在这三类危险区域中，具体的安全措施如下：

（1）一类危险区域。在这一区域，作业人员必须戴氧气呼吸器或通风口罩，并应有人在现场监护。

（2）二类危险区域。在这一区域，作业人员应准备好氧气呼吸器或有专人监护。

（3）三类危险区域。在这一区域，作业人员可不用氧气呼吸器但应加强监测和防范。

2. 煤气爆炸

煤气爆炸是由于煤气和空气混合到一定比例，并且遇到了明火、电火花、燃点等点火源所发生的安全事故。

班组长应该在班组中广泛开展煤气危险事故预防活动，凡直接接触、操作、检修煤气设备的作业人员，须熟悉煤气设备的结构及性能，了解煤气的危险性，并掌握煤气设备的安全标准化的操作要领，经考试合格取得合格证，方可上岗操作。

表4—10是煤气爆炸事故发生的常见原因，班组长应该加以注意。

表4—10　　　　煤气爆炸的原因

爆炸原因	具体内容
人员操作失误	◇锅炉内温度未达到燃点温度就输入煤气，使炉内形成爆炸性混合气体，点火时发生爆炸 ◇强制送风的锅炉未开风机，煤气由闸阀窜入送风管，点火时发生爆炸 ◇煤气点火时，操作人员误把煤气旋塞的开启当成关闭，将煤气送入锅炉，点火时发生爆炸 ◇煤气设备停产后，未将煤气处理干净，又未经爆炸试验，动火发生爆炸

续表

爆炸原因	具体内容
意外因素导致	◇炉窑内第一次点火时，送煤气未点燃，未处理剩余的煤气就第二次点火，发生爆炸 ◇炉窑的送风机突然停电，煤气未完全燃烧，部分煤气从烧嘴窜入空气管道，发生爆炸 ◇煤气发生炉的送风机突然停电，煤气倒流窜入空气管道，发生爆炸 ◇准备投产的煤气管道与有煤气的管道没有用堵盲板隔断，煤气由闸阀漏入新管道，未经空气分析检查，动火发生爆炸

3．煤气作业操作要求

为防止煤气中毒与爆炸，作业过程中应注意遵循以下几点要求。

（1）在进入一、二类危险区域前必须通知煤气防护站的工作人员，并要求至少有2名人员进行作业。

（2）在进入一类危险区域前还须对空气中一氧化碳的含量进行检验，佩戴氧气呼吸器。

（3）进入容器作业前，应首先检查空气中一氧化碳的浓度；作业时，除了要求区域内良好通风，还要求容器外有专人进行监护。

4．煤气设施的安全要求

煤气设施应满足以下安全要求。

（1）煤气设施的设计必须符合国家标准和规范的要求。

（2）制定煤气设施的维修制度，及时检查，发现泄漏及时处理。

（3）煤气设施停产检修时，必须将煤气处理干净，并将其与正常生产的煤气设施用盲板或闸阀和水封隔断，把煤气设备上的蒸气管、水管断开。

（4）在煤气设施上动火或炉窑点火送煤气之前，必须先做气体分析。

4.1.9 氢气作业安全

1. 氢气储存装置要求

氢气瓶的设计、制造和检验应符合国家规定的安全要求。具体的氢气储存装置要求见表4—11。

表4—11 氢气储存装置要求

序号	相关要求
1	气瓶、管路、阀门和接头应予以固定，不得松动位移，管路和阀门应有防止碰撞的防护装置
2	总管路应有两个阀门串联，每组气瓶应有分阀门
3	储气罐的基础和支承必须牢固，且为非燃烧体
4	储气罐平面布置的防火间距，按可燃性气体储罐防火间距的有关规定执行
5	储气罐的地面应高于相邻散发可燃气体生产单元的地面，否则应设实体围墙予以隔离
6	固定容积储气罐应设放空阀、安全阀和压力表，其设计、制造和检验应符合国家规定的安全要求

2. 氢气储存地点要求

供氢站应采用独立的单层建筑，其耐火等级不可低于二级。不得在建筑物的地下室、半地下室设供氢站。室内必须通风良好，建筑物顶部或外墙的上部应设气窗或排气孔。

氢气储存地点的电气设备的选型、配线和接地都应符合《中华人民共和国爆炸危险场所电气安全规程》的有关规定。具体的安全要求如下：

(1) 供氢站应有防雷措施，按有关规定在供氢站周围设置禁火标志。

(2) 供氢站应按有关规定设置消防用水，并应根据需要配备干粉灭火器，1211灭火器和二氧化碳灭火器，或氮气灭火系统。

3. 氢气运输管道要求

氢气运输管道在铺设过程中应满足的安全要求如图4—5所示。

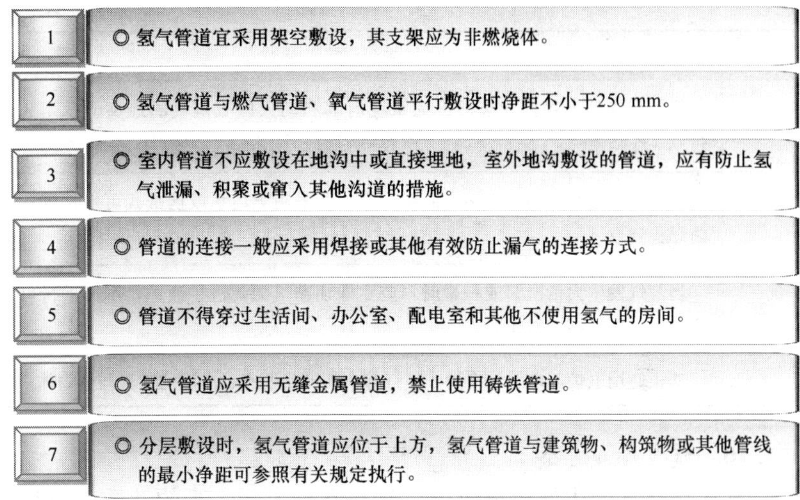

图 4—5　氢气运输管道安全要求

4. 氢气安全使用规范

氢气是可燃性气体，当与空气（氧气）接触并遇到明火时可能会发生爆炸和火灾，所以班组长及生产管理人员应注意将氢气与空气隔绝，同时要严格把控氢气周围环境的火源。表 4—12 是氢气安全使用规范。

表 4—12　　氢气安全使用规范

序号	具体使用规范
1	新安装或大修后的氢气系统必须清洗、做耐压试验和气密试验，符合检验要求才能投入使用
2	氢气系统运行时，不准敲击，不准带压修理和紧固，不得超压，严禁负压
3	管道、阀门和水封装置冻结时，只能用热水或蒸汽加热解冻，严禁使用明火烘烤
4	氢气系统吹洗置换，一般可采用氮气（或其他惰性气体）置换法或注水排气法

续表

序号	具体使用规范
5	氢气系统动火检修，必须保证系统内部和动火区域氢气的最高含量不超过0.4%
6	设备、管道和阀门等连接点泄漏检查，可采用肥皂水或携带式可燃性气体防爆检测仪
7	当氢气发生大量泄漏或积聚时，应立即切断气源，进行通风，不得进行可能发生火花的一切操作
8	禁止使用电炉、电钻、火炉、喷灯等一切产生明火、高温的工具与热物体

4.1.10　氮气作业安全

氮气是空气的主要组成成分，具有不可燃、无毒的性质，但是，若空气中氮气含量过高，会使作业人员吸入氧气的分压下降，引起缺氧窒息的意外事故发生。若作业人员吸入高浓度氮气，吸入者会迅速昏迷、呼吸困难或心跳停止。

1. 氮气作业防护措施

为了避免作业人员吸入高浓度氮气，在进入限制性空间或其他高浓度区作业时，必须确保有人监护。当作业场所空气中氧气浓度低于18%时，作业人员必须佩戴空气呼吸器、氧气呼吸器或长管面具，并穿戴相应的作业工作服及防护手套。

2. 氮气储运安全要求

氮气的仓储管理人员负责其入库的验收工作，应认真核对品名，检查钢瓶有效期限的钢印，检查阀门是否漏气等。氮气应储存于阴凉、通风的库房，并且远离火种、热源，防止日光直晒及雨水淋湿，库温不宜超过30℃，储区应备有泄漏应急处理设备。

氮气一般在钢瓶内储存，瓶外漆成黑色，用黄色标明“氮气”字样。钢瓶阀门应罩安全帽，瓶身应有防震胶圈。运输时钢瓶一般平放，瓶口应朝同一方向，不可交错，钢瓶的高度不得超过车辆的防护拦板，在运输中可用三角木垫卡牢，防止钢瓶滚动。

4.1.11　特殊作业安全

1. 动火作业安全

动火作业分为特殊危险动火作业、一级动火作业和二级动火作业三类。具体的内容如图 4—6 所示。

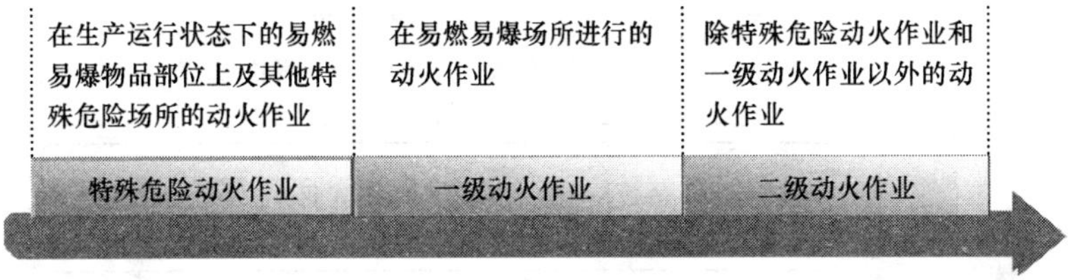

特殊危险动火作业	一级动火作业	二级动火作业
在生产运行状态下的易燃易爆物品部位上及其他特殊危险场所的动火作业	在易燃易爆场所进行的动火作业	除特殊危险动火作业和一级动火作业以外的动火作业

图 4—6　动火作业的分级

作业人员在动火作业前，应检查动火作业工具，清除动火现场及周围的易燃物品，或采取其他有效的安全防火措施，配备足够适用的消防器材，保证作业的安全可靠。动火作业完毕，应清理现场，确认无残留火种后，方可离开。

如须在特殊条件下进行动火作业，应遵循表 4—13 所列的防护要求。

表 4—13　　特殊条件下动火作业的防护要求

动火条件	防护要求
易燃易爆环境	必须将其与生产系统彻底隔离，并进行清洗置换合格后，方可动火作业
氧气设备动火	保证氧含量不得超过 20%
大风露天动火	一般禁止露天动火作业。因生产需要确需动火作业时，动火作业应升级管理
高空动火	其下部地面如有可燃物、空洞、阴井、地沟、水封等，应采取相应的检查和防护措施，以防火花溅落引起火灾爆炸事故

2. 高处作业安全

从事高处作业的班组必须办理“高处安全作业证”，由审批人员在高处作业现场，检查和确认安全防护措施后，方可批准高处作业。班组长、车间主任等生产管理人员，应审核作业人员是否具备基本的资质要求，其具体要求如图 4—7 所示。

高处作业人员必须经安全教育，熟悉现场环境和施工安全要求。

疲劳过度、酒后人员等，不准进行高处作业。

年老体弱、视力不佳以及患有心脏病、高血压、精神失常、严重神经衰弱、开放性肺结核等病症者不得进行高处作业。

图 4—7　高处作业人员资质要求

高处作业前，对作业人员应查验“高处安全作业证”，检查确认安全措施落实后，方可施工，否则有权拒绝施工作业。高处作业应设监护人对高处作业人员进行监护。班组长要注意做好必要的安全防护工作，具体内容见表 4—14。

表 4—14　　高处作业安全防护要求

序号	安全要求
1	高处作业人员要按照规定穿戴劳动保护用品，作业前要检查防坠落用品与登高器具、设备
2	高处作业时，一切脚手架、跳板和工作台，必须事先由施工负责人仔细进行检查，认为牢固可靠并根据情况设围栏后方准许操作
3	高处作业时，禁止往上面扔材料、工具、焊条头、螺栓或其他能够对下面人员造成伤害的物品，取送物品时应用绳索拴工具袋进行

续表

序号	安全要求
4	高处作业所用的工具、材料等具有坠落可能的物品必须装在固定牢靠的工具袋内
5	高处作业与其他作业交叉进行时，必须按指定的路线上下，禁止上下垂直作业

3. 受限空间作业安全

员工需要进入受限的作业空间时，应当由多人负责对受限空间进行安全分析判断，验证或判定是否存在危险因素。对各项危险有害因素进行集中分析，制定出进入受限空间作业程序以及相应的安全技术防护措施。具体的作业防护措施见表 4—15。

表 4—15　受限空间作业防护措施

防护项目	具体措施
隔绝	◇设备与外界连接的电源应有效切断 ◇管道安全隔绝，可采用插入盲板或拆除一段管道进行隔绝，不能用水封或阀门等代替盲板或拆除管道，插入的盲板必须登记，必要时进行编号 ◇电源有效切断应采用取下电源熔丝或将电源开关拉下后上锁等措施
通风	◇打开所有人孔、手孔、料孔、风门、烟门等进行自然通风 ◇存在自然通风局限时，须采取机械强制通风，保证单位时间内的通风次数 ◇采用管道空气送风时，连续导入维持有限空间的氧含量应恒定在正常范围内
防毒防爆	◇在缺氧、有毒环境中，应佩戴正压式空气呼吸器或长管压缩空气呼吸器 ◇在易燃易爆环境中，应使用防爆型低压电器灯具并穿戴防静电的防护服装 ◇设备内动火作业，施焊人员离开时不得将焊（割）炬留在设备内

续表

防护项目	具体措施
照明	◇进入受限空间作业应使用安全电压和安全行灯 ◇使用超过安全电压的手持电动工具，必须按规定配备漏电保护器 ◇临时用电线路装置，应按规定架设和拆除，线路绝缘保证良好

作业中要加强定时监测，作业期间应至少每隔几个小时取样复查一次，如有一项不合格以及出现其他异常情况，应立即停止作业并撤离作业人员，同时取消作业证；作业现场经处理，并经取样分析其结果符合受限空间安全作业要求后，须重新开具作业证，方可继续作业。

4.1.12 特种设备作业安全

特种设备是指涉及生命安全、危险性较大的各种设备和机械，主要包括锅炉、压力容器、压力管道、电梯、起重机械、客运索道等。

1. 特种设备的购置与安装

特种设备均应由使用部门提出购置计划，采购部门负责购买持有国家相应制造许可证生产单位制造的符合安全技术规范的特种设备。

特种设备在安装前，使用部门应先确定该设备是否具有国家相应安装许可的证件，并按规定向特种设备安全监察部门办理开工告知手续。任何部门不能擅自安装未经批准的特种设备。设备安装完成后，使用部门应向有关特种设备检验检测机构申报验收检验。

2. 特种设备管理要求

特种设备使用部门的各级管理人员，应加强特种设备使用环节的安全管理工作，具有安全生产意识和特种设备使用管理相关知识。具体的管理要求如图 4—8 所示。

3. 特种设备使用规范

各设备使用部门应当对特种设备作业人员进行使用条件审核，

图 4—8　特种设备管理要求

保证作业人员的文化程度、身体条件等符合有关安全技术规范的要求，并对作业人员进行特种设备安全教育和培训，保证特种设备作业人员具备必要的特种设备安全作业知识。

特种设备作业人员应当严格执行特种设备的操作规程和有关安全规章制度。企业在制定相应的使用规范时，应该注意图 4—9 所示的内容。

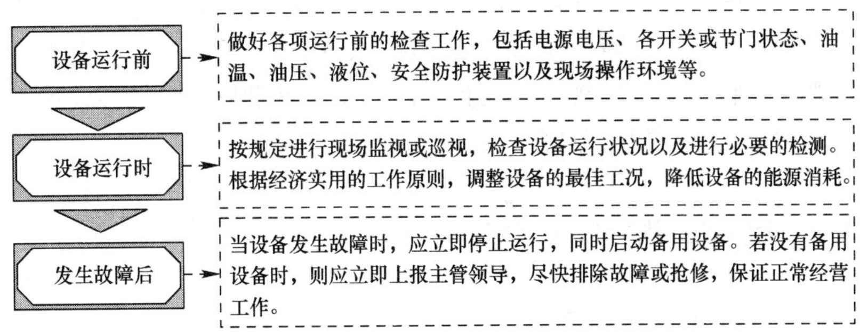

图 4—9　特种设备安全操作要求

4. 特种设备的维护保养

班组长及生产管理人员应随时掌握特种设备维护保养计划的落实情况，并负责监督检查，使设备维修保养制度化、规范化。从事检修工作的人员应持有特种作业操作证，并遵守本工种安全技术操作规程。设备维修的有关作业安全规范如图 4—10 所示。

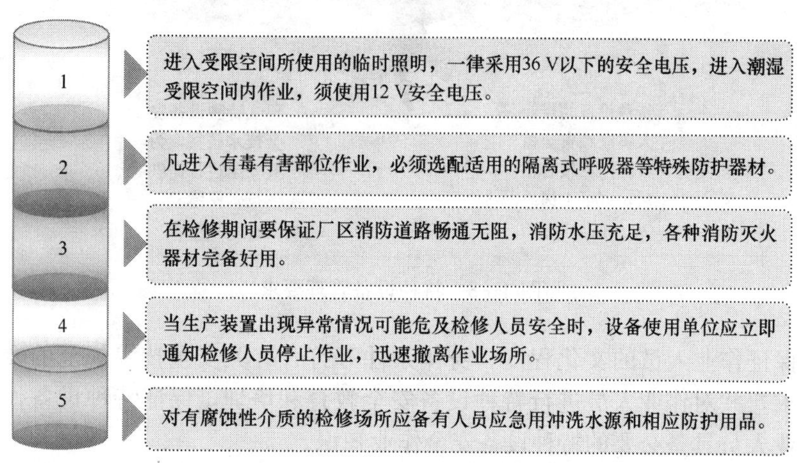

图 4—10　检修作业安全规范

特种设备如存在严重事故隐患，或无改造、维修价值，或超过安全技术规范规定的使用年限，应及时予以报废，并由行政部到有关部门办理注销手续。设备大修、改造、移动、报废、更新及拆除应严格执行国家有关规定，经企业内部逐级审批后，向特种设备安全监察部门办理相应手续。

4.2　冶金企业现场预防与防护

4.2.1　防火防爆

1. 易燃易爆物控制

易燃易爆物是发生火灾和爆炸事故的源头，但在冶金行业中又不可避免地要用到或接触到各种易燃易爆物品。企业的管理者尤其是基层管理者，应该加强对易燃易爆物的控制。其具体可以采取以下四种措施。

(1) 控制易燃易爆物数量，优先使用不可燃物质代替可燃物，尽量不用或少用氧化剂。

(2) 合理安排易燃易爆物的存放，在总布局中应尽量限制和缩小危险区域的范围，将爆炸危险区和非危险区分隔在各自的厂房内。

(3) 对于易燃或强氧化性物质，力求采用密闭生产装置、储罐和输送管道系统，并采取各种措施尽量防止泄漏。

(4) 同时采取必要的通风措施使环境中的可燃气体、蒸气或粉尘达不到爆炸极限范围。

2. 点火源控制

导致易燃易爆物事故的原因之一是有点火源将其引燃，冶金企业中的点火源主要是作业中使用的明火、高温设备和高温材料，还有电气起火。管理人员需要对这四种点火源加以防护和控制。

(1) 加热易燃物的时候要尽量避免采用明火，如果必须采用明火设备应严格密闭，燃烧室与设备要分开。

(2) 根据火灾爆炸危险性划分禁火区域，禁止在禁火区域内使用明火。如果有必要在禁火区域内使用明火时，现场管理人员必须制定相应的防护措施。

(3) 冶金过程中会有很多高温设备和高温材料，如锅炉、烟囱、熔融金属等。这些固体表面的温度超过可燃物的燃点时，极易引起火灾的发生。应尽量将高温热体与易燃易爆物分离，当难以避开时要有良好的保温隔热措施，使表面温度远远低于介质的自燃温度。

(4) 电气原因所引起的火灾爆炸，在火灾爆炸中占有相当大的比例。为防止电气火灾爆炸，应根据场所和设施的防火防爆要求进行安装、使用和维修操作，并采取各种预防措施，避免静电和雷电造成的火灾。

3. 防火防爆安全装置

防火装置的作用是防止外部火焰窜入有爆炸危险的设备和区域内。表 4—16 是对几种常见的防火装置的介绍。

表 4—16　　防火装置

装置名称	装置作用
阻火器	管径或流通孔隙减小到某一程度，可燃气体通过时会因冷却作用程度增加，使火焰不能蔓延
安全液封	具有一定高度的、由不可燃液体组成的液柱稳定存在于进出口之间，在液封两侧的任何一侧着火，火焰都将在液封处熄灭
单向阀	又称止逆阀、止回阀，其作用是只允许流体向一定方向流动，遇有回流的情况自动关闭
阻火闸门	是防止火焰沿通风管道蔓延而设置的阻火装置，有跌落式自动阻火闸门和手动式阻火闸门

防爆装置主要用于防止因物理原因造成的爆炸，表 4—17 介绍了几种常见的防爆装置。

表 4—17　　防爆装置

装置名称	装置作用
安全阀	当设备或容器内压力升高到一定程度时，安全阀即自动开启释放部分气体，使压力降低到安全范围内，从而实现设备和容器压力的自动控制
防爆片	由片状脆性材料制成，大多安装在受压设备、容器或管道上的适当部位。当发生爆炸和压力过高时，防爆片作为人为设计的薄弱环节自行破裂，排出受压流体，避免更大的损害
放空管	放空管又称排气管，在正常或紧急情况下，可将受压设备内的气体排放掉，从而达到安全泄放的目的

4. 消防设施

应保证消防供电设施供电功能和主备电源切换顺畅，并对火灾自动报警装置进行定期的检验。在检查消防设施时，检查数量不宜少于总数量的25％。

（1）要保证消火栓灭火系统的正常使用，检查内容包括室内外消火栓消防水炮出水及压力、消火栓启泵按钮系统功能。消防水池及水箱水量、增压设施压力工况、消防水泵及水泵控制柜的启泵和主备泵切换功能、管道阀门启闭功能。

（2）对于其他灭火系统，如泡沫灭火系统要保证泡沫液有效期和储存量、泡沫消防栓出水或出泡沫量，气体灭火系统应保持足够的灭火剂。

4.2.2　防暑降温

冶金工业的炼焦、炼铁、轧钢等生产场所的特点是湿度小、气温高、热辐射强度大。如果不做好防护措施，不仅会危害班组作业人员的身体健康，还容易出现中暑症状，造成生产的延误。

1. 组织措施

班组长作为生产基层的管理者应协调各职能部门的工作，及时做好设备的保养和维修以及降温设备的安装和添置工作，对防暑降温工作做到有布置、有检查、有指导。具体的工作内容如图4—11所示。

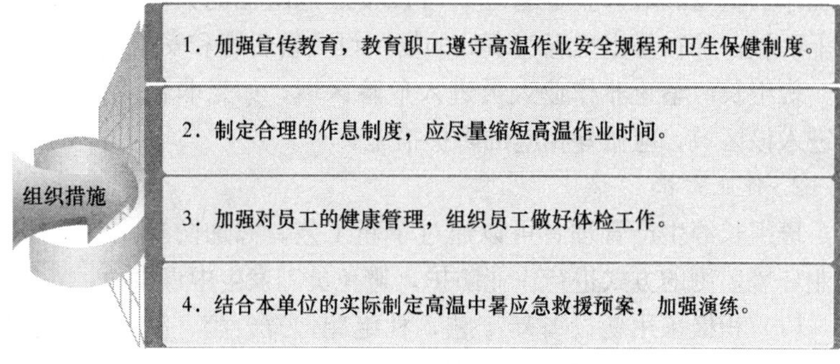

图4—11　防暑降温组织措施

2. 防护措施

班组长应当对班组成员采取各种防护措施，避免发生中暑事故。

班组长防暑的工作重点包括环境控制和人员保健。

（1）合理设计或改革生产工艺过程、生产设备和操作方法，尽量实现机械化、自动化，消除高温和热辐射对人的危害。

（2）员工的保健措施如图 4—12 所示。

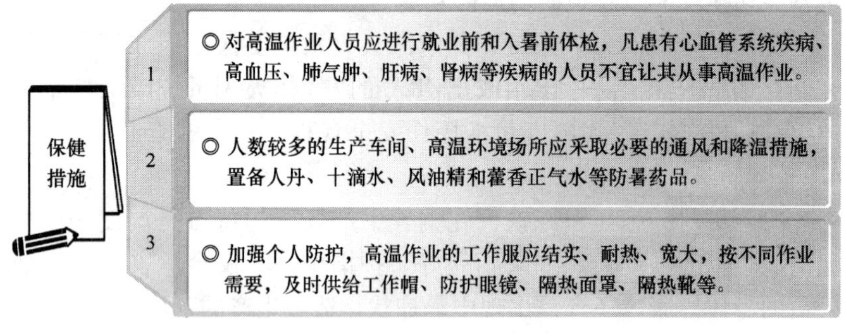

图 4—12　员工保健措施

4.2.3　毒气防护

1. 划定危险区域

冶金行业中有的场所如焦化工厂直接产生毒气，是企业毒气防护工作的重点区域。企业管理者可以按照危险性的大小将其划分为若干区域，并在易出现毒气事故的场所设置警告牌和安全监察岗位。

班组长应禁止非作业人员进入危险区域，如果非作业人员必须要进入该区域，应做好相应的防护措施。

2. 作业防护

班组长等生产管理者可以通过革新工艺、添加防护用具、加强作业环境监测的方式进行作业防护，避免员工发生中毒事故。

（1）积极采用新设备新工艺，杜绝跑、冒、滴、漏，实行清洁生产，从源头上控制职业病危害因素。在职业病危害岗位挂上明显的职业病危害告知牌，并注明预防措施。

（2）炼铁厂转炉、混铁炉及轧钢厂煤气炉的作业人员必须按要求穿戴好防护用品，不得将产生职业病危害的作业交给不具备防护条件的单位和个人。

(3) 在有毒有害气体、粉尘岗位上的员工不准超时工作，按公司要求的休息制度休息，不允许加班。对能造成职业病危害的岗位，每一年进行一次职业病危害检测，对严重超标的设备进行更换。

4.2.4　劳动防护

1. 安全作业制度

为防范生产作业过程中安全事故的发生，企业应当建立并完善安全管理制度。这些制度包括操作安全规程、安全检查制度、事故报告制度、应急管理制度等。班组长和生产员工都应认真遵守并执行这些安全制度。

2. 劳动安全检查

劳动安全检查是劳动安全管理工作的重要内容，也是消除安全隐患、预防事故的重要手段。劳动安全检查可以从生产作业制度、生产纪律、生产安全隐患等方面入手，具体的内容见表4—18。

表4—18　　劳动安全检查内容

检查项目	具体内容
生产作业制度	◇检查生产作业制度是否完善，重点检查生产作业制度中是否有安全检验制度和事故应急处理制度 ◇检查制度是否正确，避免因错误的制度导致安全隐患
生产纪律	◇检查生产现场管理人员是否真正起到监督作用 ◇检查员工是否能按安全规范进行生产作业 ◇查看员工的工作状态，检查其是否存在精力不集中或有意敷衍的情况
生产安全隐患	◇检查生产设备和生产用具是否存在安全隐患 ◇检查生产场所是否存在安全隐患 ◇检查消防栓、消毒面具等安全防护用具是否有效

3. 现场作业环境安全管理

生产作业环境的好坏将直接影响生产效率和生产安全，所以班组长等现场管理者应该为员工打造一个舒适安全的作业环境。现场作业环境的安全管理可以从环境设计、环境控制、环境改善三个方面着手，具体内容见图 4—13 所示。

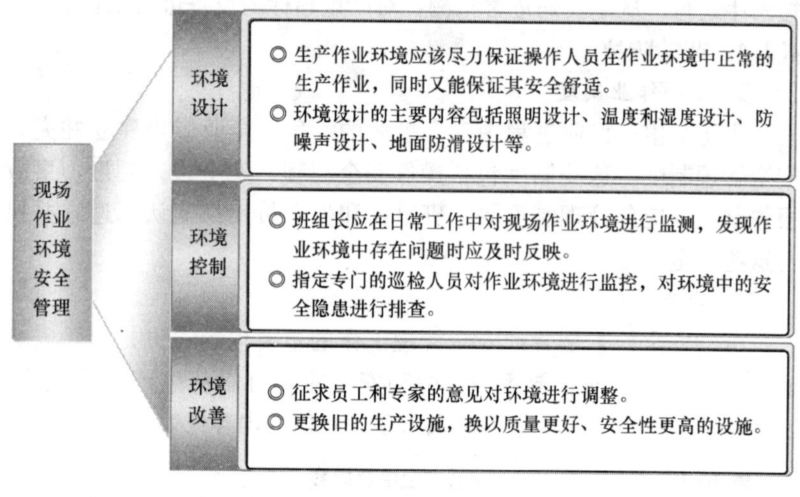

图 4—13　现场作业环境安全管理

4.2.5　职业病防护

1. 病源控制

职业病的发生与生产环境中有害因素有关，冶金企业中的职业病多是由毒性气体、粉尘、噪声和高温引起的，班组长及其他生产管理人员应针对不同的病源分别采取相应的措施。

(1) 采用新技术、新工艺时，必须对防尘措施进行可行性研究，经过技术论证，确认防护设施的效果后才能用于生产。厂矿粉尘作业扬尘点，必须采取密闭尘源、通风除尘、湿法防尘等综合防尘技术措施。禁止在没有防尘措施的情况下进行粉尘作业。

(2) 在厂房与建筑物之间保持必要的防护间距，或设置隔声屏障，缩小噪声干扰范围。在满足生产工艺条件的情况下，选用发声小的材料制造机械元件。采取噪声控制措施后，其作业场所的噪声强度仍超过规定标准时，应采取个体防护；对职工不经常停留的噪声作业场所，应根据不同要求建立用于控制、观察、休息的隔声室。

（3）冶金企业中的热源控制可以采取表4—19中的措施。

表4—19　　热源控制措施

防护措施	具体内容
合理布置热源	◇各种炉窑和散热设备，应布置在夏季主导风向的下风侧或厂房（车间）外 ◇钢锭、铸坯、铸件及轧材等炽热的半成品及成品，应尽快运至专设的存放场地 ◇当热源较多而采用天窗排气时，应将热源集中在排气天窗下侧
隔热	◇较长时间内直接受到热辐射影响的作业场所应采取水幕、隔热屏等隔热措施 ◇对职工经常停留的高温地面或靠近人体的高温壁板，采取隔热措施
通风	◇以自然通风为主的厂房尽量布置在热源的上风侧，其方位应根据主要进风风向和建筑形式进行选择 ◇当生产无特殊要求时，炎热地区的厂房宜采用敞开型或半敞开型 ◇高温车间应采取有组织的自然通风，合理安排进、排风口，并在天窗设置挡风板 ◇高温作业场所或操作室应设置局部送风或空调设施
个人防护	◇企业应按规定供给高温作业和夏季露天作业人员清凉饮料及防暑药品 ◇应发给高温作业和露天作业职工符合国家标准的个人防护用品

2. 环境监测

生产环境中职业病危害因素强度及其在时间、空间的分布上存在变动，这主要取决于生产过程、操作方式及外界环境条件。

（1）物理因素监测。物理因素大多采用仪器测定，例如用声级计测定不同时间内接触不同A声级的噪声，必要时应进行频谱分析。

（2）化学毒物监测。化学毒物的监测方法主要包括空气采样、生物采样、皮肤污染度测定等，其具体的内容如图 4—14 所示。

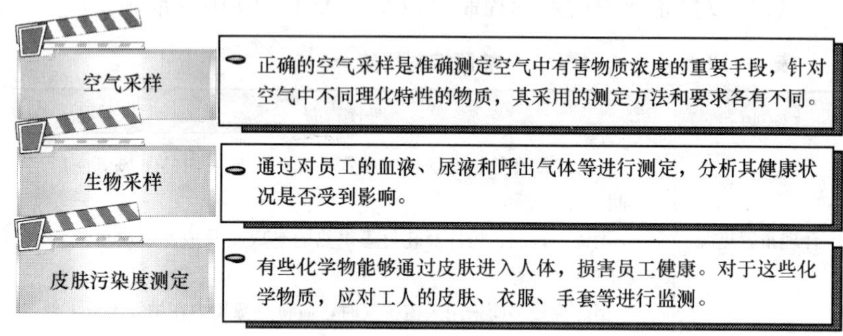

图 4—14　化学毒物监测方法

3. 医疗卫生

冶金企业应为班组人员建立完善的体检制度，而班组长和车间主任等基层管理人员应将这些制度认真落实。

（1）职业病健康教育。组织对职工进行职业健康教育、职业病危害教育，让职工了解所在岗位的职业危害以及必要的医疗知识。

（2）卫生体检。组织职工定期体检，间隔的时间按作业条件分级及依职工健康情况而定，应安排在暑季前进行。对危险程度高的重点工种，每年组织体检一次，其他工种 2～3 年体检一次。体检应着重心血管系统的检查，经体检发现有职业禁忌证者，不宜从事相应作业并应及时妥善处理。

（3）建立职工健康档案。应建立现场作业职工健康档案，并由企业的职业卫生防治部门或医疗单位保存和管理，调动工作时将档案转交新单位。

第5章　矿山企业安全作业管理

5.1　安全作业综合管理制度

5.1.1　安全生产费用制度

以下为某冶金企业的安全生产费用制度，供参考。

<table>
<tr><td rowspan="2">制度名称</td><td rowspan="2">安全生产费用制度</td><td>编　　号</td><td></td></tr>
<tr><td>执行部门</td><td></td></tr>
</table>

第1章　总　　则

第1条　目的

为了建立和完善公司安全生产投入的长效机制，加强对公司安全生产费用的规范化管理，切实维护公司、员工及社会公众的利益，根据国家有关法律、法规，结合公司的发展情况，特制定本制度。

第2条　适用范围

本制度适用于公司所有采矿分厂的安全生产费用的管理工作。

第3条　相关定义

本制度中的安全生产费用（以下简称“安全费用”）是指公司按照一定标准提取并在成本中列支，专门用于完善和改进公司安全生产条件的资金。

第4条　职责分工

公司安全部门人员、财务部门人员、采矿分厂负责人和仓管部门人员均须对安全费用的管理和使用负责，其具体职责分工如下表所示。

安全费用管理职责分工表

责任人	具体职责
安全部门人员	◆确定安全费用范围，建立安全费用使用台账，督促各项安全费用的落实 ◆及时发现并处理安全费用管理中的各种问题
财务部门人员	◆建立安全费用提取、支出台账，对安全费用的账务处理进行严格监督和检查

续表

制度名称	安全生产费用制度	编　　号	
		执行部门	

责任人	具体职责
采矿分厂负责人	◆认真落实各项安全费用的管理和实施
仓管部门人员	◆负责安全物资发放工作，建立安全物资进出库台账，监督各班组安全物资的领取

第 2 章　安全费用的提取和使用

第 5 条　安全费用的提取

1. 提取标准。根据《企业安全生产费用提取和使用管理办法》（财企〔2012〕16 号）规定，公司负责露天矿山开采的分厂按每吨 5 元提取安全费用；负责地下矿山开采的分厂按每吨 10 元提取安全费用。

2. 提取办法。公司总经理成立安全生产领导小组，根据安全生产投入计划审核确定安全费用的提取情况。若安全费用提取金额不能满足实际需求时，领导小组应制订安全费用补充计划，以满足实际安全管理需要。

第 6 条　安全费用的使用范围

一般情况下，与公司安全生产相关的费用支出均属于安全费用的使用范围。根据国家法律、法规和公司有关规定，安全费用的具体使用范围如下图所示。

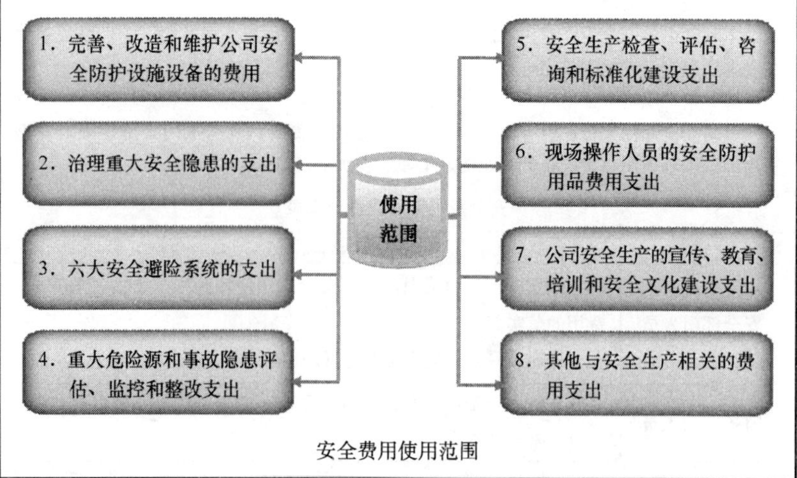

安全费用使用范围

续表

制度名称	安全生产费用制度	编　　号	
		执行部门	

第7条　安全费用使用的注意事项

1. 安全费用应优先用于满足国家有关部门对公司提出的安全生产整改措施和为达到安全生产标准所需的支出。

2. 安全费用应专户核算，严格按照规定范围使用，不得挤占、挪用。年度结余的安全费用转下年度使用；当年安全费用不足的，超出部分按正常成本费用列支。

3. 公司为员工提供的职业病防护、工伤保险、医疗保险、意外伤害险等费用不属于安全费用使用范围。

第3章　安全费用的监督管理

第8条　工作监督

公司安全部门和各采矿分厂管理人员应对安全费用的使用情况进行跟踪、监督，重点检查安全费用是否得到及时合理的落实使用、使用手续是否齐全、使用是否达到预期效果等内容。

第9条　财务监督

财务部门每月定期对各分厂的安全费用账目进行检查、核对，对出现问题的单位进行重点审查，保证其安全费用合理、正确使用。

第10条　建立奖罚机制

公司每月汇总整理并公告各单位安全费用的使用情况，对安全费用使用、登记无误的单位奖励____元；对违反安全费用管理规定的单位，视情节严重情况予以处罚。

第4章　附　　则

第11条　本制度由公司安全部门负责制定、修改和解释工作。

第12条　本制度经有关领导审批后，自公布之日起开始施行。

编制人员		审核人员		批准人员	
编制日期		审核日期		批准日期	

5.1.2　安全档案管理制度

以下为某冶金企业的安全档案管理制度，供参考。

制度名称	安全档案管理制度	编　　号	
		执行部门	

第1章　总　　则

第1条　目的

续表

<table>
<tr><td rowspan="2">制度名称</td><td rowspan="2">安全档案管理制度</td><td>编　　号</td><td></td></tr>
<tr><td>执行部门</td><td></td></tr>
<tr><td colspan="4">
为了规范公司安全档案的管理，方便档案资料的查找，保证档案的完整性、安全性和保密性，结合公司安全生产相关规定，特制定本制度。
第 2 条　适用范围
本制度适用于公司所有安全档案的管理工作。
第 3 条　管理部门
公司安全部门应设立档案室，并安排档案管理员负责安全档案的管理工作。
第 2 章　安全档案的建立和整理
第 4 条　安全档案的内容
公司安全档案一般包括安全资质证照、安全生产责任体系、人员管理、安全管理制度、安全检查和日常管理六方面的相关文件、资料。
第 5 条　安全档案的收集
安全部门档案管理员应及时收集、完善安全档案内容。在点收档案时，档案管理员应认真检查档案的内容和手续是否完整，如有问题立即联系相关人员解决。
第 6 条　安全档案的整理
档案管理员在整理安全档案时应注意以下三点内容。
1. 档案管理员应建立并及时更新安全档案目录，以方便安全档案的盘点。
2. 档案必须按照公司规定进行编号、命名、装订和分类，并编制“安全档案分类编号表”，以方便查找。
3. 档案管理员应将档案存放至档案盒内，并在档案盒背脊部位标明档案名称及编号，以便查阅。
第 3 章　安全档案管理
第 7 条　安全档案的保养
档案管理员应经常擦拭档案架、档案盒，保持档案存放环境卫生，防止档案虫蛀腐朽。
第 8 条　安全档案的盘点
档案管理员应定期对安全档案进行盘点，并做好盘点记录。盘点时若发现安全档案损坏、丢失，档案管理员应立即上报有关领导进行处理。
第 9 条　安全档案的借阅
档案管理员在进行安全档案借阅时，应做好以下四点。
1. 严格检查档案借阅人员的手续是否齐全，是否有相关领导签字，手续不完整的
</td></tr>
</table>

续表

制度名称	安全档案管理制度	编　　号	
		执行部门	

拒绝借阅。

2. 在进行档案借阅时，应当面点清档案份数、页数，检查档案是否完整，并做好借阅记录。

3. 督促借阅人遵守档案借阅规定，严守档案秘密，及时归还档案，禁止借阅人对档案进行涂写、勾画、裁剪、拆散等行为。

4. 借阅人归还档案时，应仔细核对档案内容，检查档案是否完整，并及时将档案放回规定位置。

第 10 条　安全档案的销毁

1. 档案管理员在进行档案整理时，应筛选出保存期届满、无继续保存价值和指定销毁的安全档案，并对这些档案进行清点、核对，确认需要销毁的，应填写“安全档案销毁申请表”，报有关领导审批。

2. 安全档案销毁得到审批后，有关领导应指派两名监销人监督安全档案的销毁。

3. 档案管理员和监销人对待销毁的安全档案进行清点和复核，复核无误后按照公司规定方式销毁安全档案。销毁工作完成后，档案管理员和监销人在档案销毁清单上签字。

4. 档案销毁后，档案管理员应及时做好现存档案的整理、检索调整等善后工作，并对其进行登记存档。

第 4 章　附　　则

第 11 条　本制度的制定、修改和解释工作由公司安全部门具体负责。

第 12 条　本制度经有关领导审批后，自____年__月__日起开始施行。

编制人员		审核人员		批准人员	
编制日期		审核日期		批准日期	

5.1.3　危险源监控管理制度

以下为某冶金企业的危险源监控管理制度，供参考。

制度名称	危险源监控管理制度	编　　号	
		执行部门	

第 1 章　总　　则

第 1 条　目的

为了加强对公司危险源的监督控制，有效预防安全事故发生，避免人员和公司损失，根据《中华人民共和国安全生产法》等法律规定，结合公司发展情况，特制定本制度。

续表

制度名称	危险源监控管理制度	编　号	
		执行部门	

第 2 条　适用范围

本制度适用于公司各分厂矿山开采的安全生产保障工作。

第 3 条　相关定义

危险源是指可能导致人员伤害、职业病、死亡、财产损失和工作环境破坏等安全事故的根源或状态。

第 4 条　职责分工

公司安全部门、设备部门、生产车间和生产班组都应参与危险源的监控管理工作，并对其负责，具体职责分工如下表所示。

危险源监控管理职责分工

执行部门	具体职责
安全部门	◆负责建立并完善危险源监控体系，编制危险源档案，并组织人员巡回检查 ◆制定安全事故紧急处理预案，及时有效控制危险源的危害
设备部门	◆做好设备的保养维护工作，及时解决设备安全故障
生产车间	◆负责车间内的危险源监控，定时对危险源进行安全检查，及时处理可能发生的安全事故
生产班组	◆负责对工作范围内的危险源进行监控，及时上报危险源情况，并对可能发生的安全事故做好充分准备

第 2 章　危险源的管理细则

第 5 条　建立危险源监控体系

1. 建立危险源档案。公司安全部门应定期组织危险源普查，对生产过程中存在的危险源进行记录、分析、评估，确定危险源分类和危险源控制办法，建立并不断完善危险源档案。

2. 危险源安全检查。公司安全部门应组织安排相关人员对所有危险源进行动态安全检查，做好检查记录，实时掌握危险源情况。发现异常情况时，应及时查明原因，并采取有效措施防止安全事故的扩大。

第 6 条　实行危险源监控责任制

公司应安排危险源监控负责人，对某一区域的危险源进行监控管理，记录危险源状态，及时有效控制可能发生的安全事故。若因个人原因导致危险源未得到有效控制，

续表

制度名称	危险源监控管理制度	编　号	
		执行部门	

则视情节严重情况对其进行处罚。

第 7 条　设立警示标志

公司安全部门应按照统一标准，在所有危险源附近设立明显的警示标志，注明危险源的名称、危险等级、影响范围、监控负责人等内容，以引起员工注意。

第 8 条　加强宣传教育

1. 公司安全部门应通过张贴宣传画、传阅危险源宣传资料等方式对班组人员进行危险源防护宣传。

2. 公司安全部门应定期组织班组人员进行危险源防护教育，提高班组人员的安全意识和责任感，增强其对危险源安全事故的防护能力。

第 9 条　健全危险源分级管理

根据危险源的危害大小和风险程度，公司可将危险源进行分级管理。具体分级情况如下图所示。

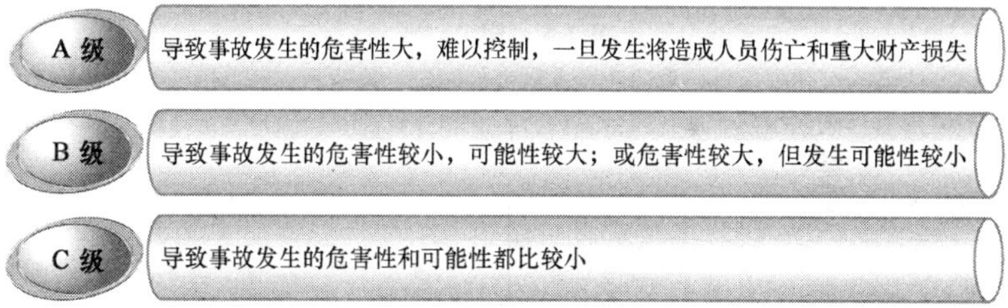

A 级　导致事故发生的危害性大，难以控制，一旦发生将造成人员伤亡和重大财产损失

B 级　导致事故发生的危害性较小，可能性较大；或危害性较大，但发生可能性较小

C 级　导致事故发生的危害性和可能性都比较小

危险源分级示意图

为了加强危险源监控效果，发动各级人员对危险源进行监控管理，公司应采取主管和辅助管理并重形式，健全危险源分级管理，具体管理办法见下表。

危险源分级管理

管理者	危险源管理	
	主管	辅助管理
安全部门	A 级	A 级、B 级
生产车间	A 级、B 级	C 级
生产班组	A 级、B 级、C 级	—

续表

<table>
<tr><td rowspan="2">制度名称</td><td rowspan="2">危险源监控管理制度</td><td>编　　号</td><td></td></tr>
<tr><td>执行部门</td><td></td></tr>
<tr><td colspan="4">第 10 条　进行危险隐患整改
公司安全部门应及时汇总危险源状态，对安全事故发生可能性大的危险源施行危险隐患整改、危险源跟踪检查、危险源整改验收制度，务必将危险源控制在安全范围内。
第 11 条　制定应急预案
1. 公司安全部门应针对可能发生的安全事故制定紧急处理预案，上报有关领导并获得审批。
2. 安全部门应定期组织相关人员对常见安全事故进行紧急处理演练，增强员工的安全事故处理能力。
第 12 条　加强危险源监控奖罚
公司安全部门应每月汇总危险源监控管理情况，并通报各班组危险源监控排名，对工作优秀的人员奖励__元，对工作不负责的人员罚款__元，并予以记过处分。
第 3 章　附　　则
第 13 条　公司安全部门具体负责本制度的制定、修改和解释工作。
第 14 条　本制度经有关领导审批后，自公布之日起开始施行。</td></tr>
</table>

编制人员		审核人员		批准人员	
编制日期		审核日期		批准日期	

5.1.4　隐患排查管理制度

以下为某冶金企业的隐患排查管理制度，供参考。

<table>
<tr><td rowspan="2">制度名称</td><td rowspan="2">隐患排查管理制度</td><td>编　　号</td><td></td></tr>
<tr><td>执行部门</td><td></td></tr>
<tr><td colspan="4">第 1 章　总　　则
第 1 条　目的
为了建立安全隐患排查长效机制，规范隐患排查管理工作，有效避免安全事故发生，保证公司的人员和财产安全，根据国家有关法律、法规和公司相关规定，特制定本制度。
第 2 条　适用范围</td></tr>
</table>

续表

制度名称	隐患排查管理制度	编　号	
		执行部门	

本制度适用于公司各采矿分厂安全隐患排查管理工作。

第 3 条　相关定义

本制度中的隐患是指生产环境存在的不安全因素和因违反法律、法规及公司相关规定而造成的可能导致安全事故发生的不稳定行为或状态。

第 4 条　管理人员

根据国家有关法律、法规及公司相关规定，公司总经理、安全部门、生产车间和班组人员等都应参加安全隐患的排查管理工作，并对其负责。

第 2 章　隐患的内容与级别

第 5 条　隐患内容

根据《矿山安全法》的规定，并结合公司的实际生产情况，公司须对下列八种常见隐患加强管理并采取预防、排查措施。

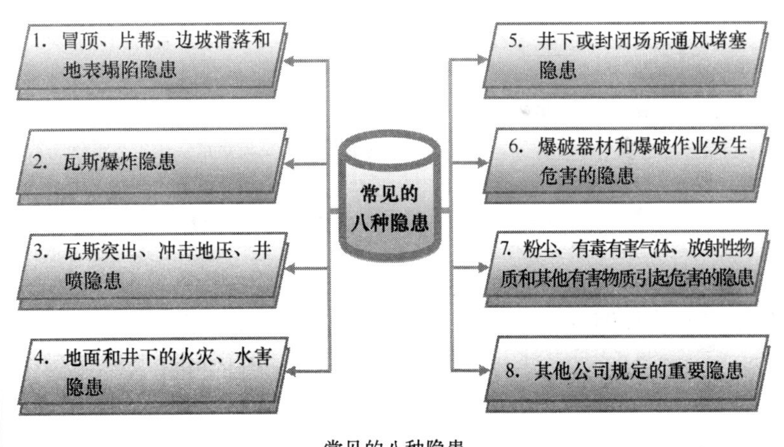

常见的八种隐患

第 6 条　隐患分级

根据隐患的危害大小和排查难度，可将隐患分为三级，并由相应人员主要负责，具体情况见下表。

续表

制度名称	隐患排查管理制度	编　　号	
		执行部门	

隐患分级管理情况表

隐患分级	分级说明	主要负责人
A级	危害很大、很难排查	总经理领导的排查小组
B级	危害较大、较难排查	车间管理人和安全部门人员
C级	危害较小、容易排查	班组人员和安全部门人员

第3章　隐患排查管理措施

第7条　建立隐患档案

公司安全部门应定期对所有安全隐患进行普查，建立并不断更新完善隐患档案，按照一定标准对隐患编号、命名、指定监控负责人，并在存在隐患的地方树立隐患警示牌，引起员工注意。

第8条　进行动态监测

安全部门应建立健全隐患监控体系，组织安排相关人员对隐患进行动态监测，实时掌握隐患变化。

第9条　建立隐患预警机制

安全部门应建立健全隐患预警机制，根据隐患风险程度，设立绿色、黄色和红色三级预警。

1. 对进入黄色预警状态的隐患，公司应及时组织人员进行排查。

2. 对进入红色预警状态的隐患，公司应及时撤出相关工作人员，做好安全事故预防措施，并组织专业人员进行隐患排查。

第10条　加强分级隐患管理

公司应合理分配隐患排查任务，调动生产全员对隐患进行监控、排查。由总经理重点负责A级隐患管理，生产车间重点负责B级隐患管理，班组人员重点负责C级隐患管理。

第11条　加强奖惩机制

1. 安全部门应建立隐患举报、排查奖励制度，对准确举报、及时有效排查的人员给予奖励。

2. 公司应每月对相关部门进行隐患排除考核，公布考核结果，并根据考核结果采取相应奖罚措施。

续表

制度名称	隐患排查管理制度	编　　号	
		执行部门	

第4章　附　　则

第12条　公司安全部门负责本制度的制定、修改和解释工作。

第13条　本制度经有关领导审批后，自公布之日起开始施行。

编制人员		审核人员		批准人员	
编制日期		审核日期		批准日期	

5.1.5　安全奖惩管理制度

以下为某冶金企业的安全奖惩管理制度，供参考。

制度名称	安全奖惩管理制度	编　　号	
		执行部门	

第1条　目的

为了贯彻执行安全生产政策，强化安全生产责任制，调动班组人员的安全生产积极性，根据国家相关法律、法规，结合公司发展情况，特制定本制度。

第2条　适用范围

本制度适用于公司所有安全生产岗位的奖惩管理工作。

第3条　职责分工

1. 安全部门负责建立安全生产奖惩机制，审核生产部门上报的奖惩申请，落实奖惩措施的实施。

2. 各级生产管理人员每月认真审核、汇总并申报下属人员的安全奖惩情况。

3. 财务部门负责为安全奖惩建立专项资金，为安全奖惩提供资金支持。

第4条　安全奖惩细则

1. 奖励细则。公司应对遵守劳动纪律、为安全生产做出贡献的人员和部门给予相应奖励，具体奖励办法见下表。

安全生产奖励细则

奖励事项	奖励办法
无旷工、请假、迟到、早退现象	奖励全勤奖__元
严格遵守安全生产制度，考核期内无安全事故发生	奖励__元

续表

制度名称	安全奖惩管理制度	编　　号	
		执行部门	

奖励事项	奖励办法
坚守岗位，忠于职守，在安全生产方面工作突出	奖励__元
及时发现并举报安全隐患	奖励__元
在安全隐患排查、安全事故处理中表现突出	奖励__元
积极提出安全管理提案，得到采用，并获得良好效果	奖励__元
积极进行安全技术改进、发明创新，且成绩显著	奖励__元
在各种安全评比中，排名前__位	奖励__元
在重大项目实施、新设备调试、重大技术改造过程中，工作成绩显著，未发生任何安全事故	对项目负责人奖励____元 对项目工作人员奖励____元

2. 惩罚细则。对于违反公司规定，玩忽职守，导致安全事故发生或损失扩大的人员和部门，公司应对其采取相应处罚措施，具体惩罚细则见下表。

安全生产惩罚细则

惩罚事项	惩罚办法
出现迟到、早退、旷工	迟到早退__元/次，旷工__元/次
拒绝参加有关安全生产教育培训	罚款__元
违反安全生产规定，进行违规操作，造成安全隐患	罚款__元
对危险源和安全隐患检查不到位，出现安全隐患	罚款__元

续表

制度名称	安全奖惩管理制度	编　　号	
		执行部门	

惩罚事项	惩罚办法
无故未参加安全会议，对安全生产工作落实不到位	罚款__元
由于个人原因，出现安全事故__次以上	视情节严重情况，罚款__～__元
在安全事故处理过程中，由于个人原因造成公司损失扩大	视情节严重情况，罚款__～__元
在各种安全检查评比中，排名倒数__名	罚款__元

第5条　奖惩资金的落实

1. 安全部门应根据历年安全奖惩情况，计算所需资金额度，编制安全奖惩计划，并将奖惩计划纳入安全生产规划中。

2. 公司财务部门根据最终确定的安全奖惩计划，从管理费用中预提________元，作为安全奖惩专用资金。

3. 财务部门应严格审核安全奖惩情况，严禁乱奖乱罚，有效控制安全费用支出。

第6条　安全奖惩申诉

1. 对安全奖惩结果不满的人员，应先执行安全奖惩决定，从安全奖惩决定公布之日起10日内，根据公司相关规定向安全部门提出安全奖惩申诉。

2. 安全部门应及时进行调查、审核，并在5日内做出回复。若申诉成功，安全部门应于下月安全例会上予以公布和更正。

第7条　本制度的制定、修改和解释工作由安全部门负责。

第8条　本制度经有关领导审批后，自发布之日起开始施行。

编制人员		审核人员		批准人员	
编制日期		审核日期		批准日期	

5.2 各工种安全作业操作规程

5.2.1 跟罐工安全操作规程

跟罐工必须经过相关技术和安全教育培训，获得合格证书，方可上岗作业。跟罐工安全操作规程见表5—1。

表5—1 跟罐工安全操作规程

项目	内容
作业前准备	按公司规定，应穿戴好工作服等劳保用品，做好劳动防护工作
作业时安全操作	◆乘罐前应把锁罐开关调至锁罐位置，不得在没有锁罐的情况下发出要罐信号，防止出现跑罐现象 ◆严格按照罐笼操作规定，及时、准确地调整锁罐控制箱开关 ◆罐笼停在某一中段时，应通过控制中段去向按钮选择罐笼去向；罐笼不在中段时，可以通过要中段按钮发出中段要罐信号
注意事项	◆应时刻注意罐笼运行和每个中段控制箱使用的情况，若发生异常情况，则应立即上报有关人员进行处理 ◆接送人员时，必须跟罐，以防止其他人员操作错误而导致安全事故 ◆应做好各中段箱的卫生处理工作，防止泥、水进入按钮

5.2.2 挂车工安全操作规程

挂车工必须经过专业技术和安全教育培训，通过考核获得合格证书，有一定挂车工作经验，方可持证上岗。挂车工安全操作规程如图5—1所示。

5.2.3 信号工安全操作规程

信号工必须经过专业技术和安全培训，通过相关考核，持证上岗，其他无证人员严禁进行信号作业。信号工安全操作规程如图5—2所示。

作业准备安全操作规程

◎ 按照公司规定，应穿戴好工作服、工作帽等劳保用品，做好安全防护工作。

◎ 交接班时，交班者应交代清本班安全情况和机器运转情况；接班人应仔细检查机器和安全设备的完好状态，确认一切正常后方可上岗作业。

作业时安全操作规程

◎ 升降物料时，所载数量和质量不得超过规定限额。

◎ 推车时，将车推过车阻器后，立即关上调车场码头阻车器，挡住后面矿车。

◎ 挂接矿车时应注意力集中、协调一致，时刻注意罐车动态，发现异常情况时，应立即发出停止升降信号或喊话叫停。

◎ 禁止同一辆罐车同时乘人和物料。

作业结束时安全操作规程

◎ 作业结束后，挂车工应注意清理作业现场，保持现场卫生。

◎ 认真做好与下一班次员工的交接班工作，交代好机器、安全设备的运行状态。

图 5—1　挂车工安全操作规程

◎ 必须穿戴好工作服、安全帽等劳动防护用品，认真检查安全防护装置，如有问题，应立即联系相关人员。

◎ 应仔细检查信号装置有无故障，如发现问题应立即报告相关人员，及时进行处理。

◎ 作业中应严格执行公司制度，严禁超员、超载现象发生。

◎ 应及时、清楚、准确地发出信号。如信号装置出现问题，应及时通知相关人员，更换信号装置，禁止自行修理或带故障工作。

◎ 发出信号前，必须明确任务内容。任务内容不明，严禁发出信号。任务内容明确后，应依次发出人、料、矿、空的指示信号。

◎ 运输大型号特殊设备、器材时，必须先和卷扬工电话沟通后，方可进行信号操作。

图 5—2　信号工安全操作规程

5.2.4 卷扬工安全操作规程

卷扬工必须经过相关技术、安全培训、考核，身体健康，并经过 3 个月以上的实习操作，方能上岗作业。卷扬工安全操作规程如图 5—3 所示。

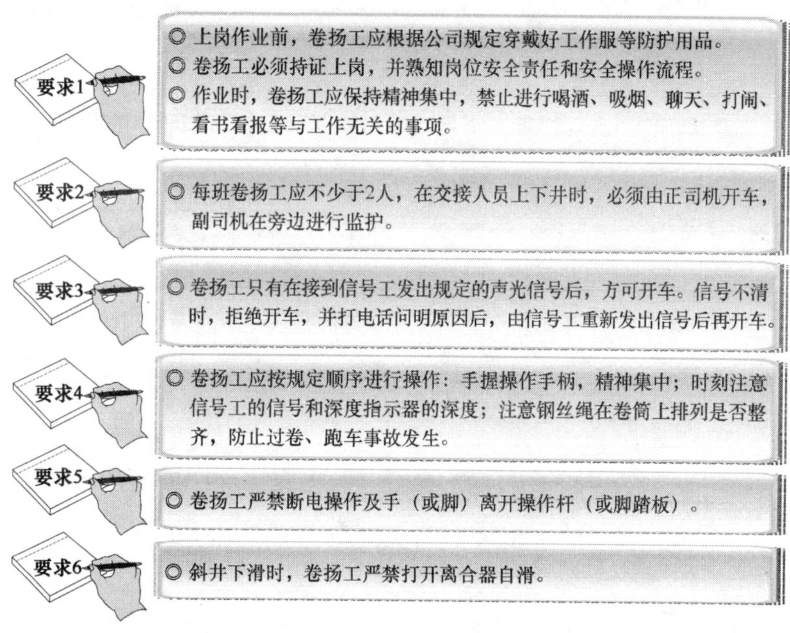

图 5—3 卷扬工安全操作规程

5.2.5 运输工安全操作规程

1. 上岗要求

(1) 运输工应接受岗位技术和安全培训，通过考核，获得合格证后，方可持证上岗。

(2) 工作时应保持精力旺盛，上班前禁止喝酒，运搬作业时禁止聊天、打闹。

2. 作业前准备

（1）应穿戴好工作服、工作帽等劳保用品，做好劳动安全防护措施。

（2）应准备齐全作业所需的工器具，仔细检查工器具是否正常可用。

（3）仔细检查作业场所环境，注意作业时可能出现的各种安全问题；清理运输通道，保证道路通畅。

3. 安全操作规程

运输工安全操作规程如图5—4所示。

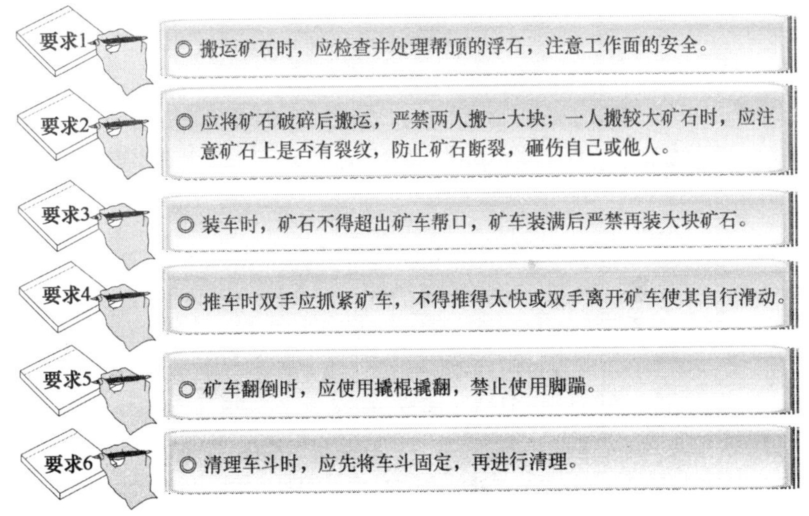

图5—4　运输工安全操作规程

5.2.6　气焊工安全操作规程

气焊工必须经过专业技术和安全培训，通过相关考核，持证上岗。气焊工安全操作规程见表5—2。

表 5—2　　气焊工安全操作规程

项目	内容
作业前准备	◆应按公司规定穿戴好工作服等劳保用品，在焊接时佩戴防护眼镜和防护手套 ◆仔细检查胶管及连通部位是否漏气、窜气或堵塞，乙炔表、氧气表的灵敏度是否符合要求，减压阀、回火器是否灵敏可靠，如发生故障须及时处理
安全操作规程	◆氧气瓶、乙炔瓶均不得靠近热源，与明火距离应在 10 m 以上，氧气瓶与乙炔瓶的距离应在 3 m 以上，与焊割点的距离应在 5 m 以上，不得同车近距离运输乙炔瓶和氧气瓶 ◆装置氧气表前应放气少许，上表时必须将身体和头部侧闪，瓶嘴平扣时须用卡子卡紧，不准垫铜片 ◆夏季在室外操作时，应注意将氧气瓶和乙炔瓶遮挡好，防止暴晒；冬季使用时，如瓶阀或减压器有冻结现象时，可用热水或水蒸气解冻，严禁用火焰烤或铁器撞击。氧气瓶着火时，应迅速关闭阀门，停止供氧 ◆气瓶附近有电焊时，应将气瓶用绝缘物垫起，与气瓶连接的管道和设备应有接地装置，防止产生静电，引起爆炸 ◆气瓶阀不得沾有油脂，气焊工不得使用沾有油脂的工具、手套或油污工作服去接触氧气瓶阀、减压器等 ◆作业结束后，气焊工应及时整理气焊设备和材料用品，按公司规定放置于规定位置；认真清理作业现场，保持现场干净卫生

5.2.7　电焊工安全操作规程

电焊工必须经过专业技术和安全培训，取得上岗资格证书后持证上岗。无证人员不得擅自进行电焊工作。电焊工安全操作规程如图 5—5 所示。

5.2.8　选矿工安全操作规程

选矿工应经过相关技术、安全教育培训，通过相关考核，方能持证上岗。选矿工安全操作规程见表 5—3。

作业前安全操作规程

◎ 按照公司规定穿戴好工作服、工作帽、手套、劳保鞋等劳保用品，仔细检查安全防护装置和用品。
◎ 认真准备电焊设备和材料用品，检查电焊设备接地性和导线绝缘性是否良好，保证电焊设备安全且正常使用。

作业时安全操作规程

◎ 搬动电焊机应轻拿轻放，避免线路和部件的破坏。
◎ 每隔3个月应对电焊机进行一次检修，保证设备的安全和性能正常。
◎ 严禁在易燃、易爆或仓库附近进行焊接。在露天焊接时，应有挡风装置，以免火星飞溅引发火灾，风力在5级以上时禁止露天焊接作业。
◎ 焊接过程中停电应立即关闭电焊机。
◎ 焊接作业时，应注意周围人员，避免火星飞溅伤人。
◎ 高空焊接时，应扎好安全带，做好安全防护工作。同时在焊接下方应放置挡板，以免火星下落引起火灾或灼伤其他人员。

作业结束时安全操作规程

◎ 作业完毕后，应立即关闭电焊机，断开电源。
◎ 作业结束后，应注意整理电焊工器具，清理作业现场。

图 5—5 电焊工安全操作规程

表 5—3　　选矿工安全操作规程

项目	内容
作业前准备	◆应按照公司规定穿戴好工作服、口罩等劳保用品，做好安全防护工作 ◆应检查好作业工器具，保证工器具的安全、可用 ◆应注意检查作业环境情况，预防岩石脱离造成伤害
安全操作规程	◆工作期间不准喝酒，不准做与工作无关的事，严禁脱岗、串岗等违纪行为 ◆应和岩工做好交接工作，工作时，必须每人有盏明灯，做好照明工作 ◆发现残盲炮时，应立即与相关人员联系，排除残盲炮后，方可进行作业

续表

项目	内容
安全操作规程	◆采场内应配备合格的长短撬棍各一根以上 ◆砸大块毛矿时，应做好个体掩护，以防飞溅物伤人 ◆在天井通过时，应集中注意力，快速通过 ◆采场内超高、超宽的不安全地带，应在采取可靠的安全措施后，方可进行作业 ◆采场内出现压帮、悬帮时应立即联系班组长和支护工，支护安全后，方可采矿作业 ◆作业结束时，应注意及时整理采矿工器具，将工器具和采集的矿石带至规定位置 ◆作业结束时，应注意保持采场整洁，保证溜井畅通无阻

5.2.9 爆破工安全操作规程

矿山爆破工必须经过正规的技术、安全教育培训，并顺利通过公安部门考试，持“爆破员作业证”方可上岗作业。爆破工安全操作规程见表5—4。

表5—4　　爆破工安全操作规程

项目	内容
作业前准备	◆爆破工作业前必须穿戴好工作服、安全帽、工作鞋等劳动保护用品，严禁穿铁钉鞋和化纤衣服进行作业 ◆爆破工应检查爆破安全措施，对没有安全措施或安全措施不足的爆破工作，有权拒绝进行爆破作业 ◆爆破前，班组长应组织爆破工进行技术、安全教育，并做好作业分工 ◆在运输爆破用品时，炸药和雷管不得同车运输或与其他物品混装；搬运时应轻拿轻放，严禁扔、砸、撞 ◆爆破工应检查爆破现场有无残炮、误炮，处理残炮、误炮时应使用专用工具，并确保其他人员已撤离至安全位置 ◆爆破工应检查支架、平台是否牢固，如有倾斜、断裂等问题应及时修复，不能修复的向班组长汇报，处理好后再进行爆破作业

续表

项目	内容
安全操作规程	◆爆破工持证、按领用清单领取爆破器材和用品，注意不同厂、不同品牌的爆破器材不能同时使用，领取完毕做好登记手续 ◆炸药包加工前，应做好警戒工作，严禁无关人员接近 ◆按一定技术要求，将炸药和雷管分装入袋，装药作业时严禁携带打火机等引火物品，严禁在作业现场吸烟 ◆装药和填充应用木质炮棍。爆破工应根据炮眼的角度、深度及周围环境情况填充药量，填充完毕应用炮泥堵塞炮孔，并保证导火索长度在2.5 m以上 ◆深孔爆破炸药包被堵塞，在没有装入引爆器前，应用铜质或木质长杆进行处理，严禁对炸药包进行投掷和冲击 ◆装药、连线、检查工作完成后，应做好警戒工作，严禁其他人员接近爆破范围 ◆点火前，工作人员应通知可能危及到的周围采矿人员，引导其撤离至安全位置 ◆点火时，爆破指挥人员应发出点火信号。起爆后，爆破工必须在通风30 min后方可接近爆破现场，如发现未起爆的炸药，应及时进行处理 ◆成功爆破后，爆破工作人员应将爆破器材和剩余炸药、雷管及时送回炸药库，严禁遗失或交给其他人员，要使用规定运输工具运输爆破器材 ◆爆破结束后应及时解除警戒，并通知相关人员恢复正常工作
注意事项	◆严禁乱放爆破器材和炸药、雷管或交由他人保管 ◆严禁上下班时间运送爆破器材和炸药 ◆严禁和非领料人员（信号工除外）同乘罐笼 ◆严禁使用已变形或破损的引爆器 ◆严格检查导火索，严禁使用发霉、损坏、剪断处散头、外层线在同一索段有两根及其以上断（并）线的导火索

5.2.10 支护工安全操作规程

支护工必须经过公司培训、考核，熟练掌握支柱操作方法后，方可上岗作业。支护工安全操作规程如图 5—6 所示。

作业前安全操作规程

◎ 工作前必须按规定要求穿戴好工作服、安全帽、工作鞋等劳保用品，检查安全保护措施。
◎ 认真检查作业工器具，检查支柱、斧子等工具是否结实、牢固，如有问题立即找相关人员处理。严禁使用朽木、断裂、大节疤等劣质木料作为支柱材料进行支柱。
◎ 认真检查作业场所环境，查看顶板、边帮是否存在浮石，如存在则应立即处理。

作业时安全操作规程

◎ 在放置支柱材料时应有人帮扶，以免材料倾倒、翻滚、反弹等造成人员伤害。
◎ 作业过程中，若发现撑柱倾斜、腐朽、折断以及人行道梯子破损时应及时修理和更换，并做好相关警戒工作。
◎ 在竖井、天井中作业时，上下端应设置安全棚，并时刻保持联系；上下端间不准投掷工具等物品。
◎ 作业时，架设和更换支柱应一次做完，不准中途暂停作业。
◎ 在危险、特殊地方作业时，应经有关领导检查，并设有安全措施方准作业。
◎ 井内安设梯子的坡度不得超过80°，梯子上端应超出踏板0.5～1m。
◎ 作业中使用钢支护时，其焊接作业必须按“电焊工安全操作规程”操作。

作业结束时安全操作规程

◎ 作业结束时，应对支柱进行仔细检修，确保支柱牢固、安全。
◎ 作业结束后，应根据工作需要撤离台棚，棚子压力较大时应先打单撑或托架。
◎ 应及时整理支柱、工器具等物品，认真清理现场，做好收尾工作。

图 5—6　支护工安全操作规程

第6章　钢铁企业安全作业管理

6.1　炼铁各工种安全操作规程

6.1.1　烧结工安全操作规程

烧结是指高炉炼铁生产前，将各种粉状含铁原料，配入适量的燃料、熔剂和水，经混合制造后在烧结设备上使物料发生一系列物理化学变化，烧结成块的过程。从事烧结作业的烧结工需遵守一定的安全操作规程，具体如图6—1所示。

1 ◎ 烧结机在运转中，任何人不得乘坐或跨越台车，严禁站在轨道上或进入弯道检查。

2 ◎ 不准在点火器周围休息、取暖、睡觉，以防煤气中毒。

3 ◎ 点火时要站在上风口，先给火源，后开煤气阀门，严禁先给煤气。

4 ◎ 机械在运转中，不允许用任何物件强行拦阻或以手触摸传动部分。

5 ◎ 烧结机发生事故停机后，必须立即查找原因，并妥善处理，不能盲目开车或倒车。

6 ◎ 在用电葫芦起吊备件时，需要有专人操作与指挥。

7 ◎ 当煤气压力低于1 500 Pa时，应停止生产，长时间停机必须切断主管煤气，并打开切断阀后的煤气放散阀。

8 ◎ 更换炉箅条时，必须两人协同操作，防止摔倒和台车夹脚。

9 ◎ 更换台车车轮时，切忌用大锤敲打轴承内圈，以免碎片飞溅伤人。停车后跨越台车时，严禁踩在台车车轮上，防止摔倒。

10 ◎ 点火器、煤气管道附近，严禁堆放易燃易爆物品。

图6—1　烧结工安全操作规程

6.1.2 上料工安全操作规程

上料工安全操作规程如图 6—2 所示。

◎ 接班人员需要检查室内机房、设备是否正常，是否有人处理设备故障。

◎ 上料操作时，必须事先确认各设备无故障、现场无人检修方可启动传送带上料。

◎ 对传送带、高位料仓进行巡检或检查处理故障时必须有两人同行，并携带CO报警仪。

◎ 严禁在传送带运行过程中跨越传送带或从传送带下面穿过。

◎ 严禁在传送带运行过程中清扫传送带或处理设备故障。

◎ PLC自动转手动时，切换闸刀开关必须有两人在场。

◎ 严禁用水清洗PLC配电室，以防触电。

◎ 低位料仓发生堵料时，严禁人员进入料仓凿料。

◎ 清理料仓时至少有一人监护且工作人员必须系上安全带。

图 6—2 上料工安全操作规程

6.1.3 炉前工安全操作规程

炉前工安全操作规程主要有以下九点。

(1) 出铁前认真检查铁水罐对位情况及流口情况，做好作业操作准备工作。

(2) 炉前工具在接触铁水之前，应烘干预热。

(3) 不准用空心管捅渣铁口，出铁时严禁跨越无盖的渣沟、铁沟、大沟。

(4) 铁口、渣口应及时处理，处理前应将煤气点火燃烧，防止煤气中毒。

(5) 渣沟、铁沟和撇渣器，应定期铺垫并加强日常维修。

(6) 炮泥应有专人负责操作，炮泥应按固定标准配制，炮头应完整。

(7) 严禁用带油的手、工具、手套开氧气、烧氧气，胶皮管与氧气管连接处必须拧紧，手不能握在胶皮管和氧气管接头处，以防倒火伤人，氧气阀周围严禁吸烟。

(8) 炉前使用的氧气胶管，长度不应小于 30 m，10 m 内不应有接头。吹氧铁管长度不应小于 6 m。氧气胶管与铁管连接应严密、牢固。

(9) 氧气瓶放置地点，应远离明火，且不得正对渣口、铁口。

6.1.4　取样工安全操作规程

炼铁企业取样工安全操作规程见表 6—1。

表 6—1　　取样工安全操作规程

序号	危险源	危险伤害	安全操作规程
1	防护用品使用不当	人员伤害	按规定使用个人防护用品，如安全帽、防护眼镜等
2	作业现场有绊脚物	人员伤害	认真检查作业现场，及时清除绊脚物
3	工作前未检查所使用工具	人员伤害	工作前，应检查所用工具、设施，保持工具、器具清洁干燥。如将取样勺烘烤干、保证热电偶头干燥、检查电源的使用情况等
4	取样时铁水过满	人员烫伤	取样时铁水不能过满，以防止烫伤人员
5	工作时精力不集中	人员伤害	工作时应精力集中，注意来往行人、铁水包和车辆
6	浇灰铁样块时，不对准浇口，模型、台面潮湿或有水	人员伤害	浇灰铁样块时，应对准浇口，确保模型、台面无水，防止铁水烫伤和爆炸

6.1.5 铸铁机工安全操作规程

炼铁企业铸铁机工安全操作规程主要有以下八点，如图 6—3 所示。

1. 仔细检查铁水罐情况（罐轴与车架位置、罐内掉转情况），严防漏罐和途中翻罐。
2. 铸铁前应保持流嘴、铁水沟、铁模干燥，以免接触铁水放炮伤人。
3. 检查所有带柄工具是否牢固，防止脱落，禁止使用其他管状物。
4. 铸铁时，禁止跨越铁沟、铁模，需接触铁水的一切工具使用前必须干燥。
5. 设备运行中禁止清机坑，清理时必须经班组长同意，吊运碎料要有专人指挥。
6. 机坑保持干净、无水、干燥，保持两个流嘴流量均匀，以防铁水溢出铁模引起爆炸。
7. 冷却水要适量，防止过大、过小而引起各种事故。
8. 操作人员严禁离开操作台，链带运转或非计划停车时，不准在链带下面作业或停留。

图 6—3 铸铁机工安全操作规程

6.1.6 化验工安全操作规程

炼铁企业化验工的主要职责是按要求对生铁、矿石、焦炭等成分含量进行化学分析，并做好记录和留样工作。其安全操作规程主要有以下 14 条，如图 6—4 所示。

1．化验工接到试样后，进行检查确认，试样不符合规定要求的，应退回制样室进行重新制样，并做好记录。
2．化验前必须检查分析化验使用的仪器仪表、工具是否完好。
3．化验工按要求进行化学实验，并做好记录和留样工作。
4．所有化学用品、试样、溶液都应附有标签。
5．高温物体应放置在干净的石棉板上或瓷盘中，附近不得有易燃物。
6．开启压力表的阀门时要缓慢，气流不可太快，以防冲坏仪器或引起着火、爆炸。
7．一切发生有毒气体的操作，须在抽毒罩内进行。
8．易发生爆炸的操作，不准对着人进行。
9．操作时应小心谨慎，看清使用的化学用品，避免误用化学用品而引起事故。
10．工作时必须穿戴好个人防护用具。
11．不得在化验室内吸烟和饮食。
12．对一切盛装过化学用品的器皿，不得随意乱扔，必须按规定经过消毒清洗后加以处理。
13．化验结束后，化验工做好化验室环境卫生清洁工作，将化验仪器、器皿清理干净，摆放整齐。
14．工作完毕后应用肥皂洗手，离开时检查水电、各种气体及门窗是否关严。

图6—4　化验工安全操作规程

6.2　炼钢各工种安全操作规程

6.2.1　炼钢工安全操作规程

炼钢工必须遵守安全操作规程及相关规定，才能确保冶金企业炼钢作业的安全，防止安全事故的发生。炼钢工的具体安全操作规程见表6—2。

表 6—2　　炼钢工安全操作规程

序号	安全操作规程
1	工作场地要保持整齐、清洁，各种材料、工具要放到指定地点
2	电炉送电前，应对所属机械、电器确认正常后，方可送电熔炼
3	装炉前应检查炉体、炉盖、水冷系统和倾炉机械是否正常，电炉接地是否良好
4	当出钢坑和炉前出渣坑中有水、炉底过深或炉壁损坏超过规定时，不得送电炼钢
5	严禁将易爆品、密封容器及水、雪块或带水炉料装入，以防止爆炸，炉料大小不得超过规定
6	当停炉超过 24 h，应检查炉膛情况，发现炉内潮湿或者有水，应设法进行烘烤，干燥后方可装料熔炼
7	送电前，把电极升起并进行严格检查，防止短路，禁止带负荷送电；通电时先用 10 min 低压，当电极埋入炉料时，才能把功率加到最大
8	凡接触或盛装钢水、炉渣的工具，需经烘烤干燥方能使用，使用完毕应立即放到指定的位置
9	需要二次装料时，在装料前必须把炉门坎垫高、垫牢，以防钢水跑出。炉料高出炉壳，需要吊车压料时，要有专人指挥
10	加矿石或吹气时，要掌握好温度，不得过猛、过急，以防沸腾跑钢伤人；自动流渣时，严禁使用湿材料掩住，以防爆炸；往炉内加粉散材料时，要站在炉门侧面加料，防止喷火伤人
11	样勺、样模、拨样板等要经常保持干燥，剩余钢水尽量回炉，最后一炉的余钢方可倒在余钢罐内，且要倒在干燥的地方，以防钢花伤人
12	捅料、搅拌、扒渣时，炉门坎必须加横杆，并使其接地，以防触电
13	严禁带负荷停电，也不得两相送电，送电时不得有人在炉顶操作；接放电极时，必须和配电员联系好，先停电，后操作，操作者严禁站在炉盖上
14	调换电极时，要先把电源切断，通电时要检查电压是否合乎要求，通电后电流不得超过规定数值

续表

序号	安全操作规程
15	冶炼中要对变压器定期进行检查，升温超过规定数值，要通知电工立即采取措施
16	打出钢口时，要站在出钢槽两侧，不得站在槽子上；出钢口打开后，不得用铁管探渣
17	打锤不得戴手套，横打时，握撬杆者应在打锤者的对面；立打时，应在侧面
18	倾炉时要注意限位，限位不灵时应及时修理；严禁超越限位强制倾炉
19	电炉炉体小车开出和倾动，应有专人负责观察四周情况，在安全情况下方可操作；电炉渣罐起吊也应有专人指挥
20	炉顶及炉顶支架上不得存放物件，在炉顶支架上工作时，不得上下投掷物件
21	出钢时，先切断电源，升起电极，并检查出钢口是否畅通；出钢坑潮湿时，应缓慢倾炉，不要把钢水翻出外边；出钢时注意不要让钢水冲击塞杆和桶壁
22	钢水不得超过钢水包深度的八分之七
23	装料前，发现炉内有未凝固的残余钢水要用石灰掩盖，以免装料时钢水溅出伤人
24	打断钢样时要检查锤头是否牢固，四周不允许站人，以免钢样飞起伤人
25	使用水冷炉盖时，炉料不要接触炉盖，以防短路把炉盖打漏。炉盖漏水时应及时更换或焊补，严禁漏水冶炼
26	冶炼中，发现水冷部位漏水，应及时查明漏水部位，采取措施，严禁随意翻炉
27	倒渣工作前要认真检查钢丝绳的安全负荷质量，如钢丝绳不符合安全要求不准使用 吊运渣罐时要与行车工密切配合，并检查被吊物件是否挂牢，指挥的人与其他操作者要离开重物 1.5 m 以外方可指挥吊车起运 翻渣罐时，要有专人指挥，周围人员必须避开，罐口不准对着吊车司机室

6.2.2 合金工安全操作规程

炼钢合金工主要负责保证钢种成分合格，具有较强的专业性。为保证其自身及设备的安全性，应遵守合金工安全操作规程，具体如图 6—5 所示。

1. 上岗前，穿戴好劳保用品，遵守劳动纪律及各项管理规定。
2. 要经常检查合金称量设备、合金漏斗及流槽运转情况，发现问题应及时处理。
3. 根据钢种成分、化渣情况、温度和钢水氧化性，正确计算并配加合金。
4. 加入包内的合金、脱氧剂、保温剂、增碳剂等一定要成分准确、清洁、干燥，不准混入其他杂物。
5. 处理回收钢水或兑铁水时，一定要先脱氧，铁流要小，防止喷溅伤人。
6. 工作现场保持清洁，物料摆放平稳，过道畅通。

图 6—5 合金工安全操作规程

6.2.3 氧枪工安全操作规程

氧枪是氧气转炉炼钢中的主要工艺设备之一，其性能特征直接影响冶炼效果和吹炼时间，从而影响钢材的质量和产量。氧枪工的主要任务就是用氧枪将氧气供给至转炉熔池进行冶炼操作。为确保氧枪工操作氧枪的规范性和安全性，应制定氧枪工安全操作规程，规范氧枪工的操作行为。氧枪工安全操作规程如图 6—6 所示。

6.2.4 渣料工安全操作规程

渣料工主要负责清渣和出渣的工作，由于炼钢产生的渣料具有高温等危险性，容易造成人身伤害，所以企业应规范渣料工的操作。渣料工的具体安全操作规程有以下 11 点，如图 6—7 所示。

1. 检查氧枪本体有无破损、各管道有无泄漏、各连接部位密封是否良好。

2. 严禁炉前擅自解除连锁，检修除外。

3. 氧枪卡在氮封口内确需解除连锁才能处理的，应首先报告调度室，由调度室向相关领导汇报，经批准同意后，由调度室安排仪、电、钳或有关专业技术人员到场监护并实施充分的安全保护措施后方可操作。

4. 必须规范氧枪刮渣操作，在一倒时刮一次渣，溅完渣后再刮一次渣。刮渣器出现故障时必须立即报告调度室安排处理，确保刮渣器始终处于正常工作状态。

5. 氧枪结渣提不出氮封口时，严禁强行提枪，防止拉坏氮封口或将氧枪卡死在氮封口内。

6. 凿除氧枪结渣时，必须先将该氧枪移至待用位置再清理，并有安全保护措施。

7. 清理氮封口结渣或维修该区域设备时，应将氧枪吊挂牢固再作业。

8. 氧枪升降小车、横移小车必须在工作位。

9. 张力传感器显示的值必须在规定的范围内。

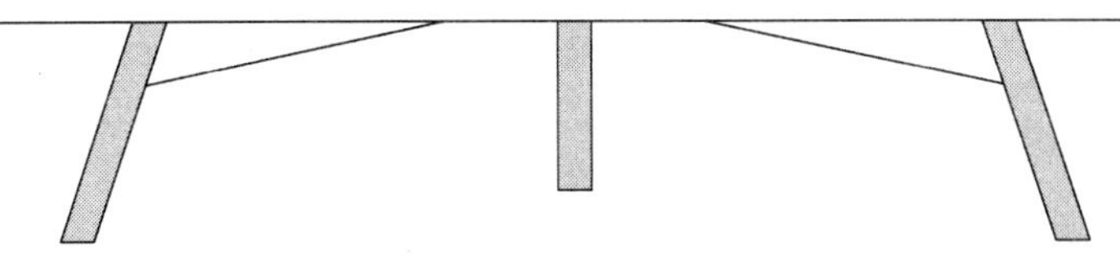

图 6—6　氧枪工安全操作规程

6.2.5　炉前工安全操作规程

炼钢的炉前工必须遵守严格的安全操作规程，具体如图 6—8 所示。

1．工作前必须将劳保用具穿戴整齐，班前、班中严禁饮酒。

2．清渣前，必须与炉前取得联系，并消除斜板结渣后方可清渣。

3．炉子吹炼、吊炉口、兑铁水、加废钢、炉子转动、补炉时不准清渣。

4．清渣时要靠近两侧站板并站在遮挡板下方，不能站在轨道上以及在轨道内侧清渣。

5．渣车、钢包车在炉坑运行时，不准站在炉坑两侧。

6．钢包车、渣车、小平车出轨、渣盆翻倒，立即通知炉前，以便采取措施。

7．出钢前，检查钢包是否坐正放稳，发现问题及时处理。

8．出钢后，操作钢包车不准急停或快速倒车，以免钢渣溢出。

9．渣盆在渣车上应放正、放稳，防止渣盆歪斜、滑落。

10．渣盆内不准有易燃易爆物，积水应排干。

11．倒渣地面严禁有积水。

图 6—7　渣料工安全操作规程

1. 炉前接班时，必须对炉子的水、电、风、气及机械设备、电器、仪表等进行全面检查，发现问题及时报告并联系有关人员处理。
2. 凡新炉子或停炉8 h以上和检修后的炉子，开始生产前均需按开新炉的要求进行准备。
3. 在兑铁水和倒炉前，必须通知炉前和炉坑人员躲开。
4. 取样时，待挡火板开到位，渣面无大沸腾时方可进行，样勺干燥无水。
5. 吊运物件前一定要检查钢丝绳扣，合格后方可起吊，吊运使用专用吊具，防止脱落伤人。
6. 出钢前必须检查钢包是否归位放稳；出钢后严禁朝炉内打水或用潮湿物品压渣。
7. 严禁在天车吊物下面行走和作业。

图 6—8　炉前工安全操作规程

6.2.6 化验工安全操作规程

炼钢化验工的安全操作规程主要有九点，具体如图 6—9 所示。

1. 上班前及操作过程中，必须穿戴好劳保用品。
2. 化验室仪器设备按规定要求进行点检，磨样机、切样机等辅助设备定期保养，不得野蛮操作。
3. 接触玻璃仪器、有毒腐蚀试剂等要注意自我保护，小心操作。
4. 进行有毒有害气体实验操作时，必须在通风橱内进行。
5. 对工作中产生高温的设备，严格遵守设备操作规程，避免操作过程中被烫伤。
6. 电器设备使用后必须切断电源，一旦发现异常，必须马上关闭电源开关。
7. 各种配制后的药品容器上必须有明显标志。
8. 不许任意混合各种化学药品，严禁使用无标签试剂。
9. 未经批准不得将化学药品及试剂带出化验室或送给他人。

图 6—9 化验工安全操作规程

6.2.7 原料工安全操作规程

炼钢的主原料是铁水、凝固的铁块以及废钢。炼钢原料工不仅需了解炼钢用原材料的名称及分类、炼钢工艺对原材料的要求、原料生产与运送的工艺流程、原材料加工处理方法等知识，同时也需遵守一定的安全操作规程。

原料工安全操作规程主要包括两个部分，即散装料安全操作规程和废钢安全操作规程，具体如图 6—10 所示。

6.2.8 锅炉工安全操作规程

为了贯彻执行安全生产方针，防止炼钢生产中发生工伤事故，逐步改善劳动条件，保证锅炉工的安全与健康，冶金企业应制定并执行以下安全操作规程。

散装料安全操作规程

1．工作中应穿戴劳动防护用品，不戴劳动防护用具者不得上岗操作。
2．应根据入炉散状材料的特性与安全要求，确定其储存方法，严禁散状材料混放。
3．入炉物料应保持干燥。
4．采用有轨运输时，轨道外侧距料堆应大于1.5 m。
5．具有爆炸和自燃危险的物料，如CaC_2粉剂、镁粉、煤粉、直接还原铁（DRI）等应储存于密闭储仓内，必要时用氮气保护；存放设施应按防爆要求设计，并禁火、禁水。
6．散状材料地下料仓上口应设格栅。如散状材料卸料线布置在料坑中间，应采用开车机卸料。

废钢安全操作规程

1．所用废钢要进行选分，不允许混入易燃、易爆、有毒物品和密闭器皿。
2．废钢为密闭容器者，要经过钻孔扩散才能使用；直径大于200 mm的密闭容器还必须经过纵向切割，方能入炉。外形大的废钢应予切割，不能强行投入。
3．对废武器和炮弹要严格鉴定、妥善处理和保管，确认安全后方可入炉。
4．废钢内不得混有对钢质和炉体有害的有色金属，尤其是金属铅、锑等。
5．混有冰雪与积水的废钢，不应入炉。
6．废钢应按形态、成分等分类、分堆存放；人工堆料时，地面以上料堆高度不应超过1.5 m。
7．废钢装卸作业时，电磁盘或液压抓斗下不应有人，起重机的大车或小车启动、移动时，应发出蜂鸣或灯光警示讯号，以警告地面人员与相邻起重机避让。

图 6—10　原料工安全操作规程

1．开停炉安全操作规程

（1）凡新炉或停炉进行大、中、小修后开炉和停炉 8 h 后的转炉，开始生产前均要按开新炉的要求进行准备，开新炉需要具备的具体安全条件如下。

①炉子倾动机械、提升机械、加料设备、钢渣罐车以及其他有关设备必须试运转正常，并处于工作状态。

②各种仪表应处于正常工作状态。

③一切连锁装置、事故报警装置和备用电源等应处于正常状态。

④除尘系统和汽化冷却装置必须处于正常运转状态。

⑤炉下钢水罐车轨道（或出钢坑、渣坑）、渣道不得有积水或其他堆积物。

⑥平炉、开炉时炉顶温度应达到850℃以上；烟道吸力超过25 mm水柱时，才可以从炉头加入燃料，给燃料时先由蓄热室温度较高一端的炉头开始。

⑦蓄热室温度高于950℃后，方可向平炉通入空气；蓄热室温度达1 000℃时，方可自动换向。

⑧用煤气烘炉时，应先给火，后开煤气。如火熄灭，必须切断煤气，通风换气后，再按规定点火。

(2) 停炉后，氧气管道、煤气管道要堵盲板；煤气管道和重油管道要用蒸气吹扫；配料系统、氧枪和副枪系统必须断电。

2. 装料安全操作规程

锅炉工装料安全操作规程如图6—11所示。

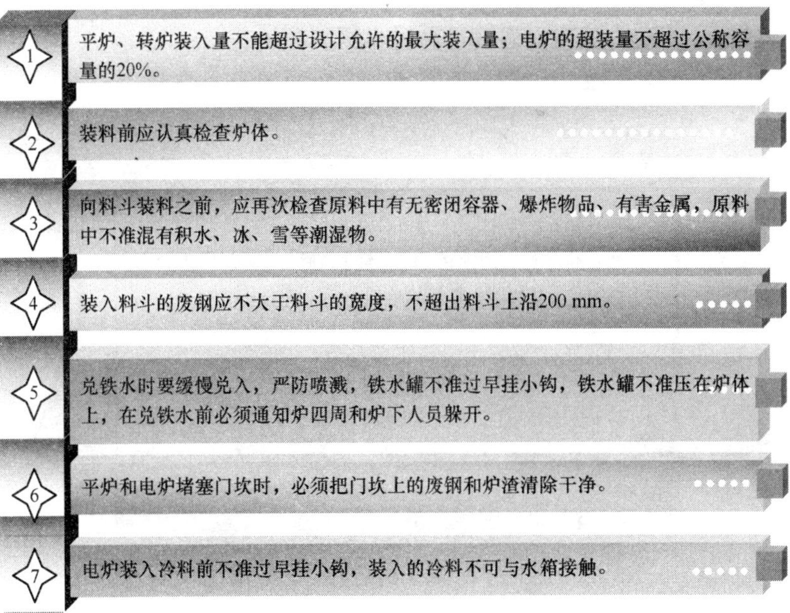

图6—11　锅炉工装料安全操作规程

3. 冶炼安全操作规程

锅炉工需熟悉并遵守的冶炼安全操作规程主要有以下十条。

(1) 严格执行工艺操作规程，严防火喷和爆炸。

(2) 转炉和平炉出钢后，炉内不准留有剩渣。特殊工艺要求留渣时，必须有可靠的防喷、防爆措施。

(3) 放渣前应检查渣罐，不允许有水和潮湿物品，放末期渣禁止用潮湿废物压渣。放渣、扒渣前必须通知炉下人员躲开。

(4) 往炉内加氧化剂合金材料时，应分批、干燥入炉，控制热量，防止火喷。

(5) 清理炉下渣道、钢水罐车道前，应熔清全部冷料，放正炉子，关好炉门，堵好出钢口和渣口或停止吹炼后才能清理。

(6) 平炉冶炼时，不经炉长允许，任何人不得上炉顶。

(7) 修砌出钢槽时，应通知炉下人员躲开，兑完铁水后修砌出钢槽时必须设专人监护。

(8) 熔池内渣表面温度过高时，严禁倾炉。

(9) 转炉的摇炉应符合如图 6—12 所示的安全要求。

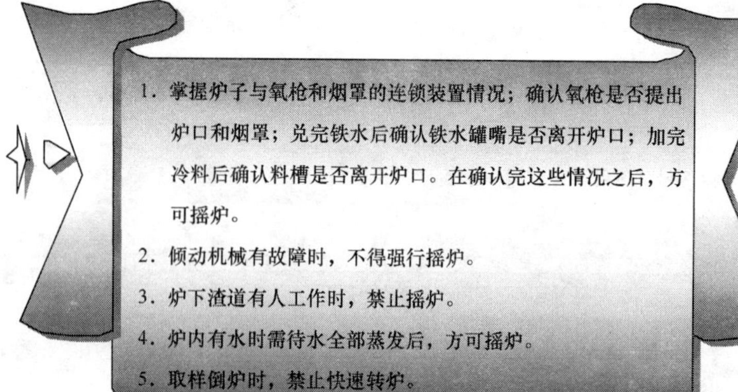

图 6—12　转炉的摇炉安全要求

（10）电炉的机械方面和电器方面应遵守一定的安全操作要求，具体如图 6—13 所示。

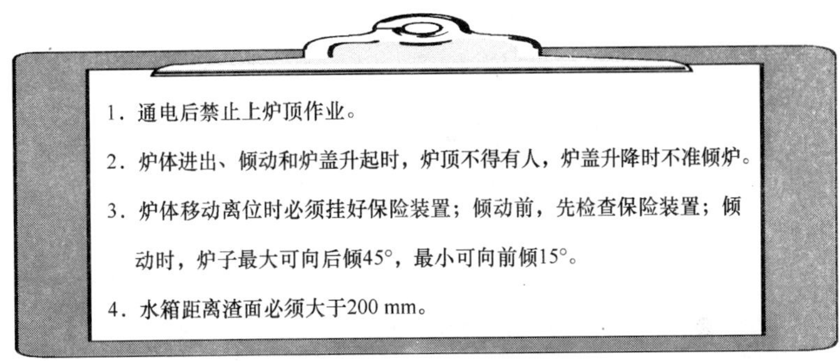

图 6—13 电炉的机械方面和电器方面安全操作要求

4. 出钢安全操作规程

出钢安全操作规程如图 6—14 所示。

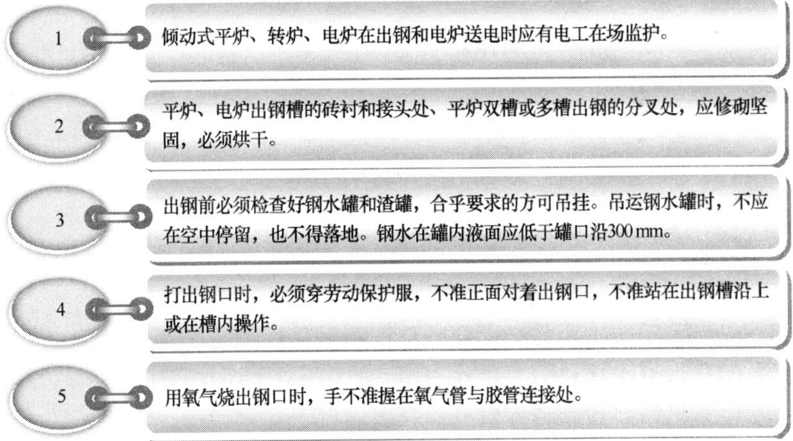

图 6—14 出钢安全操作规程

6.2.9 煤气检验工安全操作规程

为了防止中毒、爆炸事件发生，煤气检验工需遵守如图 6—15

所示的安全操作规程。

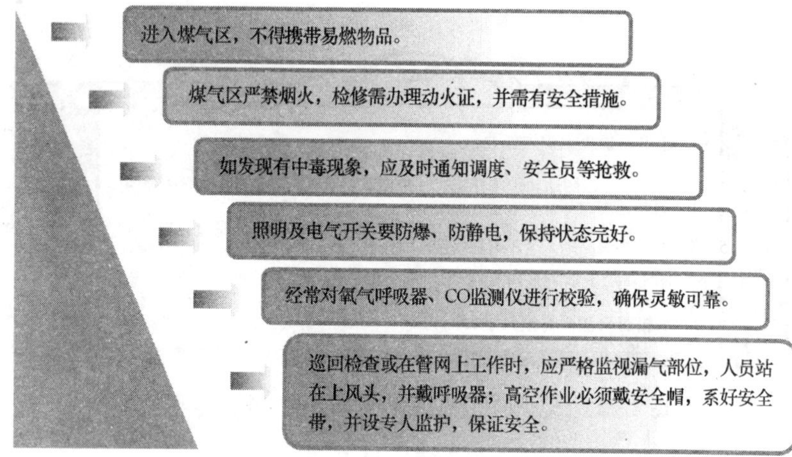

图 6—15　煤气检验工安全操作规程

6.3　轧制各工种安全操作规程

6.3.1　轧辊工安全操作规程

轧辊工安全操作规程如图 6—16 所示。

6.3.2　轧制工安全操作规程

为确保轧制的安全性，防止安全事故的发生，钢铁企业轧制工应遵守以下安全操作规程。

（1）劳动防护用品必须穿戴整齐。

（2）做好交接班检查工作。

（3）吊锭时应先检查钢丝绳是否完好，并密切注意来往人员。

（4）加温前必须先冷却水，然后再进行点火。

（5）时刻注意绕杆机是否正常，如绕杆机发生乱线或动作失灵等情况，应停止喂线，待绕杆机修好后再进行喂线。

（6）跑线后重喂，必须注意周围人员的安全，并通知上下道后

1. 工作前必须穿戴好防护用品，对车床各部位进行检查，确认无误后方可工作。
2. 根据不同的工作质量选择尾座，卡紧支承辊时，必须使用托架。
3. 操作时要注意观察卡盘、工件，如有松动应立即停车。
4. 车轧辊时，应配戴防护眼镜，不准戴手套操作；清理铁屑时，要用专用工具，不得用手直接清理；严禁车床超负荷工作。
5. 作业中查看轧辊时，手不得触摸旋转的轧辊，头不得距轧辊太近，不得隔机床递物、清扫轨道及床面的铁屑，轧辊在旋转中不得测量尺寸，不得装卸车刀。
6. 在检查、清扫、涂油、测量工件尺寸及安装、拆卸工件时，必须停车进行。
7. 在地面上摆放轧辊时，应摆放平稳整齐，最高不得超过3层，轧辊垛位两侧要采取垫物等安全措施，防止轧辊摆放不稳而散垛或滚动伤人。
8. 禁止非操作人员靠近车床。
9. 机床电气设备出现故障时，应由电气人员处理。
10. 吊辊时，应检查钢丝绳，确认无误后方可使用，并由专人指挥。

图 6—16　轧辊工安全操作规程

方可喂线。应特别注意在喂线中，不得用钩子或钳子钩取或夹取线。

(7) 如发生人身和设备事故时，轧制工应立即发出紧急信号，便于救援人员及时急救。

(8) 应严格遵守轧制九不准规定，具体如图 6—17 所示。

6.3.3　孔型调整工安全操作规程

孔型调整工必须熟知孔型各道形状尺寸及道次分配情况、金属流动的基本规律和形成缺陷的原因，此外还应了解轧机性能，遵守安全操作规程。具体安全操作规程如图 6—18 所示。

6.3.4　喷字工安全操作规程

喷字工安全操作规程规定了钢铁企业喷字作业安全注意事项，具体内容如图 6—19 所示。

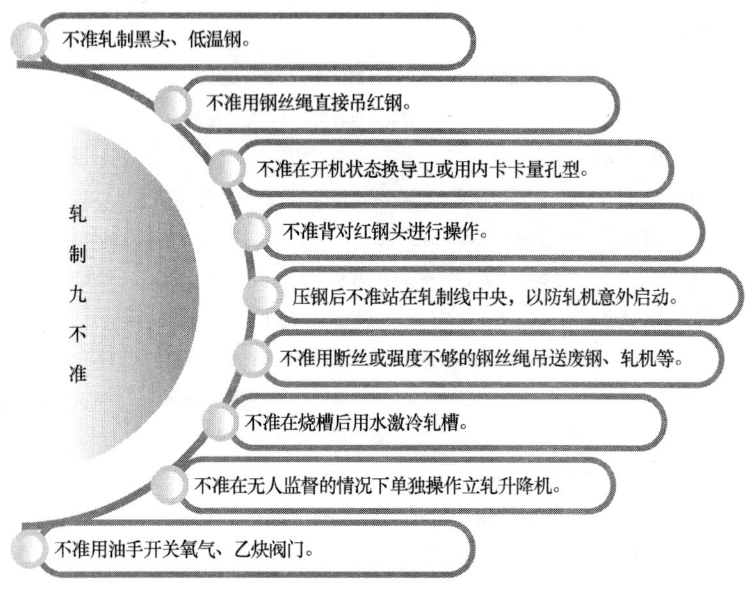

图 6—17　轧制九不准示意图

1．轧制过程中调整轧机时，不得站在轧件出口；如需调整出口，必须通知操作人员。

2．轧机在运行中，如需卡量孔型尺寸时，只能在轧机出口处方向进行。

3．轧机正常运作时，严禁在咬入口方向卡量辊缝和抚摸辊缝表面，禁止触摸其他旋转部件。

4．运转中途发现水管脱落、压板螺栓松动需调整时，必须将手套脱去，袖口扣紧，方可进行。

5．运转中途如需停车修理，调换零件，必须等车停止运行后方可进行工作。

6．若需站在轧机套筒防护罩上从事调整工作，需事先通知有关操作台人员，并得到认可，停止轧制后方可作业。

图 6—18　孔型调整工安全操作规程

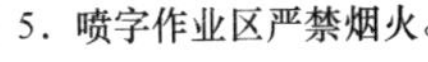

1. 作业时应注意观察钢板运行情况，防止歪斜钢板或运行的钢板碰伤人。
2. 吊回喷字的钢板，禁止悬空喷字，需在检查台喷字时，应和操作台联系，操作台同意后方可进行。
3. 打字机在打印钢字时，严禁用手去扶字盘，防止字盘压伤手；换钢字时要切断检查台输送链条开关，换好后及时恢复。
4. 在喷字作业时应注意自我安全保护，喷字时要和钢板保持一定的距离，工作中戴好防护口罩，穿戴好防护用品。
5. 喷字作业区严禁烟火。
6. 作业中出现设备问题应及时通知维修人员进行处理，处理完毕后，方可开动设备。

图 6—19　喷字工安全操作规程

6.3.5　打捆工安全操作规程

打捆工安全操作规程如图 6—20 所示。

1. 打捆工上岗前应穿戴好防护用品，打捆用的高压风管必须连接可靠。
2. 作业时，带卷必须停稳，防止高温烫伤、毛刺刮伤。
3. 钢卷打捆时，应戴好防护手套，严禁将手放入垫块、捆带内侧，站位要安全，捆带捆扎不得过紧，避免摔伤、划伤。
4. 搬运包装材料要紧密配合，防止砸伤或刮伤手脚。
5. 多人作业时必须有专人指挥，相互协调，避免出现夹手等事故。
6. 清理设备（地面）卫生时，必须观察好工作环境并采取必要保护措施，擦拭转动部件必须挂牌停车。

图 6—20　打捆工安全操作规程

6.4 通用工种安全操作规程

6.4.1 车工安全操作规程

车工即车床操作工人。作为钢铁企业的车工，必须遵守以下安全操作规程。

1. 作业前安全操作规程

（1）车工应穿紧身工作服。

（2）车工应戴工作帽，女员工头发应塞在帽子里。

（3）工作前，应检查机床各部分机构是否完好，各传动手柄、变速手柄所处的位置是否正确，及时清除妨碍转动的杂物。

2. 作业时安全操作规程

车工作业时安全操作规程见表6—3。

表6—3 车工作业时安全操作规程

注意事项	安全操作规程
距离	◆工作时，头不能离卡盘及工件太近，防止切屑飞入眼内，如切屑飞溅必须戴护目镜
车工操作	◆车内孔时，不准用锉刀倒角，用砂布抛光内孔时，禁止将手指或手臂伸进去打磨 ◆用锉刀抛光工件时，应右手在前，左手在后，身体离开卡盘。禁止用砂布裹在工件上抛光，应比照用锉刀的方法呈直线压在工件上 ◆攻螺纹或套螺纹时，必须用专用工具，不准一手扶板牙架一手开车 ◆车削细长工件时，为保证安全应采用中心架或跟刀架，长出车床部分应有标志 ◆车削形状不规则的工件时，应装平衡块，并试转平衡后再切削
切断、清理切屑	◆切断材料时，应留有足够余量，卸下砸断，小料切断不准用手去接，以免割伤 ◆对切削下来的带状切屑、螺旋状长切屑，应用钩子及时清除，严禁用手拉

续表

注意事项	安全操作规程
工件测量	◆除车床上装有运转中自动测量装置外，均应停车测量工件，并将刀架移到安全位置
变速	◆工作中如需变速，必须先停车，方可变换变速箱齿轮；变换进给箱手柄位置要低速时才能进行；严禁用正、反车紧急制动或用手制动
其他	◆不准在卡盘、床身以及导轨上猛力敲击或校正工件，床面上不得放置工量具、工件或其他物品 ◆不得随意离开开动的机床或委托他人操作

3. 作业后安全操作规程

工作完毕，车工必须将设备停下，按规定摆放工量具和工件，清扫机床与地面，将各手柄放回空挡位置，溜板箱和尾座移到床尾后，方可切断电、气、水、油源。

6.4.2　电工安全操作规程

电工指安装、保养、操作或修理电气设备，保证电气装置（如马达、开关或配电盘）正常运行的工人。电工必须持证上岗，同时应遵守以下安全操作规程，如图6—21所示。

6.4.3　钳工安全操作规程

钳工作业主要包括錾削、锉削、锯切、划线、钻削、铰削、攻螺纹、套螺纹、刮削、研磨、矫正、弯曲等。为确保安全，钳工在作业过程中应遵守图6—22所示的安全操作规程。

6.4.4　铆工安全操作规程

铆工在作业过程中需遵守以下安全操作规程，具体如图6—23所示。

6.4.5　焊工安全操作规程

焊工必须经专业培训，考试合格后方准上岗，其安全操作规程见表6—4。

1．工作前应详细检查所用工具是否安全可靠，穿戴好必需的防护用品。

2．正确使用电工工具，所有绝缘工具应妥善保管，严禁它用，并应定期检查、校验。

3．电气线路在未经测电笔确定无电前，应一律视为“有电”，不可用手触摸。

4．工作中所有拆除的电线要处理好，带电线头包好，以防发生触电。

5．当有高于人体安全电压的电压存在时，应严禁带电进行维修作业。

6．电气检修、维修作业及其他危险工作，严禁单独作业。

7．停电时应先断开空气断路器，后断开隔离开关，送电时与上述操作顺序相反。

8．在检修工作时，必须先停电验电，留人看守或挂警告牌，在有可能触及的带电部分加装临时遮拦物或防护罩，然后验电、放电、封地；验电时必须保证验电设备状态良好。

9．检修结束后，应认真清理现场，检查携带工具有无缺少，封地线是否拆除，短接线、临时线是否拆除，遮拦物是否拆除等，通知工作人员撤离现场，取下警告牌，按送电顺序送电。

10．发生火警时，应立即切断电源，用四氯化碳粉质灭火器或黄沙扑救，严禁用水扑救。

11．高空作业时，必须系好安全带。

图 6—21　电工安全操作规程

事项	安全操作规程
遵守制度	◎ 班前不准饮酒，严格遵守岗位责任制，上班时不得做与本职工作无关的事，严禁串岗及乱动机电设备。
穿戴服装	◎ 上班前，应穿好工作服，并将袖口等扎紧，按规定使用劳动防护用品。
检查工作	◎ 工作前先检查工作场地及工具是否安全，若有不安全之处及损坏现象，应及时清理和修理，并安放妥当。
使用錾子	◎ 使用錾子，首先应将刃部磨锋利，尾部毛刺头磨掉，錾切时严禁錾口对人，并注意铁屑飞溅方向，以免伤人。
使用榔头	◎ 使用榔头前首先要检查把柄是否松脱，并擦净油污，握榔头的手不准戴手套。
使用锉刀	◎ 使用的锉刀必须带锉刀柄，操作中除锉圆面外，不得上下摆动；放在钳台上时锉刀柄不可露在钳台外面，以免碰落掉地上或砸伤脚；存放时不得互相叠放。
使用扳手	◎ 使用扳手要符合螺母的规格，站好位置，同时注意旁边的人员，以防扳手滑脱伤人。
使用虎钳	◎ 使用虎钳，应根据工件精度要求加放钳口铜，不允许在钳口上猛力敲打工件；扳紧虎钳时，应用力适当；使用完毕，须将虎钳打扫干净并将钳口松开。
使用电钻	◎ 使用电钻前，应检查是否漏电（如有漏电现象应交电工处理），并将工件放稳，人要站稳，手要握紧，两手用力要均衡，保持钻杆与被钻工件面垂直。
使用钻床	◎ 使用钻床钻孔时要在固定工作平台上将工件卡紧，严禁用手动工具夹持被钻工件，装、卸钻头必须待设备完全停止后进行。
使用千斤顶	◎ 使用千斤顶时，物体重不准超过千斤顶负荷，禁止用手起落千斤顶，禁止在千斤顶顶起的物件下工作。
工件热装	◎ 工件热装时，油温应低于油的闪点20℃；被加热工件不得接触油箱底，应加垫东西或悬挂起来；加热时不允许有大火苗，同时应有防火措施。
检修设备	◎ 检修设备时，首先必须切断电源；拆卸修理过程中，拆下的零件应按拆卸程序有条理地摆放，并做好标记，以免安装时弄错。
收尾工作	◎ 工作完毕后，认真清点并收放好工具、零件，严防工具、零件掉入转动的机器内部；擦洗设备、清理工作台及工作场所。

图 6—22 钳工安全操作规程

1. 工作前仔细检查所使用的各种工具，如大小锤、平锤、冲子及其他承受锤击的工具顶部有无毛刺及伤痕，锤把是否有裂纹，安装是否牢固。
2. 使用大锤时应注意锤头甩落范围，打锤时对面不准有人，严禁戴手套。
3. 进行铲、剁、铆等工作时，应戴好防护眼镜，不得对着人进行操作。噪声超过规定时，应戴好防护耳塞。
4. 用加热炉工作时，要注意周围有无电线或易燃物品；熄火后要仔细检查，避免复燃。
5. 铆焊件组对时，不准手摸物体的对口处，以防止将手刺破和挤伤。使用楔子和撬棍时，支点要牢固，对面不准有人，以防滑脱。
6. 凡铆工作业人员必须遵守本规程和有关铆工作业的各种机械设备的安全技术规程。

图 6—23　铆工安全操作规程

表 6—4　　焊工安全操作规程

焊工作业过程	安全操作规程
工作前	☆认真检查工作环境，确认正常后方可开始工作；施工前穿戴好劳动防护用品，戴好安全帽；高空作业应系好安全带；敲焊渣、磨砂轮戴好平光眼镜 ☆认真检查工具、设备是否完好，焊机的外壳是否可靠接地
工作时	☆严禁在易燃物品旁边作业，在井口作业时，应距井口 30 m 以上 ☆靠近易燃物焊接，要有严格的防火措施，必要时须经安全员同意方可工作 ☆在密闭金属容器内施焊时，容器应有可靠接地，通风良好，并应有人监护 ☆焊接储存易燃、易爆、有毒物品的容器或管道，应清理干净，将所有的孔口打开 ☆在变电室内进行动火作业时，要履行动火申请手续，未办手续，严禁动火
工作完毕	☆工作完毕，必须断掉龙头线接头，检查现场，灭绝火种，切断电源

第7章　焦化企业安全作业管理

7.1　综合安全作业管理

7.1.1　焦化企业危险源辨识

焦化企业在进行焦化作业时需涉及高温炼焦、机械除尘、化学加工等多个领域，因此，焦化企业在生产过程中会形成众多危险源，焦化企业各部门作业人员需了解并能准确及时辨识常见的各类危险源，以避免安全事故的发生。

1. 焦化企业常见危险源

焦化企业在备煤、炼焦、净化回收、化学加工和污染处理等过程中常见的危险源主要有放射性物质、易燃易爆物质、腐蚀性或有毒物质和各类生产设备。具体内容见表7—1。

表7—1　焦化企业常见危险源说明

危险源	具体说明
放射性物质	◆在焦化企业生产过程中，会涉及放射性物质的使用。由于放射性物质具有强破坏性，一旦发生放射源泄漏，带来的破坏十分巨大
易燃易爆物质	◆焦化企业生产过程中，易燃易爆物质是最常见的危险源之一，其存在于焦化作业的各个工序之中 例如，在备煤阶段会产生大量粉尘，而在炼焦、回收和加工等过程中会使用并产生大量的易燃易爆物质，一旦达到燃烧或爆炸极限，则会发生火灾或者爆炸，带来巨大的危害
腐蚀性或有毒物质	◆在焦化过程中，会使用并且产生大量有毒或腐蚀性化学物质，这些化学物质具有极大的危险性 例如，发生锅炉煤气泄漏，将引起人员煤气中毒或爆炸等事故

续表

危险源	具体说明
各类生产设备	◆焦化企业在生产中使用的各类生产设备具有一定的危险性，可能引发火灾、爆炸或人身机械伤害等事故 ◆以炼焦所使用的设备为例，炼焦需要使用高温设备，一旦因操作不当或设备出现故障，轻则造成设备损害，重则引发火灾、爆炸等事故的发生，造成人员伤亡和严重的经济损失

2. 焦化企业危险源的识别程序

焦化企业危险源的识别程序是收集相关资料、分析危险因素、确定危险源的过程，主要包括收集资料、分析整理、识别危险源三步，具体如图 7—1 所示。

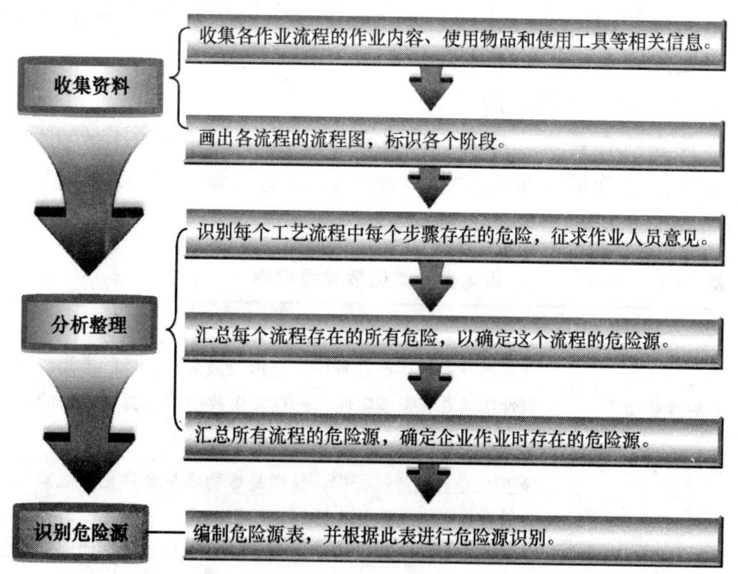

图 7—1　危险源识别程序

7.1.2　焦化企业事故的分类

焦化企业中常见事故类型主要包括工艺事故、设备事故和意外事故三类，具体内容如下。

1. 工艺事故

焦化企业工艺事故是指因焦化企业工艺管理不善而导致的各类事故。工艺事故根据停产时间和人身伤亡情况分为特大工艺事故、重大工艺事故和一般工艺事故三个等级。

由于各行业各部门的具体情况存在较大差异，各类事故的界定标准不一致，因此，此处以某焦化厂为例，对工艺事故的等级进行界定，具体见表7—2。

表7—2　某焦化厂工艺事故等级

事故等级	具体标准
特大工艺事故	◇造成停产或主机停机72 h以上 ◇造成人员伤亡 ◇造成设备爆炸、车间失火、厂房倒塌
重大工艺事故	造成停产或主机停机24 h以上、72 h以下（包括72 h）
一般工艺事故	造成停产或主机停机24 h以下（包括24 h）

2. 设备事故

焦化企业设备事故是指焦化企业设备由于设计缺陷或维护不当等原因导致设备损害，造成企业停产或效能降低的各类事故。根据设备损坏的修补费用将设备事故分为特大设备事故、重大设备事故和一般设备事故三个等级。

由于各行业各部门的具体情况存在较大差异，各类事故界定标准不一致，因此，此处以某焦化厂为例，对设备事故的等级进行界定，具体见表7—3。

表7—3　某焦化厂设备事故等级

事故等级	具体标准
特大设备事故	设备损坏造成全厂停产72 h以上，且设备修补费用达到50万元及以上

续表

事故等级	具体标准
重大设备事故	设备损坏导致半成品日生产量损失 50%，且设备修补费用在 10 万～50 万元
一般设备事故	设备损坏导致半成品日生产量损失 10%，且设备修补费用在5 000～10 万元

3. 意外事故

焦化企业生产过程中因为不可抗力因素，而造成停产、爆炸失火、人员伤亡的各类事故统称为意外事故。

7.1.3 焦化企业事故的预防

焦化企业需采取以下措施做好事故的预防工作，保障企业的安全生产。

1. 规范操作规程

企业需对生产规程、安全规程、技术规程、各工种的安全操作规程进行规范，使班组人员在实际作业过程中有章可依，同时，企业需监督各项规程的执行情况，确保作业人员按章作业。

2. 严格设备管理

企业需加强对生产设备的管理，切实保障作业前点检、作业后维护与定期检修的贯彻执行。班组作业人员或专业技术人员须在操作设备前对设备进行检查，确保设备在使用过程中的正常运行；而作业结束后，需对设备进行定期维护，保证设备在下一工作日的正常运行。

3. 制定应急预案

企业需根据实际生产情况，制定企业应急预案，以预防意外事故的发生，将意外事故的损失降到最低。班组长及安全人员需实时监控班组的生产情况，并根据生产的实际情况和操作人员意见编制应急预案，保障生产的正常进行。

7.2　焦化企业各工种安全操作规程

7.2.1　哨工安全操作规程

哨工的主要责任是按推焦计划协调装煤车、推焦车、拦焦车、熄焦车四大车的生产作业，通过哨声准确发出指挥信号，按装煤规定组织本组正确装煤，根据生产实践判断焦炭生熟和焦炭难推原因。为了规范哨工的操作行为，哨工应遵守以下安全操作规程，具体内容如图 7—2 所示。

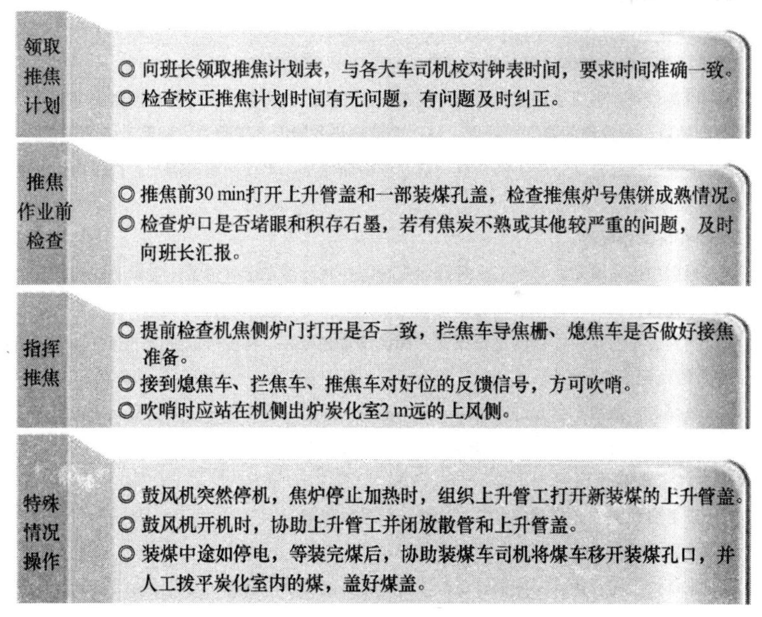

图 7—2　哨工安全操作规程

7.2.2　备煤工安全操作规程

备煤工主要负责对煤种进行确认，将煤按照煤种放入指定仓库内，并与装煤司机配合，完成送煤任务。为了规范备煤工的操作行为，特制定如图 7—3 所示的安全操作规程。

一、岗位职责

1. 熟知本岗位的危险源，并根据危险源进行检查，如发现危险源及时消除，并做好记录。

2. 负责对煤种进行确定，防止混煤，并根据煤种将煤放入指定仓库内，保质保量完成备煤任务。

3. 负责与装煤司机进行配合，完成送煤任务。

4. 负责本岗位所属区域的卫生，保管好所用工具，并负责对设备进行维护保养，保证设备的正常运转。

5. 负责本岗位的生产安全。

二、作业前准备规程

在进行作业前，备煤工需对使用设备、储煤情况进行检查。

1. 设备检查。备煤工需在作业前对皮带、清扫器、断裂器、制动器、溜槽、下煤孔、支架等进行检查，若发现问题立即处理。同时需清除设备周围的阻碍物，确保设备的正常运行。

2. 储煤情况检查。备煤工需认真检查仓库中储煤量，出现问题时需及时报告班组长解决，以保证企业储煤量。

三、在岗操作规程

1. 根据中控室通知，备煤工反复确定煤种，并将车停在正确位置，得到通知后开车。

2. 中控室接到启车指令后，通知备煤工启车。

3. 接到启车通知后，认真检查设备，确认设备完好后，将皮带放到指定仓位，开动给料器，并沿槽面宽度均匀给料。

4. 放煤时，需由小到大进行放煤，防止撒煤。同时，将煤种告知中控室，防止混煤。

5. 得到停车通知后，备煤工需等到皮带上的煤完全转净后才可停车。

四、注意事项

1. 设备启动前，必须事先鸣笛三次发出信号以示意。

2. 设备运转时，禁止加油、清扫和维护。

3. 设备运转时，备煤工需做好巡检，皮带跑偏时要及时调整，发现异物需立即停车清理。

4. 变换煤种时，备煤工需利用上煤间歇时间，移动皮带至指定仓位，再通知上煤。如发现新上煤种与预报煤种不符，造成混料，需立即上报班组长处理。

5. 移动小车时，严禁手扶轨道，且禁止小车上有人。

6. 禁止从备煤仓上往下扔东西，以免砸伤别人。

7. 设备检修、清扫时，需挂上检修牌，且禁止其他任何操作。

图 7—3　备煤工安全操作规程

7.2.3 装煤司机安全操作规程

装煤司机的主要职责是按照规定操作装煤车，并进行装煤作业，负责对设备进行正确的日常检查和维护保养，根据设备运转声音和操作情况判别事故隐患并处理一般故障。为规范装煤司机的操作行为，企业特制定如图 7—4 所示的安全操作规程。

1 作业前检查

△ 装煤前对各设备进行试运转，查看电力供应是否正常、信号灯是否有问题。
△ 判断机械运转声音是否异常，检查各处固定螺栓是否松动、润滑部位是否缺油。
△ 检查煤车所属设备是否影响安全生产，电动机是否在规定温度范围内。

2 取煤作业

△ 操作煤车行进到煤仓闸口对准的位置，将车停稳。
△ 在收到哨工允许取煤信号后，按要求进行取煤。
△ 操作煤车到煤塔秤称量位置，记录满车质量，待收到哨声信号后操作煤车下秤，准备装煤。

3 装煤作业

△ 按照规定要求向炉内装煤，并做到装煤均匀、不缺角、不堵眼。
△ 保证实际装煤量与规定装煤量误差不超过100 kg。
△ 确认允许行走的哨声后，操作煤车到上秤位置称重，并记录空车质量，计算该炭化室装煤量。

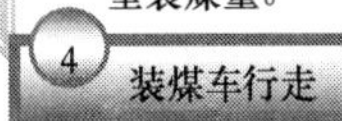

4 装煤车行走

△ 煤车行走挡位的切换应逐挡依次缓慢进行，严禁跨挡快速切换。
△ 行车间必须鸣喇叭示意，观察前方是否有人及障碍物。

图 7—4 装煤司机安全操作规程

7.2.4 推焦车司机安全操作规程

推焦车司机的主要职责是执行推焦计划，按照调度人员的指示并依据相应的操作规程进行推焦、平煤作业，负责对设备进行正确的日常检查和维护。为规范推焦车司机的操作行为，企业特制定推焦车司机安全操作规程，具体内容如图 7—5 所示。

1．设备检查

▽ 检查各电动机、温度、减速机及油杯、油量是否合乎要求。
▽ 检查各处连接螺栓是否紧固，各润滑点每班加油一次。
▽ 检查推焦杆、平煤杆有无弯曲变形，提门移门机械是否正常，销子有无断裂。

2．开炉门

▽ 按推焦计划在接到哨工指示后，确认炉门无误，开动提门机，在炉门工的配合下提出拉杆。
▽ 看到炉门工的指示，将炉门稍稍提起，缓缓向外拉动，再将移门机退回到规定位置后动车。

3．推焦

▽ 听到哨工三声长哨后，才能启动推焦杆。
▽ 推焦时要坚持两慢一快，即推焦杆头要缓收车接触焦饼，不许突然冲撞焦饼。
▽ 看到焦饼滑动后方可全速推出，看到推杆上的行程标记要逐渐减速，确保在到位标记处停止。

4．上门

▽ 将推焦杆退回原位后才能动车，确认炉门框，接到炉门工指示后立即将门对上。
▽ 对门时注意不得碰撞炉门，等到炉门工打紧横双后，放下提钩。
▽ 确认炉门上牢固后，方可退回移门机。

5．平煤

▽ 移门机退回原位后，炉门工提起小炉门等待平煤。
▽ 听到哨工一声长哨后缓慢开动平煤机平煤。
▽ 平煤方法是“三短两长”，即平煤杆进入炉内拉一次长杆，到了平煤杆上的标记，然后拉三次短杆，接到平煤停止信号后再拉一次长杆。

图 7—5　推焦车司机安全操作规程

7.2.5　拦焦车司机安全操作规程

拦焦车司机的主要职责是按照调度人员的指示并依据相应的操作规程进行拦焦作业，负责对设备进行正确的日常检查和维护。为规范拦焦车司机的操作行为，企业特制定拦焦车司机安全操作规程，具体内容如图 7—6 所示。

1．设备检查

□ 检查拉焦车上的电气系统是否正常。
□ 检查拉焦车的制动装置和传动装置是否灵敏。
□ 确定油箱等液压设备能满足使用要求。

2．摘门

□ 接到哨工摘门哨声信号后，对准出炉号开动摘门机，钩住炉门。
□ 等炉门工打开横铁后将炉门稍稍提起，缓慢向外拉动，移开炉门对正导焦栅。

3．导焦栅操作

□ 炉门摘出后如炉头焦多应铡掉一部分，再对正导焦栅，防止红焦烧坏车上的电线或拉焦车掉道。
□ 开动导焦栅，做好出焦准备工作并检查无误，再看熄焦车是否做好接焦准备。
□ 司机鸣笛，通知哨工可以吹出焦哨。
□ 观察导焦栅的焦炭是否顺利导出，如发现不正常现象，立即发出紧急信号。

图 7—6　拦焦车司机安全操作规程

7.2.6　熄焦车司机安全操作规程

熄焦车司机的主要职责是按照调度人员的指示，依据相应的操作规程进行接焦、熄焦、卸焦作业，并负责对熄焦设备进行正确的日常检查和维护。为规范熄焦车司机的操作行为，企业特制定熄焦车司机安全操作规程，具体内容如图 7—7 所示。

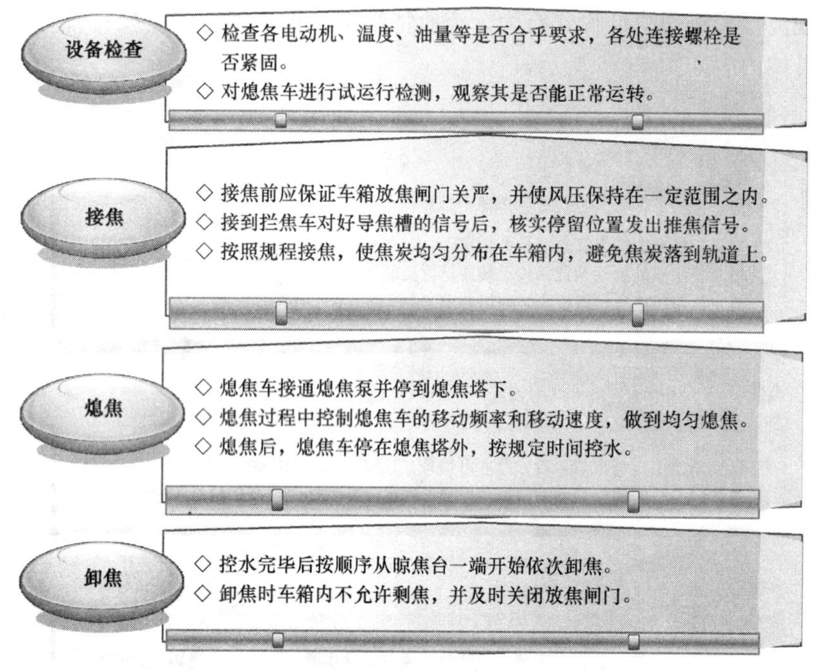

图 7—7 熄焦车司机安全操作规程

7.2.7 放焦工安全操作规程

放焦工主要负责放焦与焦台管理。为了规范放焦工的操作行为，特制定以下操作规程，具体如图 7—8 所示。

7.2.8 皮带工安全操作规程

皮带工负责煤料、焦炭的运送任务，并负责岗位所属设备的维护和保养工作，以保证设备的安全运转。为了规范皮带工的作业行为，特制定如图 7—9 所示的安全操作规程。

1 上岗前要求

◇ 放焦工在上岗前需熟知本岗位的技术规定和安全注意事项，了解作业所需设备的原理、性能及巡检要求，熟练掌握本岗位的技术操作要求，同时可以正确处理作业过程中发生的问题，并能排除一般故障。

◇ 放焦工在交接班时，需确保各类设备运转正常，所属区域已打扫干净，工具及设备部件齐全，各类问题已处理完毕。

◇ 放焦工在作业前需严格按照企业规定穿戴劳动防护用品。

2 上岗操作

操作要求

◇ 作业前放焦工需对设备进行点检，确认无误后开始作业。

◇ 放焦工需使焦炭在焦台上晾10～20 min，待熄焦车开始接第三炉焦时，通知皮带工启动皮带。

◇ 皮带开启后，放焦工按焦炭顺序将焦炭均匀稳定地放在皮带上，放焦时需在焦台保留1.5 m宽不放焦炭，防止红焦落在皮带上。

◇ 放焦时，听到停止信号，应立即停止放焦。

◇ 经常巡查焦台上焦炭，发现红焦及时熄灭，但打水量不能过多，以保证焦炭水分达标。

◇ 发现焦台上出现铁、砖或其他杂物需停机清除，以防止撕裂皮带。

注意事项

◇ 放焦过程中，严禁焦流过大，防止皮带超负荷运转。

◇ 放焦过程中，放焦工需注意皮带的运行情况，如出现突然停机，则立即停止放焦。

◇ 严禁放焦工横跨皮带或用皮带运送其他东西。

◇ 若发生停电，放焦工应将红焦放在焦台上，并用水将红焦熄灭，防止红焦落在皮带上。

◇ 放焦过程中若发生故障，放焦工应立即停止放焦，禁止继续作业，并报班组长处理。

◇ 清扫焦台时，放焦工需注意熄焦车是否在接焦，防止被焦炭砸伤或烫伤。

◇ 作业过程中，放焦工未经班组长同意不得擅自离岗或交由他人代为操作。

◇ 在设备检修过程中，需切断电源，挂检修牌，并设专人进行安全监护。

图 7—8　放焦工安全操作规程

- ◎ 负责完成煤料、焦炭的运送任务。
- ◎ 负责与中控室保持联系，确保运送正确。
- ◎ 负责进行本岗位所属设备的维护和保养工作，确保设备正常运转。
- ◎ 负责相应除尘设备的开停工作。
- ◎ 负责本岗位的安全卫生工作。

- ◎ 作业前，皮带工需对皮带进行检查，其检查内容主要有皮带上有无杂物、皮带机等设备是否可以正常运转，如发现问题，需及时处理，若皮带工难以自行解决，需及时上报班组长解决。
- ◎ 皮带工接到运转通知后，需按由后到前的顺序启动传送设备。
- ◎ 皮带工启动传送设备后，需立即开启除尘器。
- ◎ 皮带工在送完一种煤后，需立即清理溜槽。
- ◎ 皮带工在接到停止通知后，需待皮带上煤料完全转净后，并依据由前到后的顺序停止设备。
- ◎ 皮带工需待皮带完全停止后，关闭除尘设备。

- ◎ 皮带工必须按照企业规定穿戴劳动保护用品。
- ◎ 皮带在启动前，需三次鸣笛，发出启动信号。
- ◎ 皮带工在设备运转时如发现皮带跑偏，则需使用专用木棒调整皮带。
- ◎ 皮带工必须在上下相关岗位设备处于静止状态时清理溜槽，并挂上检修牌，且在专人监护下进行清理。在清理过程中需进行设备点动时，必须在人员和工具全部撤离后方可进行。
- ◎ 皮带在运转时，皮带工严禁在小屋内做与工作无关的事。
- ◎ 皮带在运转时，不允许任何人跨越皮带或用皮带运送无关物品等。
- ◎ 皮带在运转时，禁止进行更换部件、维修、打扫等工作。
- ◎ 皮带工如在皮带运转期间发现皮带上有较大杂物，需先停止设备再取下杂物。
- ◎ 皮带因超负荷停止运转时，皮带工需根据煤量或焦炭量，适当去除一部分后再启动。
- ◎ 外部人员未经批准，不得进入岗位参观学习。

图 7—9　皮带工安全操作规程

7.2.9　氨水泵工安全操作规程

氨水泵工主要负责生产作业前开泵、停泵、倒换泵的操作，保证焦炉和冷凝系统的高温、中温、低温氨水的供应，使焦油氨水澄清、焦油分离、氨水的液位平衡。为了规范氨水泵工的操作行为，氨水泵工应遵守以下安全操作规程，如图7—10所示。

1　开泵前检查

◎ 检查氨水泵及电动机地脚螺栓是否紧固、电动机接地是否可靠。
◎ 检查联轴器连接是否良好，盘车转动是否灵活，是否装好安全防护罩。
◎ 检查轴承油箱的油质与油位。
◎ 检查设备、管道、阀门、仪表有无跑、冒、滴、漏。

2　开泵操作

◎ 打开泵前阀门和排气阀门，排净泵前管道内的空气后方可关闭排气阀门。
◎ 启动氨水泵，缓慢打开压力表取压阀，当压力表指针上升后，缓慢打开泵出口阀。
◎ 泵运转正常后应经常检查机电设备运转情况，响声、振动、轴承及电动机温度是否符合要求。

3　停泵操作

◎ 关闭泵出口阀门，按停泵按钮停泵。
◎ 关闭泵入口阀门，待压力表指针复零位后，关闭取压阀。

4　倒换泵操作

◎ 按开泵操作开启备用泵，在缓慢开启备用泵的同时，缓慢关闭在用泵出口阀门。
◎ 待备用泵运转正常后，按停泵操作停止在用泵。
◎ 调整备用泵阀门开度，使流量、电流等符合工艺要求。

图7—10　氨水泵工安全操作规程

7.2.10　三管工安全操作规程

三管工主要负责企业管道的通畅与清洁，其安全操作规程如图

7—11 所示。

☛ 设备概述

○ 上升管。上升管泛指引导工质由下向上流动的管子，一般由铸铁制成，内衬黏土砖。

○ 桥管。桥管为铸铁弯管，用来连接上升管和集气槽。

○ 集气槽。集气槽是用钢板焊接而成的半圆形管，安放在炉柱顶部的托架上，用来汇集各炭化室来的荒煤气。

☛ 技术规定

○ 集气槽压力应保持正压，禁止负压操作。

○ 集气槽液面高度一般不低于集气槽高度的三分之一。

○ 正常出焦期间，最多能打开3个上升管盖。

○ 三管工在清扫集气槽时禁止动火。

☛ 操作规范

○ 三管工主要保持上升管、桥管和集气槽三管的畅通。

○ 出焦前，三管工需将上升管内部管口、管盖和桥管清扫干净。

○ 禁止上升管开火达3 min以上。

○ 每班三管工均需进行一次桥管清理。

○ 三管工需经常清扫氨水喷散头，确保喷散良好，防止堵塞。

○ 集气槽发生着火，三管工需用灭火器、沙土等灭火。

○ 因故不能出焦时，三管工应及时并适当关闭翻板，防止炭化室负压。

☛ 注意事项

○ 三管工在进行操作时，需注意风向，确保自己处于上风侧。

○ 如出现短时间停氨水，三管工需将结焦末期炉号的上升管翻板关闭，并打开上升管盖。

○ 清理管内石墨时，不能用力过猛将衬砖捣坏。

图 7—11　三管工安全操作规程

第8章　冶金企业事故应急与急救

8.1　冶金企业事故预防

8.1.1　冶金企业事故预防措施

1. 安全教育与整改

冶金企业应通过对班组人员进行安全教育来预防事故的发生。如班组长在生产现场发现安全隐患时，应及时上报相关部门制定整改方案，方案要做到“四定”，即定项目、定时间、定责任人、定实施监督复核人。

2. 实施作业标准化

安全事故主要是由于作业操作不标准所致的，因此，企业应制定作业操作标准，实现人机的匹配。作业标准化的主要内容包括作业活动程序、作业准备、作业环境、设备检查维修、工器具放置使用、劳动用品穿戴等方面的标准化。

3. 实行安全工作确认制

在班组现场如果没有安全工作的确认，就容易导致疏忽和操作失误，因此，企业为避免安全事故的发生，应制定确认制。如作业人员应在接班后进行设备与环境状况的确认、作业方法的确认、设备运行的确认、多人作业的确认等。

4. 加强危险信息沟通

在现场作业时，可能会产生伤害自己及他人或损坏设备的危险信息，如果危险信息未能及时沟通，很容易导致安全事故的发生。因此，为了预防各种事故的发生，作业人员应做好危险信息沟通，增强自我保护意识和能力。

8.1.2 冶金企业事故预防检查

事故预防检查是冶金企业对各车间班组进行的定期和不定期的生产安全检查工作，通过事故预防检查找出生产场所存在的安全隐患并及时整改，以防事故的发生。

1. 事故预防检查内容

具体的事故预防检查内容如图 8—1 所示。

检查员工	◎ 检查班组人员对安全的认识、责任心。
检查领导	◎ 检查领导是否能正确处理安全与生产的关系，以及对员工的安全教育执行情况，能否严肃处理安全事故问题。
检查制度	◎ 检查各车间、部门有关安全管理制度的制定及执行情况。
检查生产工艺及作业操作	◎ 检查各种物资是否按规定投入，作业人员是否按规定操作。
检查设备	◎ 检查机械、仪表、厂房、通道、安全装置、消防器材等设备的安全状况，以及工位、器具是否安放整齐。

图 8—1 事故预防检查内容

2. 事故预防检查程序

冶金企业应建立健全的检查、登记制度，班组长负责对作业场所进行定期或不定期的抽查，具体的检查程序如图 8—2 所示。

8.1.3 冶金企业事故的预警

安全生产管理主要以预防为主，企业通过安全事故风险预警，可以有效控制事故的发生。

1. 事故预警的目标与任务

冶金企业安全事故预警的主要目标是监控企业各车间班组在生

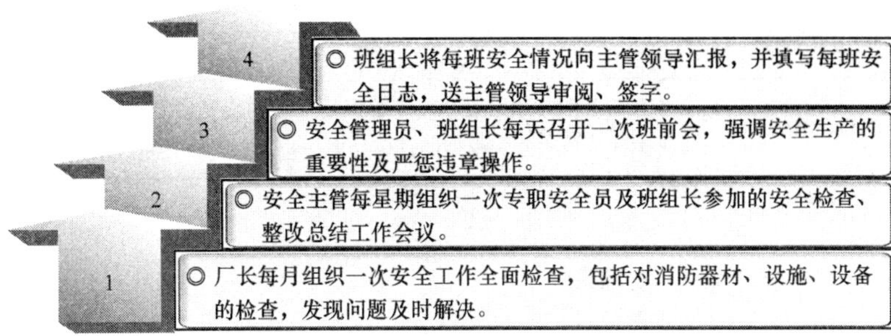

图 8—2　事故预防检查程序

产作业中危险源对象的运行情况及状态，并对实际运行情况做出整体的评价与预警行为，在预测到危险事故将要发生时，可自行启动应急预防系统，控制事故的发生。

冶金企业安全事故风险预警的任务是辨识可能引发安全事故的危险源，并对其进行评价，在日常生产作业中监控这些危险源的状态，实时分析、评价和处理这些危险源。

2. 事故预警的控制方式

事故预警的控制方式是冶金企业针对现场作业环境的变化，为了协调和保证安全事故预警能够有效实施而制定的，主要的控制方式包括预警报告、风险评价机构、风险控制小组，具体的控制方式见表 8—1。

表 8—1　　　　事故预警的控制方式

控制方式	具体内容
预警报告	◆预警报告是企业将不同生产阶段所面临的危险信息准确传达到各生产车间班组的文件，具体内容包括危险名称、类型与特性，发现时间、位置，危险状态评价，产生原因，破坏与损失可能性以及结论等
风险评价机构	◆冶金企业的风险评价工作主要由企业安全管理方面的专业人员或请安全咨询公司实施，为了保证评价的质量，企业一般会委托有详细评价标准规范和评价方法的评价机构进行

续表

控制方式	具体内容
风险控制小组	◆风险控制小组由安全生产管理委员会的成员以及预警职能部的人员组成，根据收集整理的预警处理经验，提出应对的措施

8.2 冶金企业事故预案

8.2.1 事故应急体系的建立

冶金企业的班组人员在炼焦、炼铁、轧钢等生产时，经常会进行有高温、粉尘、噪声、震动、煤气等的作业，容易遇到突发事故和重大事故危机。为了帮助班组长及生产管理人员及时、准确、有效地应对这些事故危机，企业需要建立一套完整的事故应急体系。

建立事故应急体系的目标是控制事故的发展，保障员工的生命安全以及恢复生产的正常运作。一套完整的事故应急体系由应急组织机制、应急运作机制、法律知识机制和应急资源保障机制四部分构成，具体的内容如下。

1. 应急组织机制

应急组织机制是由应急管理机构、辅助功能部门、应急指挥中心以及事故救援队伍构成，具体的内容见表8—2。

表8—2　　应急组织机制的各职能部门

具体构成	内容说明
应急管理机构	应急管理机构是指维持应急日常管理的负责部门
辅助功能部门	辅助功能部门主要包括与事故应急活动有关的各类组织机构，如当地公安机构、医疗单位等
应急指挥中心	应急指挥中心负责应急预案的启动工作，负责应急救援活动场外与场内的指挥
事故救援队伍	事故救援队伍由专业救援人员和救援专家组成

2. 应急运作机制

应急运作机制主要是指在遇到事故时所采取的应急救援活动，主要包括四个阶段，即应急指挥阶段、应急响应阶段、应急救援阶段和应急恢复阶段，具体的内容如图 8—3 所示。

应急指挥阶段	◎ 应急指挥阶段是应急运作的开始，一般分为集中指挥与现场指挥、场外指挥与场内指挥。 ◎ 在这一阶段所有参与应急救援活动的人员和单位，都必须在应急指挥人员的统一组织协调下进行应急运作。
应急响应阶段	◎ 应急响应阶段是企业针对事故而制定各种应急方案的过程。 ◎ 在应急响应阶段中应实行分级响应，影响应急级别的主要原因是事故的危险程度和影响范围，以及应急人员控制事态的能力。
应急救援阶段	◎ 应急救援阶段是迅速控制事故发展、组织营救受害人员、保护危险区域内其他人员的过程。 ◎ 通过对事故的分析，测定事故的危险区域、危害性质及危害程度，以消除危害后果。
应急恢复阶段	◎ 应急恢复阶段是事故得到控制后，作业现场恢复正常生产状态而采取措施或行动的过程。 ◎ 应急恢复时间的长短是由破坏程度，人力、物力、财力和技术的支持，相关法律法规决定的。

图 8—3 应急运作机制的四个阶段

3. 法律知识机制

法律知识机制是应急体系建立的理论基础，也是开展各项应急活动的重要依据。与事故应急相关的法律、法规内容主要包括四个层次，具体如图 8—4 所示。

4. 应急资源保障机制

应急资源是指企业发生安全事故时需要调度的各种资源，主要包括信息与通信系统资源、物资与设备资源、人力资源以及财力资源，具体的内容见表 8—3。

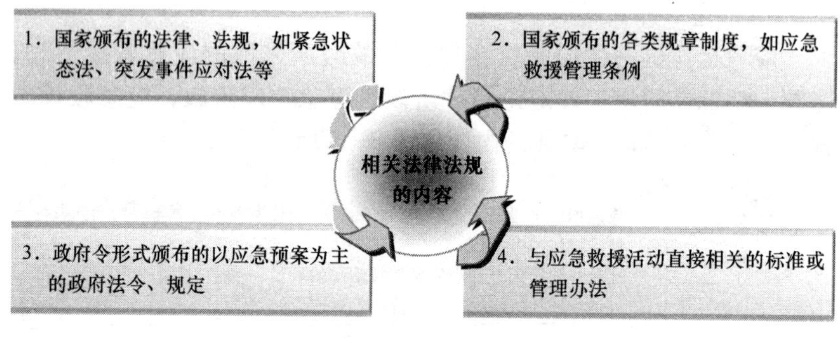

图 8—4　与事故应急相关的法律法规

表 8—3　　应急资源的主要内容

主要内容	具体说明
信息与通信系统资源	信息与通信平台是应急体系的重要基础建设，保证报警、接警、指挥等活动信息的交流和共享
物资与设备资源	在应急中不但要保证物资与设备的充足，而且还要保证物资与设备的快速到位、及时供应，主要包括通信设备、急救设备、抢修设备、防护用品等
人力资源	人力资源主要包括专业救援队伍以及救援专家，企业需要对这些人员进行应急救援方面的培训和教育，提高应急救援的知识水平
财力资源	为了保障事故应急运行和应急反应中各项活动的费用开支，企业应建立专项应急科目，如应急基金等

8.2.2　事故应急预案的编制

为了避免突发事故时的混乱，冶金企业各操作现场的辖区管理人员必须事先编制好应急预案，以便于及时、合理地应对安全事故。应急预案又称应急计划，是指冶金企业为了预防可能发生的重大事故、降低事故的损失程度而预先制订的有关计划或方案。

1. 应急预案的编制要求

冶金企业安全委员会在编制事故应急预案时，应与现场的班组人员进行交流和探讨，制定符合现场作业的应急预案，具体的编制要求如图 8—5 所示。

1. 编制的预案要符合有关法律、法规、规章和标准的规定。
2. 结合本企业各工厂的安全生产实际情况及危险性分析情况进行预案的编制。
3. 应急组织和人员的职责分工明确，并有具体的落实措施。
4. 有明确、具体的事故预防措施和应急程序，并与各厂应急能力相适应。
5. 编写的预案要有明确的应急保障措施，并能满足应急工作要求。
6. 预案基本要素齐全、完整，预案附件提供的信息准确。
7. 预案内容与相关应急预案相互衔接。

图 8—5　应急预案编写的基本要求

2. 应急预案的基本结构

应急预案主要包括基本预案、应急功能设置、特殊风险管理、标准操作程序以及所支持的附件等内容，具体内容见表 8—4。

表 8—4　应急预案的基本结构

基本结构	具体内容
基本预案	◆基本预案是对应急管理的总体描述，主要包括应急方针、组织体系、应急资源、各应急组织在应急准备和应急行动中的职责、基本应急响应程序以及应急预案的演练和管理等规定
应急功能设置	◆应急功能是指在各类重大事故应急救援中通常都要采取的一系列基本的应急行动和任务，如指挥和控制、警告、通信、人群疏散、人群安置及医疗等
特殊风险管理	◆基于重大突发安全事件风险辨识、评价和分析的基础上，针对每一种类型的特殊风险，明确其相应的主要负责部门、有关支持部门及其相应承担的职责和功能，并为该类风险的专项预案的制定提出特殊要求和指导

续表

基本结构	具体内容
标准操作程序	◆按照在基本预案中的应急功能设置，各类应急功能的主要负责部门和支持机构须制定相应的标准操作程序，为组织或个人履行应急预案中规定的职责和任务提供详细指导
所支持的附件	◆所支持的附件主要包括应急救援支持保障系统的描述及有关附图（表），如通信系统、信息网络系统、警报系统分布及覆盖范围、技术参考（后果预测和评估模型及有关支持软件等）、专家名录、重大危险源分布图等

3. 应急预案的编制程序

冶金企业编制应急预案的基本程序如图 8—6 所示。

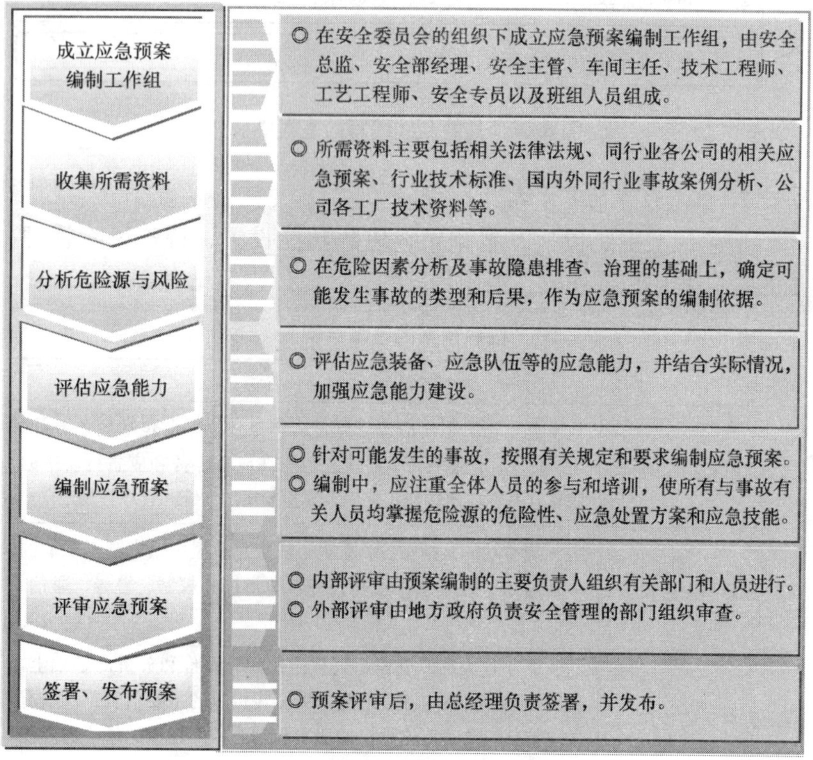

成立应急预案编制工作组	◎ 在安全委员会的组织下成立应急预案编制工作组，由安全总监、安全部经理、安全主管、车间主任、技术工程师、工艺工程师、安全专员以及班组人员组成。
收集所需资料	◎ 所需资料主要包括相关法律法规、同行业各公司的相关应急预案、行业技术标准、国内外同行业事故案例分析、公司各工厂技术资料等。
分析危险源与风险	◎ 在危险因素分析及事故隐患排查、治理的基础上，确定可能发生事故的类型和后果，作为应急预案的编制依据。
评估应急能力	◎ 评估应急装备、应急队伍等的应急能力，并结合实际情况，加强应急能力建设。
编制应急预案	◎ 针对可能发生的事故，按照有关规定和要求编制应急预案。 ◎ 编制中，应注重全体人员的参与和培训，使所有与事故有关人员均掌握危险源的危险性、应急处置方案和应急技能。
评审应急预案	◎ 内部评审由预案编制的主要负责人组织有关部门和人员进行。 ◎ 外部评审由地方政府负责安全管理的部门组织审查。
签署、发布预案	◎ 预案评审后，由总经理负责签署，并发布。

图 8—6　应急预案编制的基本程序

8.2.3 事故应急预案的管理

冶金企业事故应急预案的管理工作包括应急预案的编制、评审、备案、培训与演练等。

1. 应急预案的评审

冶金企业的安全监管部门应组织有关人员对制定的应急预案进行评审，相关职能部门配合评审工作。参加应急预案评审的人员应包括负责作业生产的工作人员、安全生产部门的有关人员以及应急管理方面的专家。

评审人员在对应急预案进行评审时，应注重应急预案的实用性、预案内容的完整性、组织体系的科学性、预防措施的可行性、响应程序的操作性等内容。

2. 应急预案的备案

冶金企业编制的应急预案应当呈报政府安全生产监督管理部门以及安全监察机构备案。企业申请应急预案备案时，需要提交的资料包括应急预案备案申请表、应急预案评审或者论证意见、应急预案文本及电子文档。

3. 应急预案的培训与演练

冶金企业应当采取多种形式开展应急预案的宣传教育，使班组人员了解应急预案的内容，熟悉应急职责、应急程序和应急处置方案，提高生产作业人员应对安全事故的知识和技能水平。

另外，企业应制订应急预案演练计划，定期组织应急预案演练活动，以提高各车间和班组人员的生产安全事故应急处置能力。应急预案演练结束后，应对应急预案演练效果进行评估，撰写应急预案演练评估报告，分析存在的问题，提出修订意见。

8.3 冶金企业事故的救援

8.3.1 应急救援知识

班组在进行冶金作业中，由于各种危险因素的影响，会突然遇到一些伤害人身安全和健康，或者损坏设备设施造成经济损失的安全事故。班组长应熟悉这些事故的救援知识，在遇到这些事故时，必须迅速采取相应的急救措施，防止事故不断扩大，避免给企业带来严重后果。

1. 有害气体救援知识

在冶金作业中会存在一些容易使人吸入后中毒的有害气体，主要包括超过浓度的煤气、氮气、氨气、二氧化硫、硫化氢等。

（1）班组长如果发现有员工中毒昏迷，应采取有效的安全措施。首先班组长要保持清醒的头脑，对中毒区进行通风，待有害气体降到允许浓度时，方可通知救护人员进入现场抢救。

（2）救护人员在进入现场进行解救时，切记要戴上防毒面具，并将中毒人员抬至空气新鲜的地点后，通知救护车送医院救治。

2. 触电救援知识

救护人员在对触电者进行急救时，要注意以下三点，如图 8—7 所示。

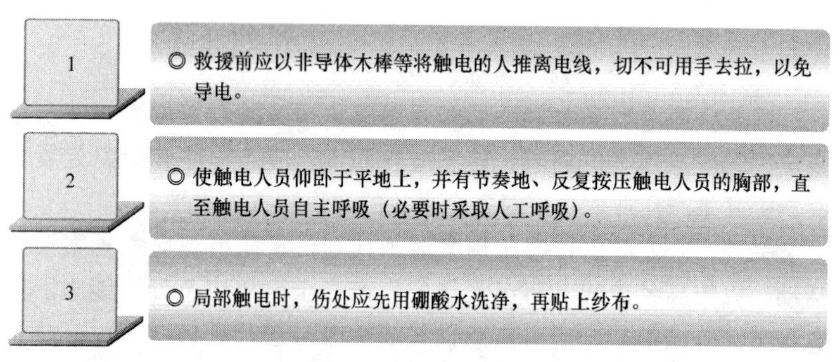

图 8—7　触电救援注意事项

3. 烧伤救援知识

（1）在炼钢、焦化等作业中有时会受到明火、高温物体烧烫的伤害。严重的烧伤会影响人体体内环境发生剧烈的变化，产生难以抑制的疼痛。所以烧伤的紧急救护不能延迟，要在现场立即进行。

（2）烧伤急救的方法是用冷水冲洗烧伤人员烧伤的身体部位，防止烧伤面积进一步扩大，随后应及时将烧伤人员送往附近医院进行进一步治疗。

4. 创伤止血救援知识

在现场作业时，常见的创伤包括割伤、刺伤、物体打击和轧伤等，由于这些创伤会使作业人员出现大量出血的现象，造成生命危险。因此，及时止血是非常重要的。

班组长在遇到这类创伤事故时首先可用毛巾、纱布、工作服等物品采取止血措施，随后将受伤人员送医院治疗。

5. 眼睛受伤救援知识

在现场作业时，如遇到员工发生眼伤时，可做如下急救处理。具体如图 8—8 所示。

1 ◎ 轻度眼伤如眼进异物，可让同伴翻开眼皮用干净手绢、纱布将异物拔出。如眼中溅进化学物质，要及时用水冲洗。

2 ◎ 严重眼伤时，可让伤者仰躺，施救者设法支撑其头部，并尽可能使其保持静止不动，不要试图拔出插入眼中的异物。

3 ◎ 眼球鼓出或从眼球脱出的东西，不可把它推回眼内，因为可能会把伤眼弄坏。

4 ◎ 立即用消毒纱布覆盖伤眼，再缠上布条，缠时不可用力，以不压及伤眼为原则。

图 8—8　眼睛受伤紧急处理注意事项

8.3.2　应急救援预案

冶金企业的应急救援预案是为了降低事故的危害程度及事故损失而采取的抢救活动。预案编制人员根据生产过程中存在的危险源和以往事故的预测结果预先制定控制和抢救事故的方案。以下是某冶金企业制定的安全生产事故应急救援预案，可供读者参考。

<table>
<tr><td rowspan="2">方案名称</td><td rowspan="2">安全生产事故应急救援预案</td><td>编　号</td><td></td></tr>
<tr><td>执行部门</td><td></td></tr>
</table>

一、目的

为了达到以下目的，公司按照《中华人民共和国安全生产法》，结合本公司的实际情况，特制定本安全生产事故应急救援预案。

1. 积极应对可能发生的现场作业安全事故，高效有序地组织开展事故抢险救灾工作。

2. 最大限度地减少人员伤亡和财产损失，维护社会稳定和正常工作秩序。

二、适用范围

本方案适用于在本公司现场作业中，可能发生的造成人员死亡或重伤以及其他性质特别严重的安全事故，其中主要的事故包括如下图所示。

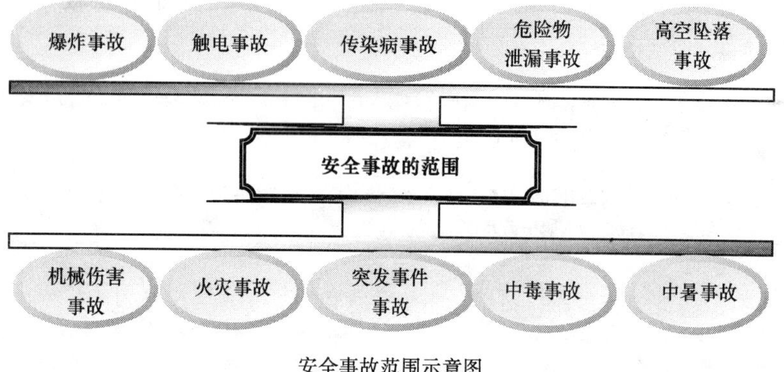

安全事故范围示意图

三、组织机构的职能和职责

公司成立安全事故应急领导委员会，由伤员营救组、物资抢救组、消防灭火组、保卫疏导组、抢险物资供应组、技术处理组、后勤供应组、现场临时医疗组等小组组成。以下是安全事故应急领导委员会、安全事故应急救援各小组的职能及职责。

1. 安全事故应急领导委员会的职能和职责

（1）负责制订重大事故的应急计划。

（2）负责组织事故现场所有操作的指挥和协调。

（3）保证现场应急救援行动的执行。

（4）控制紧急情况，协调好消防、医疗、交通管制、抢险救灾等各救援小组的联系工作。

续表

<table>
<tr><td rowspan="2">方案名称</td><td rowspan="2">安全生产事故应急救援预案</td><td>编　号</td><td></td></tr>
<tr><td>执行部门</td><td></td></tr>
<tr><td colspan="4">(5) 组织现场事故评估。
2. 伤员营救组的职能和职责
(1) 引导现场作业人员从安全通道疏散。
(2) 对受伤人员进行营救，并转移至安全地带。
3. 物资抢救组的职能和职责
(1) 抢运可以转移的场区内物资。
(2) 转移可能成为新危险源的物品到安全地带。
4. 消防灭火组的职能和职责
(1) 启动场区内的消防灭火装置和器材进行初期的消防灭火自救工作。
(2) 协助消防部门进行消防灭火的辅助工作。
5. 保卫疏导组的职能和职责
(1) 对场区内外进行有效的隔离工作和维护现场应急救援通道的畅通。
(2) 疏散场区外的人员，撤出危险地带。
6. 抢险物资供应组的职能和职责
(1) 迅速调配抢险物资、设备至事故发生地。
(2) 提供和检查抢险人员的装备和安全防护。
(3) 及时提供后续的抢险物资。
7. 后勤供应组的职能和职责
(1) 迅速组织后勤供给的物品。
(2) 及时输送后勤供给物品到抢险人员手中。
(3) 做好伤亡人员及家属的稳定工作，以及受伤人员医疗救护的跟踪工作。
8. 现场临时医疗组的职能和职责
(1) 对受伤人员做简易的抢救和包扎工作。
(2) 及时转移重伤人员到医疗机构就医。
9. 技术处理组的职能和职责
(1) 根据现场作业的内容及特点，制定应急救援方案，为事故现场提供有效的技术储备。
(2) 应急救援预案启动后，根据事故现场的特点，及时向应急救援各小组提供科学的技术方案和支持，有效地指导应急反应行动中的技术工作。
(3) 保护事故现场，调查了解事故发生的主要原因及相关人员的责任。</td></tr>
</table>

续表

方案名称	安全生产事故应急救援预案	编　　号	
		执行部门	

四、安全事故应急救援情况的处理程序

安全事故应急救援情况的处理程序如下图所示。

1．事故发生后，班组长应立即报告救援小组进行施救，上报安全委员会。

2．救援人员对伤员进行简单救护，并对其进行必要的处理。

3．事故调查小组对事故原因进行调查，确定主要责任人。

4．对造成事故的主要责任人进行处罚。

5．事故处理后应及时总结经验教训，避免类似事故再次发生。

安全事故应急救援情况的处理程序

五、评估与完善

事故发生后，安全事故应急领导委员会组织评估，填写“事故调查处理报告”，针对导致事故的原因，由责任部门采取改进措施，经上级领导确认后予以实施。

编制人员		审核人员		批准人员	
编制日期		审核日期		批准日期	

8.3.3　应急救援响应程序

冶金企业事故应急救援响应程序可分为报警、接警、应急响应级别确定、应急启动、应急救援行动、应急恢复等实施过程，如图8—9所示。

上述相关程序中的具体操作要点说明如下。

1．报警

班组长作为班组安全管理的第一责任人，在遇到安全事故发生时，应立即向应急值班人员或有关负责人员报警，其他获知事故信

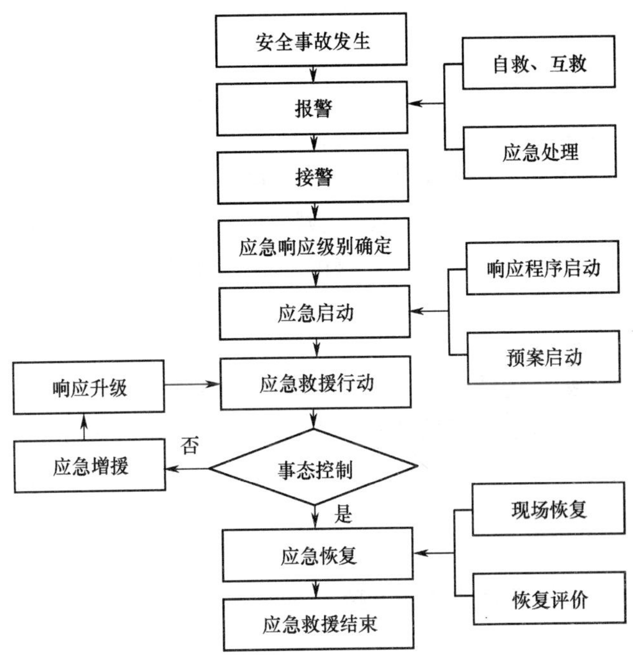

图 8—9　应急救援响应程序

息的人员也有责任立即报警。应急值班人员在接到报警后应立即向本企业的应急指挥负责人及部门报告。

在报警过程中，班组长及班组成员应进行自救和互救，及时处理应急事故，避免事故危险程度的蔓延和扩大。

2. 接警与响应级别确定

应急指挥负责人在接到事故报警后，应根据报警信息做出警情判断，初步确定相应的响应级别，启动相应的应急预案。如果事故未达到启动应急预案的最低响应级别，应关闭响应。

3. 应急启动

应急响应级别确定后，应急中心应按照所确定的响应级别启动应急程序和预案，开通信息与通信网络，调配救援所需的应急资源，并通知相关应急救援人员现场到位。

4. 应急救援行动

应急救援人员和救援专家进入事故现场后，根据事故的危害特性和有关经验，对可能发生的突发事故进行分类，规定相应的处置方法和处理程序，开展事故检测、警戒、疏散、救助、工程抢险等应急救援工作，救援专家可提供救援决策建议和技术支持。当事故扩大超出应急响应的级别时，救援人员应向应急中心请求实施更高级别的应急响应。

5. 应急恢复

应急救援行动结束后，将进入临时应急恢复阶段。应急救援人员和班组人员负责现场的清理、人员清点和撤离、警戒解除、事故调查和善后处理等。应急恢复事故现场后关闭应急救援响应程序，宣布应急救援结束。

8.4 冶金企业事故的调查处理

8.4.1 事故调查处理制度

以下是某冶金企业的事故调查处理制度，供参考。

制度名称	事故调查处理制度	编　　号	
		执行部门	

第1章　总　　则

第1条　目的

为规范冶金企业生产安全事故的处理行为，对已经发生和正在发生的事故，尽可能地开展调查，做好事故报告和处理工作，提高安全事故处理的透明度，特制定本制度。

第2条　适用范围

本制度适用于生产经营活动中发生的造成人身伤亡或者直接经济损失的生产安全事故的处理。

第3条　职责划分

续表

制度名称	事故调查处理制度	编　号	
		执行部门	

1. 安全管理委员会负责针对发生的生产安全事故，编制事故调查处理报告，呈报所在地的政府有关部门，并启动生产安全事故应急救援预案。

2. 公司总经理根据相关要求，成立安全事故调查小组，负责调查发生的各类安全事故。

3. 安全事故调查小组负责处理发生的各类安全事故。

4. 生产部负责建立事故档案，并将事故调查处理报告上报公司安全管理委员会备案。

第 4 条　事故的界定

本制度所指的事故是指生产工人在生产经营活动中突然发生的伤害人身安全和健康，或者损坏设备设施造成经济损失，导致原生产经营活动暂时中止或永远终止的意外事件。

第 2 章　安全事故的划分

第 5 条　生产安全事故的种类

本制度所指的事故主要包括以下四类，如下图所示。

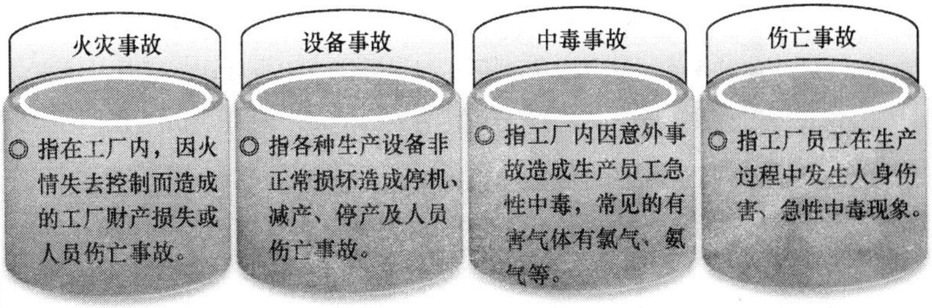

生产安全事故的种类

第 3 章　安全事故调查和处理

第 6 条　安全事故报告

安全事故报告包括事故发生的时间、地点、部门、经过、伤亡人数和采取的补救措施等内容。发生事故后，相关人员应按事故种类完成相应报告，报告中应注意以下几点，具体如下图所示。

续表

制度名称	事故调查处理制度	编　　号	
		执行部门	

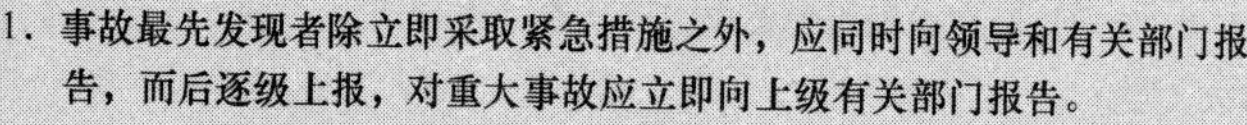

1．事故最先发现者除立即采取紧急措施之外，应同时向领导和有关部门报告，而后逐级上报，对重大事故应立即向上级有关部门报告。

2．发生死亡、重大伤亡事故的部门应保护好事故现场，迅速采取措施抢救人员和财产，防止事故进一步扩大。

3．发生重大火灾、化学爆炸事故应立即报告消防部门。

4．发生事故的部门应填写事故报告，经主管领导审查后报送上级领导。

安全事故报告的注意事项

第 7 条　安全事故救援

1. 一旦发生事故必须积极组织抢救，妥善处理，以防事故蔓延扩大。

2. 发生事故时各级领导应亲临现场，直接指挥组织抢救，并注意保护事故现场。

3. 对有毒、有害物料大量外泄的事故场所和火场必须设立警戒线，抢救人员应佩戴防毒面具，对中毒、灼伤、烫伤人员应及时进行抢救。

第 8 条　安全事故调查

事故调查部门要按照“三不放过”原则进行调查分析，找出事故原因，查明责任，确定改进的措施。在对事故进行调查时，应根据事故情节的严重程度，由不同的人员负责进行调查，具体如下图所示。

第 9 条　安全事故处理

1. 在事故调查中要实事求是，分清事故的性质和责任，并提出处理意见。

2. 对事故责任人的处分可根据事故大小、损失多少、情节轻重以及影响程度等情况，令其赔偿经济损失或给予行政警告、记过、降职、降薪、撤职、留厂察看等处分，直至追究刑事责任。

续表

制度名称	事故调查处理制度	编　号	
		执行部门	

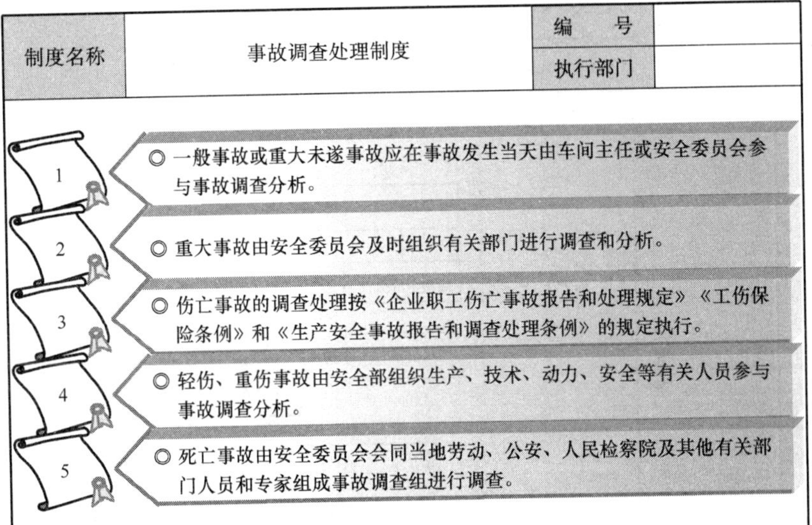

不同事故的调查人员分工职责

3. 对一般事故责任人的处理意见由所在车间提出，经安全部审核报安全委员会批准；对重大事故应由调查组提出处理意见，经总经理签署意见，根据审批权限报上级机关批准；对重大责任事故、破坏性事故需追究刑事责任的，应移交司法机关依法处理。

4. 对发生事故隐瞒不报、谎报、故意拖延不报或破坏现场以及无正当理由拒绝调查的单位和个人要追究其责任，从严处理。

5. 对防止事故和抢救事故有功的单位和个人应予以表扬和奖励。

第 4 章　附　　则

第 10 条　本制度由安全管理委员会制定，自颁布之日起开始实施。

第 11 条　本制度的修订和解释由安全管理委员会负责，报总经理审批通过后开始生效。

编制人员		审核人员		批准人员	
编制日期		审核日期		批准日期	

8.4.2　事故调查处理流程

以下是某冶金企业的事故调查处理流程，供参考。

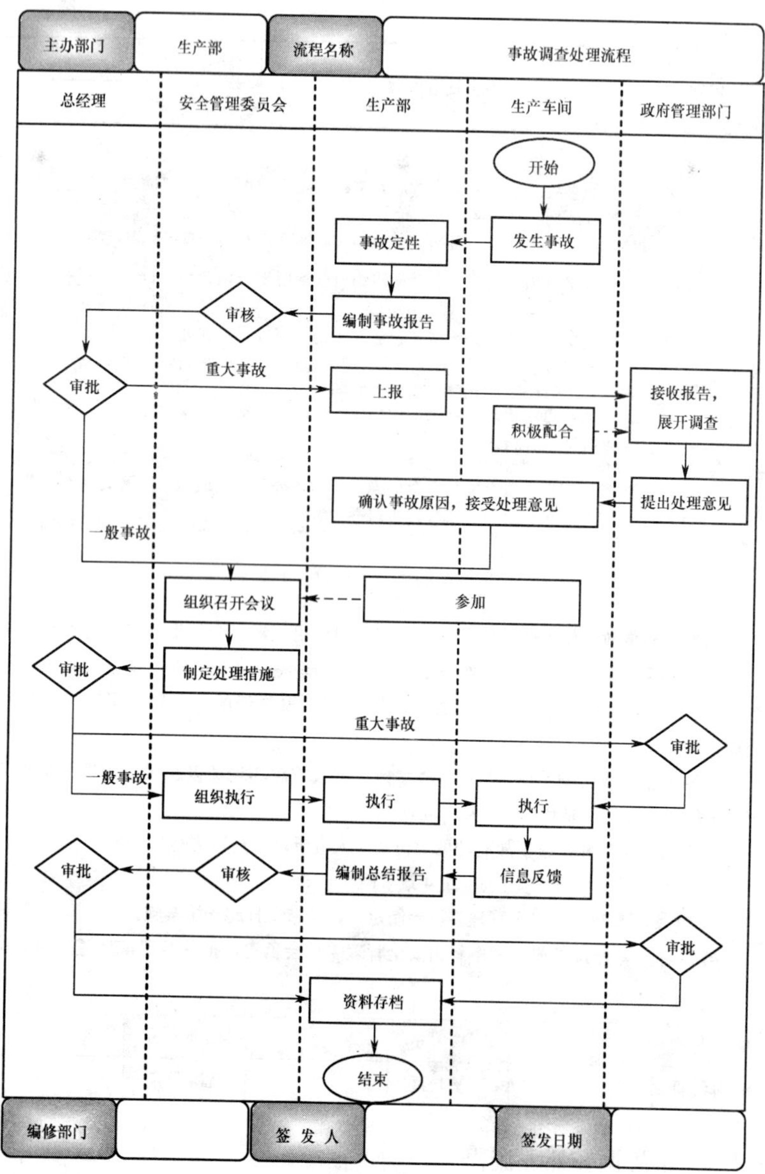
主办部门
生产部
流程名称
事故调查处理流程
总经理
安全管理委员会
生产部
生产车间
政府管理部门
开始
发生事故
事故定性
编制事故报告
审核
审批
重大事故
上报
接收报告，展开调查
积极配合
提出处理意见
确认事故原因，接受处理意见
一般事故
组织召开会议
参加
制定处理措施
审批
重大事故
审批
一般事故
组织执行
执行
执行
信息反馈
编制总结报告
审核
审批
审批
资料存档
结束
编修部门
签发人
签发日期

8.4.3　事故调查处理报告

以下是某冶金企业的事故调查处理报告，供参考。

文案名称	事故调查处理报告	编　号	
		执行部门	

一、事故发生概述

____年__月__日__时许，××公司下属铅冶炼厂在粗铅冶炼建设项目生产调试期间发生喷炉灼烫的重大安全事故，造成5人死亡，15人受伤，其中2人伤势严重。

二、事故原因调查分析

通过专家现场勘察、初步调查分析，造成这起事故的主要原因如下。

（一）直接原因

1. 危险物的认识不足

（1）对熔炼炉产生的“泡沫渣”的危险认识不足，未能采取正确处理措施。

（2）炉内长期处于不正常的过氧化状态，造成渣中四氧化三铁的含量以及炉渣黏度增大。

2. 人的不安全行为

（1）在事故发生前发生的两次喷渣后，未按规程要求采取调整渣型等措施，而是采取人工加料的方式继续生产。

（2）现场指挥判断错误，违章指挥两次下枪，使炉内产生大量“泡沫渣”，造成熔体急剧膨胀，高温的熔体从裂口处高速喷射而出，引发了事故。

（二）间接原因

1. 未按有关规定对行车各部件进行安全检查，导致安全隐患存在。

2. 设计单位没有富氧顶吹熔炼炉的生产组织经验，对富氧顶吹熔炼炉的操作和控制能力不足。

3. 工厂在不具备试生产的条件下盲目组织试生产，仅依靠阀门开度控制参数。

4. 工厂选择了没有资质和相应能力的合作单位对其进行设计，没有委托监理单位对生产车间和设备安装进行有效监理。

三、事故责任认定

1. 李××作为该厂总经理，为安全生产第一责任人，对安全管理工作不闻不问，甚至削弱安全管理工作，对该起事故负有不可推卸的责任，应该承担主要的领导责任。

2. 车间主任郭××、班组长张××，对安全员反映的安全隐患未予以重视，以诸多理由拒绝整改，对该起事故负有直接领导责任。

3. 该厂于去年5月通过了安全现状评价，并取得了安全生产许可证，为其出具验收合格报告的安全技术有限工厂负责人、安全评价员应承担次要责任。

4. 熔炼炉作业操作人员赵××严重违反安全作业规程，是该起事故的直接责任人。

5. 熔炼炉指挥员刘××擅离职守，是该起事故的间接责任人。

6. 设备管理员任××，对设备隐患未能及时发现并采取有效措施，是该起事故的间接责任人。

续表

<table>
<tr><td>文案名称</td><td rowspan="2">事故调查处理报告</td><td>编　　号</td><td></td></tr>
<tr><td></td><td>执行部门</td><td></td></tr>
<tr><td colspan="4">

7. 该厂安全员曹××，切实履行了安全监管职责，曾多次对隐患提出整改要求，对事故不应承担责任。

四、事故责任人处理

对公司总经理、车间主任、班组长、熔炼炉作业操作人员、熔炼炉指挥员、设备管理员立即送公司监管部门追究其有关责任。

五、事故纠正预防措施

经过对事故的调查与分析，公司决定采取以下措施来纠正预防此类事故的发生，加强公司安全监督与管理工作。具体如下图所示。

措施

1 ◎ 严格执行《中华人民共和国安全生产法》以及安全生产管理条例等有关规定，单独设立安全管理部门，并配备安全管理人员。
2 ◎ 严格落实安全生产各项管理制度，保障安全资金的足额投入、合理利用。
3 ◎ 严格落实“五同时”制度，安全工作要与生产工作“同计划、同布置、同落实、同考核、同奖罚”。
4 ◎ 严格执行“工厂、宿舍、办公场所同在一起”的混合工厂禁令，工厂内不再设立宿舍和办公场所。
5 ◎ 厂内必须设置安全通道，并严格执行相关规定。
6 ◎ 特种作业人员严格实行持证上岗制度，起重机司机、指挥、设备维修人员必须严格遵守作业规程。
7 ◎严格遵守交接班制度，严禁边收班，边交接，严禁撤离岗位。
8 ◎ 对工厂全体员工开展安全教育培训。

事故纠正预防措施

</td></tr>
</table>

编制人员		审核人员		批准人员	
编制日期		审核日期		批准日期	

第9章　班组安全管理制度与教育

9.1　班组安全制度建设

9.1.1　班组安全制度体系

“安全”是企业顺利生产的前提条件，也是企业实现赢利的重要基础。作为生产管理重要一环的班组管理更应将安全管理放于首位，建立健全的班组安全制度体系，以确保班组员工的安全。企业在建立班组安全制度体系时，重点制定以下八项管理制度。

1. 安全生产责任制

企业应为班组中的相关岗位制定安全生产岗位职责。通过安全生产岗位职责明确相关人员的责任和分工，避免责任不清、推卸责任、对生产事故无人处理等情况的发生。

（1）明确企业领导安全职责

企业领导在进行生产运营管理的同时也应对企业的安全生产负责。企业领导应组织制定安全生产的相关制度，明确安全生产计划和指标，定期或不定期地深入现场检查，督导安全生产制度的执行，确保生产人员的人身安全。

（2）设置安全管理部门或岗位

企业应设置专职部门或专人制订安全实施计划、深入现场进行检查、辅助有关领导处理安全事故、具体负责班组的安全生产工作。

（3）明确班组人员安全职责

班组生产人员作为一线员工，必须严格按照规定流程和操作办法进行生产操作，遵守企业安全生产管理规范，持证上岗，安全生产，严禁违规操作。

（4）规定相关岗位的安全职责

凡是与安全生产相关的岗位人员，如采购人员、设备安装人员、设备维修人员、运输人员等，均应在其工作范围内对企业安全生产负责。

2. 安全设施管理制度

为避免发生生产事故，保证班组人员的生产安全，企业应在生产现场中设置必要的安全设施，并通过相关制度的规定保证其正常发挥作用。安全设施可分为预防事故设施、控制事故设施和减少与消除事故设施，具体内容见表9—1。

表9—1　　安全设施的分类

安全设施类型	安全设施举例
预防事故设施	检测报警设施、设备安全防护设施、防爆设施、作业场所防护设施和安全警示标志等
控制事故设施	设置泄压和止逆设施、紧急处理设施等
减少与消除事故设施	防火灭火设施、紧急个体处置设施、应急救援设施、逃生避难设施、劳保用品和设备等

3. 安全技术管理制度

安全技术即为保证生产顺利、安全而采取的一定的技术措施。通过对安全技术的合理管理与运用，可有效改善班组工作条件，避免生产事故的发生，提高班组的生产效率。

4. 安全作业管理制度

安全作业管理制度是安全制度体系中的重要内容。它规定了班组人员在进行生产时的具体工作要求、详细操作规范以及应对事故的防护措施，具体包括工作证管理、安全环境管理、作业环节管理、安全交接管理、危险事故管理等内容。

5. 安全检查管理制度

为了确保班组安全制度的有效落实，必须对班组生产过程进行检查。安全检查的一般形式有定期安全检查、经常性安全检查、专业性安全检查和特定时间的安全检查。

6. 安全生产保障制度

安全生产保障制度是为了确保班组人员的生产安全，在生产作业前、作业过程中和生产作业后，对人员、设备、环境等进行逐项检查与分析，以保障生产作业的安全。生产环节的安全确认内容见表 9—2。

表 9—2　　生产环节的安全确认内容

生产环节	安全确认内容
生产作业前	◆班组长召开班前会议，说明生产作业的安全可靠性和潜在危险性，仔细检查班组成员的精神和身体状态，检查确认班组成员工服和安全防护用品是否穿戴齐全，提醒员工注意自身安全 ◆仔细检查确认设备、工具及安全防护装置安全，排除安全隐患 ◆仔细检查确认作业环境，注意安全警示标志和保证行走通道畅通
作业过程中	◆确认作业生产流程和操作规范，保证自己的行为不会伤害自己和他人，也不被他人伤害 ◆确认命令、指挥的通畅、准确，施行联系呼应确认制，即指挥者发出简单而明确的指令，被指挥者在重复无误后进行生产作业 ◆检查确认作业中设备和生产环境的安全，出现异常时立即联系有关人员，排除安全事故隐患
生产作业后	◆设备停车检修时，确认断电、断水、断料，悬挂警示牌，做好安全防护措施后，方可进行设备检修 ◆关闭所有操作按钮、切断电源、整理作业场地，确认无安全隐患后方可离开生产现场 ◆班组长检查确认所有班组人员的身心健康

7. 安全事故处理制度

在加强班组安全生产管理的同时，企业也应做好安全事故的处理准备工作，以保证员工的人身安全，降低或消除安全事故带来的损失。安全事故处理制度的基本内容如图 9—1 所示。

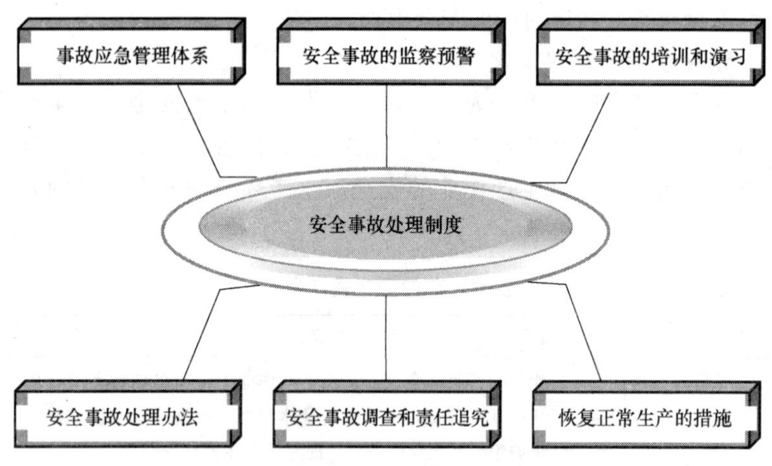

图 9—1 安全事故处理制度的基本内容

8. 安全生产考核奖惩制度

为了更好地执行班组安全生产制度，提高员工的安全生产意识，企业应制定安全生产考核奖惩制度，把对安全生产的检查作为员工绩效考核的一部分，进而增强员工的安全责任意识，调动其安全生产的积极性，有效避免安全事故的发生。

9.1.2 班组安全制度编写

班组安全制度是确保班组安全生产、安全防护措施正常实施以及安全事故及时处理的重要依据。企业应根据自身的安全需求，编制出符合实际情况并利于执行的班组安全制度。

1. 适用范围和编制人

（1）班组安全制度应适用于所有处于生产一线的班组安全管理工作。

（2）生产部和相关技术人员应负责班组安全制度的编写、修改工作。

2. 班组安全制度编写原则

（1）安全制度应遵守国家有关法律法规规定和公司相关制度政策。

（2）安全制度应立足现实，结合公司发展情况及工作实际条件和要求，做到切实可行。

（3）安全制度内容应简明扼要，结构严谨，逻辑性强，层次分明。

（4）安全制度内容应就事论事，做到一事一议、主题鲜明。

3. 班组安全制度编写内容

班组安全制度的编写内容主要包括安全责任制、安全管理规范以及安全作业规定。具体的内容见表9—3。

表9—3　　班组安全制度编写内容

编写内容	编写目的	编写要求	编写注意事项
安全责任制	◆明确企业领导、生产班组和其他相关人员的安全责任，提高其安全保护意识，增强其安全责任感 ◆明确相关人员的安全生产分工，保证安全生产制度的顺利实施，避免推诿责任、拖延安全生产工作	◆将安全生产全部责任、内容细分至所有相关人员 ◆相关人员的安全责任须与其实际工作内容和绩效考核办法相结合	◆合理确认安全生产责任人，避免责任人遗漏 ◆核对安全管理制度等相关制度规范，避免管理事项和职责错位或遗漏 ◆注意责任的合理安排、做到清楚明确，避免责任重复或遗漏及内容含糊不清等
安全管理规范	◆明确相关人员职责，规定安全生产管理规范 ◆规定生产安全事故的预防办法及措施，建立安全生产检查、预警、防护与处理体系	◆安全管理规范应依据国家法律法规要求与公司相关规定，结合公司发展情况编写 ◆安全管理规范应包含安全生产各方面的管理工作 ◆安全管理规范应具有科学性、可行性、时代性	◆安全管理规范的编写应注意语言规范得体、结构严谨、逻辑性强、主题鲜明 ◆安全管理规范的编写应紧密联系实际，注意管理规范的合理性和可行性

续表

编写内容	编写目的	编写要求	编写注意事项
安全作业规定	◆安全作业规定的编制是为了明确安全生产过程的操作规范，制定安全作业保障措施，说明安全作业防护办法，避免安全事故的发生	◆深入安全作业现场，收集各种安全作业资料，确保编写内容的有效可行 ◆明确规定工作证、作业环境、作业环节、作业交接等内容的管理办法	◆语言应通俗易懂，方便班组人员理解、运用 ◆规定内容应明确具体，切忌含糊不清

9.1.3 班组安全制度示例

安全生产检查是通过对人员、设备、防护措施的检查工作，来消除安全隐患、保证班组生产工作安全的重要环节。下面为某冶金企业的安全生产检查制度，供参考。

制度名称	安全生产检查制度	编　　号	
		执行部门	

第1章　总　　则

第1条　目的

为了更好地检查班组安全生产规定的执行情况，增强生产班组的安全生产意识，及时发现、消除安全隐患，保证班组的工作安全，根据公司有关规定，特制定本制度。

第2条　适用范围

本制度适用于公司所有生产班组的定期或不定期安全生产检查工作。

第3条　检查时间

1. 定期安全生产检查每年进行两次，具体检查时间为每年的__月__日—__日和__月__日—__日。

2. 不定期安全生产的检查时间根据班组生产的实际情况而确定。

第4条　职责分工

1. 安全生产的主管副总组织相关人员成立安全检查小组，负责班组的安全检查工作。

2. 班组人员应做好自我安全检查，同时积极配合安全检查小组的检查工作。

续表

制度名称	安全生产检查制度	编　　号	
		执行部门	

第 2 章　安全检查内容

第 5 条　检查班组管理情况

1. 检查班组人员的班组安全教育情况，查看其对安全生产的认识是否充分、责任感是否强烈。

2. 检查班组安全生产制度是否完整、齐全，是否有违反安全生产规定的行为。

3. 检查班组长是否重视安全生产管理，是否按安全生产管理规定进行管理工作，是否对违规操作人员进行处罚。

第 6 条　检查安全生产隐患

检查小组应对班组生产现场进行全面检查，查看安全生产记录，检验设备运行是否正常、防护设施是否完好齐全、工作环境和场地是否存在安全隐患等内容。

第 7 条　检查整改措施

检查小组应重点检查班组的安全隐患整改措施是否落实，整改效果是否达到预期目标，是否已经消除安全隐患等内容。

第 3 章　安全检查的实施程序

第 8 条　成立安全检查小组

安全生产主管副总组织生产部和技术部管理人员成立安全检查小组，制定安全检查的内容和标准，编制安全检查方案，对公司班组的安全生产情况进行定期或不定期的检查。

第 9 条　班组自我检查

班组人员根据公司规定的检查内容和检查标准，进行自我安全检查，初步发现并消除安全隐患。

第 10 条　实施安全检查

安全检查小组根据既定的检查内容和标准逐项对班组安全生产进行检查，指出存在的安全隐患并提出整改措施，对于严重的安全隐患应当场责令班组人员进行排除，同时做好检查记录。

第 11 条　总结检查结果

1. 安全检查小组汇总检查结果，按一定标准进行班组安全生产评比。

2. 安全检查小组整理检查和整改情况，编制安全检查报告，上报公司总经理审批。

第 4 章　安全检查结果的运用

第 12 条　进行班组奖罚

续表

<table>
<tr><td rowspan="2">制度名称</td><td rowspan="2" colspan="3">安全生产检查制度</td><td>编　号</td><td></td></tr>
<tr><td>执行部门</td><td></td></tr>
<tr><td colspan="6">安全检查小组根据各班组安全生产的检查评比结果及公司有关规定，对评比排名前三名和后三名的班组做出奖罚决定，并督促相关部门严格执行。
第 13 条　调整安全教育计划
安全检查小组应根据检查结果情况，适当调整下一阶段的班组安全教育计划。
第 14 条　参与绩效考核
人力资源部门应将此次检查结果作为班组人员考核的一项重要指标，为班组人员的奖金发放和职位升降提供参考依据。
第 5 章　附　　则
第 15 条　本制度由安全部门负责制定、修改和解释工作。
第 16 条　本制度经有关领导审批后，自发布之日起开始执行。</td></tr>
<tr><td>编制人员</td><td></td><td>审核人员</td><td></td><td>批准人员</td><td></td></tr>
<tr><td>编制日期</td><td></td><td>审核日期</td><td></td><td>批准日期</td><td></td></tr>
</table>

9.2　班组安全教育管理

9.2.1　班组安全教育形式

班组安全教育是班组安全生产管理的必要内容，可有效地预防班组安全事故，切实保证班组安全生产，培养安全技术专业人员，促进技术交流创新，降低或消除安全事故损失。一般而言，班组安全教育包括三级安全教育、特种作业教育和经常性安全教育三种教育形式。

1. 三级安全教育

三级安全教育是对岗前员工进行的一种基本安全教育制度，主要包括厂级安全教育、车间安全教育和班组安全教育。参加安全教育的员工必须认真学习安全生产技能、培养安全生产意识、及时正确有效地处理安全事故。

许多企业对三级安全教育不够重视，在实施过程中常存在某些问题，具体问题如图 9—2 所示。

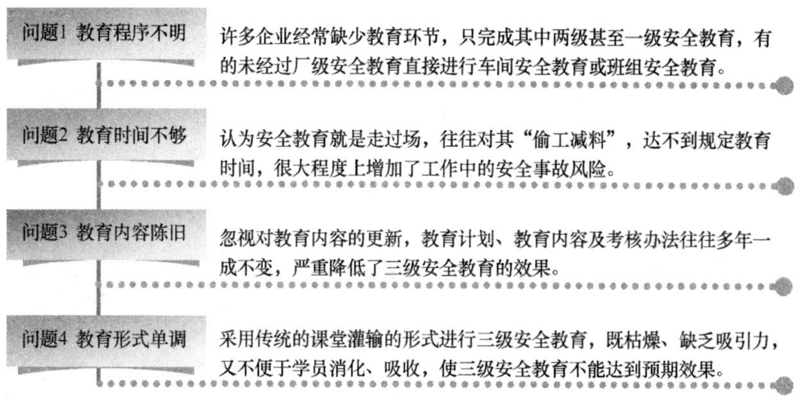

图 9—2 三级安全教育常见问题

2. 特种作业教育

特种作业教育是指企业针对接触较多不安全因素的特种作业人员（如从事电气、焊接、起重、司机、压力容器、锅炉等方面工作的职工）而进行的专业安全生产培训。

特种作业教育一般每年至少举行一次，采用脱产或半脱产的形式进行，教育结束后进行严格考核，合格后方能上岗工作。另外，在使用新工艺、新技术、新设备前也应按新的安全生产规程，对班组及相关人员进行特种作业教育。

3. 经常性安全教育

经常性安全教育是指企业在生产过程中自始至终、坚持不懈地对班组人员进行日常安全教育。企业应将经常性安全教育制度化、规范化，坚持做到班前布置、班中检查、班后总结。经常性安全教育的主要内容如图 9—3 所示。

图 9—3　经常性安全教育的主要内容

9.2.2　班组安全教育内容

一般而言，企业应从安全意识、安全知识技能、安全经验等方面对学员进行安全教育，具体教育内容包括安全思想、安全知识、安全技能、安全经验、事故案例、特殊安全六项。

1. 安全思想教育

安全思想教育是班组安全教育的核心和前提条件。安全思想教育可增强班组人员的安全生产意识和责任感，有效减少因主观因素引起的安全事故，降低安全事故损失。主要教育内容包括国家有关法律法规和相关政策，以及公司安全生产的相关制度规定等。

2. 安全知识教育

安全知识教育是班组安全生产的理论依据，主要的教育内容包括安全生产技术、设备操作和维护办法、防护用品和设备的使用方法、特殊危险作业安全知识以及安全事故处理办法。

3. 安全技能教育

安全技能教育是班组安全教育的重要手段。企业必须加强对班组人员安全技能方面的教育和训练，将知识转化为能力，在实践中不断纠正错误工作，领会和掌握操作要领，进而提高班组人员的安全生产技能。

4. 安全经验教育

安全经验教育是班组安全教育的重要保障。通过对班组人员进行安全经验教育，使安全教育内容更加贴近实际工作，了解安全生产中出现的各种问题，掌握安全事故解决方法。为更好地进行班组安全经验教育，企业应推行“单点课程”培训、安全生产活动等。

5. 事故案例教育

事故案例教育是班组安全教育不可或缺的环节。利用已经发生的安全事故作为反面教材进行安全生产教育，从而使班组人员更好地树立安全生产意识、总结经验、吸取教训，避免类似事故的发生。

6. 特殊安全教育

特殊安全教育是班组安全教育的重要补充。企业针对电气、焊接、锅炉、车辆驾驶、新设备使用等特殊岗位人员进行专业技能培训教育。通过特殊安全教育，企业可弥补一般性安全教育的遗漏，使班组安全教育更加全面、具体。

9.2.3　班组三级安全教育

1. 参加三级安全教育的人员

根据行业习惯和企业有关规定，临时工、培训和实习人员、新入职员工、调换岗位员工、“五新”（新产品、新技术、新工艺、新材料和新设备）员工等人员都必须参加企业安全教育培训。

2. 三级安全教育的内容

三级安全教育包括厂级安全教育、车间安全教育、班组安全教育。这三个级别的安全教育包含了思想教育、知识教育、技能教育和特殊安全教育等内容，具体教育内容见表 9—4。

表 9—4　　三级安全教育具体内容

教育类型	教育负责人	教育地点	教育内容
厂级安全教育	企业人力资源部门和安全生产部门	企业培训室	◆国家有关安全生产的法律法规 ◆企业安全生产的一般情况 ◆企业内部特殊危险部位、事项介绍 ◆一般机械设备安全知识 ◆事故预防的基本知识 ◆安全须知
车间安全教育	车间主管	车间	◆车间生产状况 ◆安全生产情况 ◆车间劳动纪律和作业规则 ◆车间危险部位、危险机电设施和尘毒作业情况 ◆安全注意事项 ◆必须遵守的安全生产规程
班组安全教育	班组长	班组	◆班组安全生产概括 ◆工作性质和职责范围 ◆机械设备的安全操作方法 ◆各种安全防护设施的性能和操作方法 ◆作业环境卫生和尘毒、特殊危险物品、危险机件的控制方法 ◆事故发生时的紧急救援措施和安全撤退路线

3. 三级安全教育的形式

三级安全教育的形式是多种多样的，总体来说主要有如图 9—4 所示的四种教育形式。

4. 三级安全教育的实施流程

企业在组织实施三级安全教育时，必须按顺序依次进行厂级安全教育、车间安全教育、班组安全教育，最后向考核合格的学员颁

1 观看视频、幻灯片

企业可以通过播放安全视频、幻灯片的方式，向学员生动形象地讲解安全教育内容。这样不仅能增加三级安全教育的吸引力，还能使安全教育更加贴近工作，增强了安全教育效果。

2 三级安全教育讲座

企业可以安排相关人员对安全生产中的常见问题进行专题讲解。安全教育讲座不仅增强了安全教育的针对性，提供学员和讲解人面对面交流的机会，也增强了安全教育效果。

3 建立安全教育实验室

企业根据实际情况建立安全教育实验室，将生产车间及设备按一定比例缩放，然后让学员进行模拟操作，教育人员现场进行指导、讲解，从而提高学员的实际操作能力。

4 安全教育活动

企业可适当组织安全教育活动，以增强学员的安全意识和安全教育效果。常见的活动类型有安全小品表演、竞赛、讨论、安全宣传资料展览等。

图 9—4　三级安全教育的形式

发合格证书，具体实施流程如图 9—5 所示。

- ◆ 人力资源部门以书面形式通知相关人员参加厂级安全教育。
- ◆ 安全部门严格按照厂级安全教育要求，对学员进行安全教育。
- ◆ 教育人员对学员进行厂级安全教育考核，并核算考核结果。

- ◆ 人力资源部门根据厂级考核结果，安排学员参加车间安全教育。
- ◆ 车间主管严格按照安全教育要求，对学员进行安全教育。
- ◆ 车间主管对学员进行车间安全教育考核，并核算考核结果。

- ◆ 人力资源部门安排通过车间安全教育考核的人员参加班组安全教育。
- ◆ 班组长严格按照班组安全教育要求，对参加教育人员进行安全教育。
- ◆ 班组长对学员进行考核，并核算考核结果。

颁发合格证

- ◆ 人力资源部门向通过全部考核的人员颁发三级安全教育合格证。
- ◆ 获得合格证的人员，持证上岗作业。
- ◆ 未通过考核的人员，根据企业有关规定重新接受安全教育。

图 9—5　三级安全教育实施流程

9.2.4　班组安全教育计划

班组安全教育是维持安全生产、降低安全事故损失的重要措施，为了保证班组安全教育的顺利实施，企业应根据国家相关法律法规规定，结合自身发展情况，合理制订班组安全教育计划。

1. 安全教育目的

班组安全教育是为了增强班组人员安全意识，提高其安全生产的知识与技能水平，从而保证人员和设备的安全，减少安全事故的发生，为企业的持续正常生产提供保障。

2. 安全教育分工

班组安全教育职责分工见表 9—5。

表 9—5　　班组安全教育职责分工

执行人员	职责分工
人力资源部门	◆负责班组人员的安全教育安排 ◆参与班组安全教育的考核工作 ◆负责班组安全教育考核后的颁证、登记等工作
安全部门	◆负责班组人员的厂级安全教育及其考核工作
车间主管	◆负责班组人员的车间安全教育及其考核工作
班组长	◆负责班组人员的班组安全教育及其考核工作 ◆负责班组的经常性安全教育工作
高级技术人员	◆参与班组人员的三级安全教育和经常性安全教育 ◆负责特种作业人员的培训

3. 安全教育时间安排

班组安全教育的时间安排见表 9—6。

表 9—6　　班组安全教育的时间安排

安全教育形式		时间安排	规定课时
三级安全教育	厂级安全教育	三级安全教育第 1 天，全天	8 h
	车间安全教育	三级安全教育第 2、3 天，全天	16 h
	班组安全教育	三级安全教育第 4、5 天，全天	16 h
特种作业安全教育		每年 1 月 5 日和 7 月 5 日，上午	4 h

4. 安全教育考核与应用

每次班组安全教育结束后，人力资源部门人员都应会同教育人员对班组人员进行教育结果考核。考核应采用笔试和实践操作相结合的方式，满分为100分，60分及格。

人力资源部门人员统计考核结果，为考核合格的人员颁发合格证，安排其持证上岗作业；对考核不合格的人员根据公司规定提出处罚意见，报有关领导进行审批。

9.2.5　班组安全教育评估

1. 评估的目的

为了检验班组安全教育培训的效果，企业应组织相关人员对班组安全教育进行评估。根据安全教育评估的反馈信息，分析安全教育的过程，筛选有效的安全教育方法，控制安全教育的支出，以利于提升下一次安全教育的效果。

2. 评估执行人员

企业应成立班组安全教育评估小组，由人力资源部门的相关人员以及安全生产部门的相关人员组成，共同完成班组安全教育的评估。

3. 评估的方法

班组安全教育评估小组可采用问卷调查法、书面检测法以及成分收益分析法等方法进行评估，具体的评估方法说明见表9—7。

表9—7　　评估方法说明

评估方法	具体说明
问卷调查法	◆评估小组可通过问卷调查的方法，了解被教育人员对本次安全教育的看法、认可情况、收获程度和意见建议 ◆问卷调查法方便简单、易于操作，但应注意问卷中的问题应以安全教育为中心，以及问题与评估指标间的联系
书面检测法	◆评估小组可设计安全教育测试题，通过被教育人员的答题情况，判断安全教育效果
成本收益分析法	◆评估小组应计算安全教育产生的效果价值及其费用，通过一定的计算方法判断安全教育的经济效益

4. 评估的内容

评估小组可根据柯克帕特里克的四层次评估理论，对班组安全教育进行评估。具体评估内容见表9—8。

表9—8　班组安全教育评估内容

评估层次	层次说明	评估方法
反应	班组人员对安全教育的满意程度	问卷调查法
学习	班组人员通过安全教育学到的知识和技能	书面测试法
行为	班组人员培训前后的行为变化	绩效评估
效果	班组安全教育对企业产生的积极影响	成本收益分析法

5. 安全教育评估报告

对安全教育评估结束后，应形成评估报告，以报告的形式向上级汇报。评估报告的内容见表9—9。

表9—9　安全教育评估报告的内容

评估报告结构	具体内容
安全教育培训主题	本次安全教育培训的主题
评估信息	评估时间和地点、主持人、参加人员、评估标准、评估方式等
安全教育培训信息	参加教育培训人员、部门及车间班组情况、人数、安全教育形式
评估内容	1. 安全教育对员工安全知识掌握的影响 2. 对员工工作质量的影响 3. 员工对技术规范、安全操作规程的执行情况 4. 员工解决安全问题的能力
存在的问题	总结本次班组安全教育中存在的问题
整改措施	针对安全教育中存在的问题，提出整改措施，以便在以后的安全教育培训中做出改善

6. 安全教育评估报告的运用

（1）评估信息反馈。企业有关领导应根据最终的评估报告，组织做好评估信息反馈工作，具体包括公布评估结果、与被教育人员进行面谈、改进下一步的安全教育计划等。

（2）总结经验。安全教育人员应参考评估结果，认真分析、总结班组安全教育过程，筛选有效的安全教育形式和方法，整理安全教育的内容，吸取安全教育经验与教训，不断完善班组安全教育。

9.2.6　班组安全教育档案

1. 安全教育档案建立须知

（1）安全教育档案为班组人员的安全教育记录依据。

（2）公司为每位班组人员都建有安全教育档案。关于档案中的员工基本信息，班组人员应如实填写。

（3）班组人员接受安全教育并考核合格后，应填写相关安全教育表单。表单交安全部门和人力资源部门审核后，存入安全教育档案中。

2. 安全教育档案的内容

班组安全教育档案主要包括员工基本信息、三级安全教育、班组长教育等内容，如图 9—6 所示。

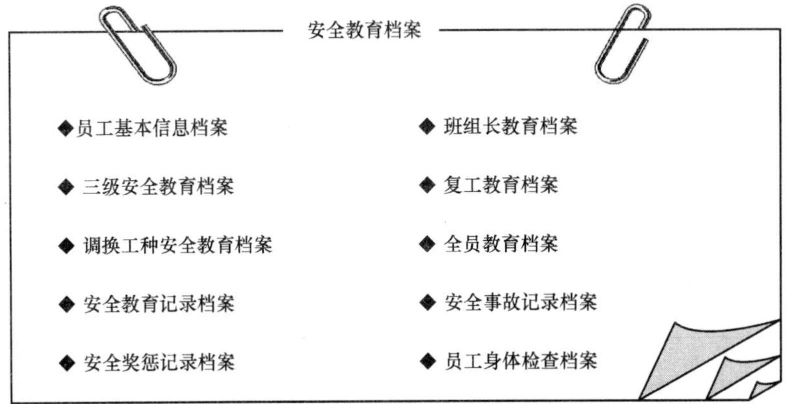

图 9—6　安全教育档案内容

3. 安全教育档案的建立和管理

班组长须对本班组成员的安全教育资料进行汇总整理，递交给档案管理人员。档案管理人员必须定期对安全教育的相关文件、检查资料、考核评估资料进行分类存档，并做好各类安全教育档案和资料的接收、管理工作。

安全教育档案的管理主要包括资料的归档，以及档案的保存、借阅、复制和保密工作，其具体的工作内容见表 9—10。

表 9—10　　安全教育档案管理

管理事项	工作内容
资料的归档	◆企业对于每个班组成员的教育培训都需进行记录 ◆记录的种类、格式应按国家、行业、地方和上级的有关规定确定 ◆专职或兼职安全资料员，需及时收集整理安全资料，并装订成册，进行归档保存 ◆安全资料员需按相关规定对安全资料进行标识、编目和立卷
档案的保存	◆安全资料员需将装订成册的安全资料装入档案盒内，放入资料柜 ◆资料柜应加锁，由专人管理 ◆年底将安全教育资料上交公司档案室保管，备查
档案的借阅、复制	◆因工作需要班组可查阅、借阅、复制档案 ◆借阅档案必须遵守阅档制度，维护档案的完整和安全 ◆档案不得遗失、污损、涂改、抽拆和转借
档案的保密	◆加强防范，做好档案室的保密工作，注意防止失密、失盗和火灾事故 ◆加强对档案室的管理，杜绝腐蚀、潮湿、霉变和虫蛀

第 10 章　班组安全文化建设

10.1　安全文化建设认知

10.1.1　安全文化形成的认知

安全文化的概念最早形成于 20 世纪 80 年代的国际核工业领域。安全文化是指企业员工对安全的认识、理解、态度以及对待风险的处理和行为准则，它是安全理念、安全意识以及在其指导下的各项行为的总称。

1. 安全文化的构成

班组安全文化主要是由班组安全理念、班组安全规范、班组安全形象以及班组安全活动组成。具体内容见表 10—1。

表 10—1　　班组安全文化的构成

构成要素	具体说明
班组安全理念	◆班组安全理念又称班组安全价值观，它是班组在安全认识上的反映和共识，是班组安全文化建设的核心内容，具体包括班组的安全方针、安全使命、安全原则、安全愿景以及安全目标等内容
班组安全规范	◆班组安全规范是班组安全文化建设的指导性文件，它包括针对班组中全体成员的作业行为所制定的安全行为规范、安全制度约束等内容
班组安全形象	◆班组安全形象在一定程度上体现班组安全文化，具体包括班组成员的安全行为形象、班组的安全环境形象以及安全工程形象
班组安全活动	◆班组安全活动是企业根据班组的实际作业情况，为了提高班组成员的安全意识，营造良好的安全文化氛围，定期组织开展的各种各样的安全活动

2. 安全文化的类型

班组安全文化可以根据不同的内容划分为基础安全文化和专业安全文化。基础安全文化是班组成员在日常工作中必须要掌握的最基本的安全文化；专业安全文化是根据班组所处的不同行业，为了实现安全操作、保证作业顺利进行所应掌握的安全文化。

（1）基础安全文化。班组成员所要掌握的基础安全文化的具体内容如图10—1所示。

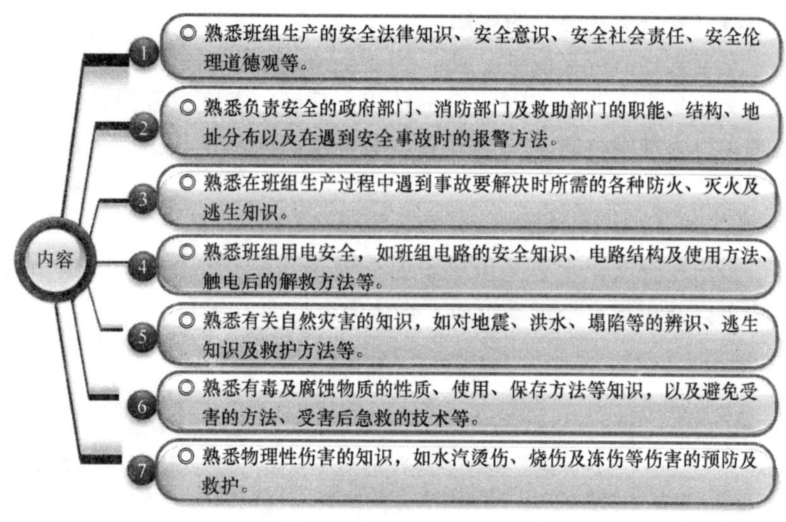

图10—1　基础安全文化的具体内容

（2）专业安全文化。班组活动涉及各行各业，不同行业的班组有着不同的安全文化建设需求，如冶金安全文化、煤矿安全文化、石化安全文化、交通运输安全文化、电力安全文化等。

冶金企业的专业安全文化主要包括与其他行业相同的安全文化内容，也包括该行业特有的安全文化内容，具体内容如图10—2所示。

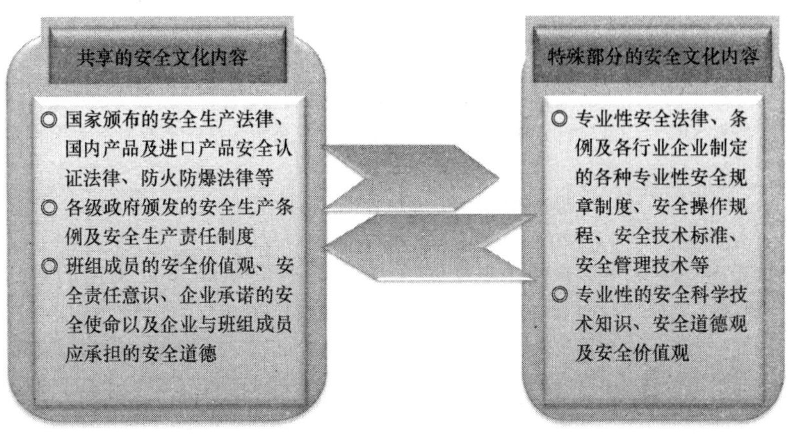

图 10—2 专业安全文化的具体内容

10.1.2 安全文化建设的作用

冶金企业安全文化建设的重点是班组，作为冶金企业的领导，有责任和义务帮助班组搞好安全文化建设的工作，作为冶金企业的班组，应熟悉、掌握班组安全文化的内容，充分认识到安全文化建设的重要性。

安全文化建设既包括对班组成员观念、知识的精神建设，也包括对班组设施、设备和环境的物质建设。班组安全文化建设具有指导、导向、凝聚、激励、约束、协调的作用。具体内容见表 10—2。

表 10—2 安全文化建设的作用

作用	具体说明
指导作用	◎通过班组安全文化的建设，可以调节安全生产的氛围，调动班组成员的安全生产积极性和主动性，增强班组成员的安全意识，帮助企业管理班组的日常生产作业
导向作用	◎通过班组安全文化的建设，可以引导班组成员安全行为的方向和规范性，增强班组成员的安全观念，提高班组成员的自我防护能力。同时，可以改善班组作业环境等

续表

作用	具体说明
凝聚作用	◎班组安全文化具有很强的凝聚力量，使得班组成员的观念、目标和行为等方面保持一致，建立起班组成员对企业安全文化的认同感
激励作用	◎通过班组安全文化的建设，使班组成员形成统一的思想意识，以及积极向上的工作氛围，激励班组成员积极地进行安全生产，改善安全工作的绩效
约束作用	◎通过班组安全文化的建设，使得安全理念、安全氛围和安全价值观形成对班组成员的约束，强化班组成员对安全文化的道德规范和行为准则，达到班组成员的自我约束
协调作用	◎通过班组安全文化的建设，使得班组成员对安全有共同的意识、价值观和观点，以便于班组成员之间的相互沟通和交流

10.1.3 安全文化建设的内容

班组安全文化建设是企业文化建设的重要组成部分，也是企业做好班组安全管理的思想基础和动力源泉。班组的安全文化建设工作主要包括安全理念文化的建设、安全制度文化的建设、安全行为文化的建设以及安全物质文化的建设。

1. 安全理念文化的建设

企业应在班组中建立“安全第一，预防为主”的安全理念，通过对班组成员的安全思想教育，以及对安全理念的宣传，提高企业班组长和班组成员对安全理念的认知度。具体内容如图10—3所示。

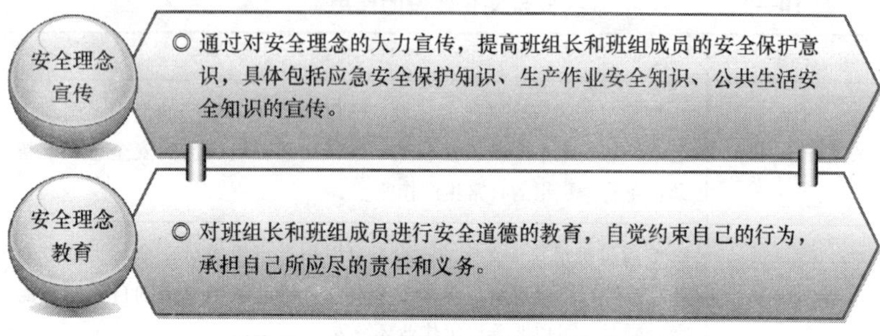

图10—3 安全理念文化建设的内容

2. 安全制度文化的建设

企业应建立完善、切实可行的安全制度，以解决班组安全管理上存在的问题，通过完善与班组成员作业行为相适应的安全规章制度和规范，以促进班组安全文化的建设。安全制度文化的建设主要包括以下两方面的内容，如图 10—4 所示。

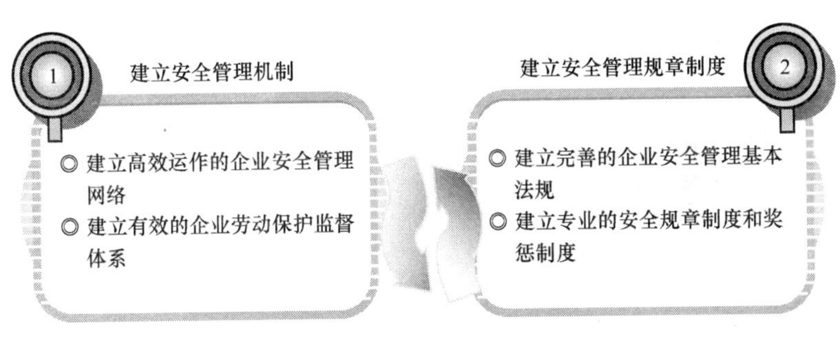

图 10—4　安全制度文化建设的内容

3. 安全行为文化的建设

企业应建立符合安全道德观念的安全行为文化，通过宣传和教育，提高班组长和班组成员的行为素质，以养成良好的安全作业习惯。安全行为文化的建设包括以下内容。

(1) 通过安全培训使班组长和班组成员掌握安全知识，以及各种安全操作技能。

(2) 班组长应监督班组成员严格按照安全行为文化要求进行生产作业。

4. 安全物质文化的建设

企业应建立稳定的、标准的安全物质文化，具体内容包括作业环境安全、生产过程安全以及设备使用安全三个方面。具体内容如图 10—5 所示。

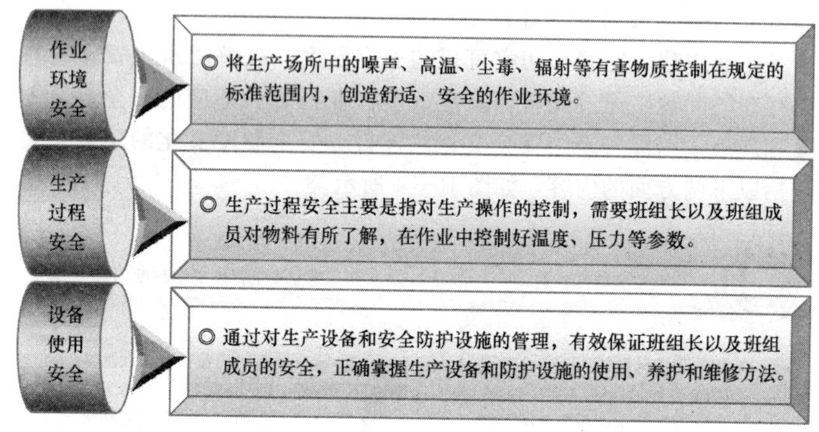

图 10—5　安全物质文化建设的内容

10.2　安全文化建设实务

安全文化是企业文化的重要内容，在冶金企业的班组安全管理中，用以规范冶金企业班组长及班组成员的安全行为。通过班组安全文化的建设，减少因人为因素导致的各种事故，从而达到维持与提高冶金企业安全水平的目的。

10.2.1　安全文化建设的筹划

班组安全文化建设是做好班组安全管理的关键，影响着企业的生产经营和发展。对于安全文化建设的筹划，企业相关部门应对其进行相应的调查研究，制定出一套符合企业实际的班组安全文化体系。

1. 安全文化建设筹划的内容

一般情况下，企业筹划班组的安全文化建设时，可将重点筹划的内容分为以下两个方面：一是国家的相关政策法律法规条例等政策理论性指导层和企业的各项规章制度指导层；二是具有企业班组特点的安全文化及具体的实施内容。具体内容如图 10—6 所示。

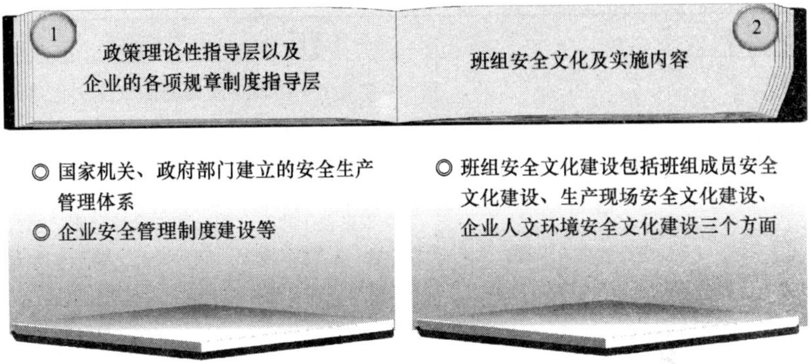

1 政策理论性指导层以及企业的各项规章制度指导层

◎ 国家机关、政府部门建立的安全生产管理体系
◎ 企业安全管理制度建设等

2 班组安全文化及实施内容

◎ 班组安全文化建设包括班组成员安全文化建设、生产现场安全文化建设、企业人文环境安全文化建设三个方面

图 10—6 班组安全文化建设筹划的内容

2. 安全文化建设筹划的步骤

企业在进行安全文化建设时，可针对企业安全文化建设的现状，筹划建设多方位、多角度、多层次的安全文化体系。安全文化建设筹划的步骤见表 10—3。

表 10—3 安全文化建设筹划的步骤

阶段	具体实施	
安全文化建设规划阶段	评估安全文化现状	◎组织调研人员和专家对企业安全文化现状进行客观、系统的评估，寻找具有特色的安全文化，分析出不利于企业安全文化建设的问题和因素，并提出解决的思路和建议
	安全文化建设规划	◎根据安全文化现状的评估结果，结合企业的班组生产实际情况及未来的战略发展规划，为企业设计安全文化建设规划
	设计安全文化手册	◎结合企业的安全生产管理特点和安全理念，设计企业的安全文化手册

续表

阶段	具体实施	
安全行为规范阶段	完善安全管理制度	◎结合上一阶段中所编制的安全文化建设规划及安全文化手册，对企业目前的安全管理制度进行梳理和完善
安全文化宣传教育阶段	设计安全宣传教育体系	◎根据企业的安全理念和安全价值观，通过安全宣传、安全教育、行为规范、警示告知等表现载体，在各班组现场建立安全文化氛围
	设计安全培训体系	◎按照国家以及该行业发布的安全培训大纲，结合班组中各岗位的实际情况，进行培训大纲和安全培训教材的修编
安全文化形成阶段	安全文化建设总结	◎结合各种成果对安全文化建设进行总结，并编写“企业安全文化建设总结报告”

10.2.2 安全文化建设的途径

班组安全文化建设是通过各种载体、手段或有效形式，将最新的安全管理理念、安全管理制度以及安全行为规范，融入或渗透到企业班组成员的思想中，使班组成员树立起正确而牢固的安全意识和价值观，营造班组安全文化的氛围。

企业为了创造出一个良好的班组安全文化氛围，应通过以下途径进行安全文化建设。

1. 严格执行安全文化建设目标

企业根据实际的生产经营情况，制定和执行班组的安全生产目标。班组长及班组成员为了完成企业制定的班组安全生产目标，会不断地学习和领会安全生产知识，提升自身的安全生产意识，并且认真地贯彻和执行，以推进班组的安全文化建设。班组安全文化建设的目标如图 10—7 所示。

2. 提升班组长安全管理能力

班组长安全文化素质的高低影响着企业班组安全管理的水平。

增强安全意识	◎ 班组长及班组成员的安全意识有所提高。 ◎ 树立正确的安全意识、态度与价值观，正确处理安全、发展、效益的关系。
树立安全制度观念	◎ 增强法制观念，自觉遵章守纪，严格执行规程，按章操作。 ◎ 健全安全文化制度，减少“三违”和受伤事故发生率。
规范安全操作行为	◎ 对班组进行安全培训、安全宣传与教育。 ◎ 规范班组成员的操作行为，提高劳动技能，减少错误操作或不规范作业。
改善生产作业环境	◎ 改善生产环境，提升安全管理水平。 ◎ 对安全管理过程进行考核，减少或杜绝安全隐患。
营造安全生产氛围	◎ 减少事故发生率。 ◎ 营造班组安全氛围，使班组成员拥有安全感和归属感。
形成工作活力	◎ 持续班组工作活力，有效调动班组成员的积极性、执行力。 ◎ 丰富班组成员的安全文化知识，提高安全文化水平。
塑造班组团队形象	◎ 形成安全效益型班组、安全质量型班组、安全创新型班组、安全学习型班组等独具特色的班组，逐渐树立起良好的企业形象。

图 10—7　班组安全文化建设的目标

作为企业班组安全的负责人，班组长要不断地丰富和充实自己的安全知识，积极地参加企业组织的各项安全文化活动，加强对安全文化的学习和实践。

通过提升班组长的安全文化意识，培养班组长具备以下三种能力：一是在生产过程中对危险因素的预知预防能力，二是紧急处置安全事故的能力，三是组织班组生产以及协调班组生产的能力。提升班组长安全管理能力的措施如图 10—8 所示。

3. 积极开展班组安全文化活动

通过积极开展安全文化活动，加强企业班组安全生产的宣传和

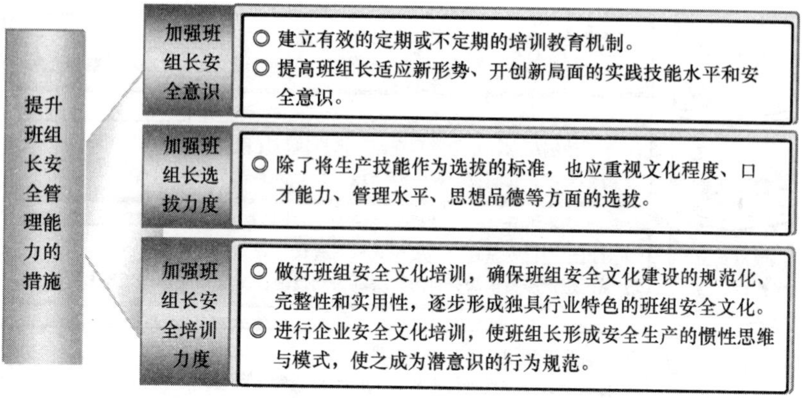

提升班组长安全管理能力的措施

加强班组长安全意识	◎ 建立有效的定期或不定期的培训教育机制。 ◎ 提高班组长适应新形势、开创新局面的实践技能水平和安全意识。
加强班组长选拔力度	◎ 除了将生产技能作为选拔的标准，也应重视文化程度、口才能力、管理水平、思想品德等方面的选拔。
加强班组长安全培训力度	◎ 做好班组安全文化培训，确保班组安全文化建设的规范化、完整性和实用性，逐步形成独具行业特色的班组安全文化。 ◎ 进行企业安全文化培训，使班组长形成安全生产的惯性思维与模式，使之成为潜意识的行为规范。

图 10—8　提升班组长安全管理能力的措施

教育，使得班组长以及班组成员认同安全生产观念，掌握安全生产知识，规范安全行为。班组安全文化活动主要包括以下十种，具体的内容见表 10—4。

表 10—4　　班组安全文化活动的种类

活动类型	具体说明
事故防范活动	◎事故防范活动主要包括事故告示活动、事故报告会、事故祭日活动、事故保险对策、安全经济对策、风险抵押制等活动
安全技能演习	◎安全技能演习包括灭火技能演习、火灾应急技能演习、爆炸应急技能演习以及泄漏应急技能演习等
安全宣传活动	◎发布安全文件、举办安全大会 ◎在车间班组中悬挂安全宣传图标，设置标志，如禁止标志、警告标志、指令标志 ◎通过宣传墙报，将安全知识、事故教训宣传出去
安全教育活动	◎重视班组中新职工和换岗职工的安全教育工作 ◎执行班组成员日常的安全生产作业教育工作 ◎关注高危岗位职工的安全教育工作等

续表

活动类型	具体说明
安全管理活动	◎应用各种法规、条例、规范等进行安全管理 ◎在安全教育、安全制度建设、安全技术推广等方面进行目标化管理 ◎系统地对班组中人员、设备、环境进行安全分析及制定事故预防对策 ◎对安全隐患进行辨识、分析、管理、控制 ◎对工作车间和现场班组成员的生产行为进行定置管理，以及采取其他的安全管理方法，如“5S”管理、事故判定技术、危险预知活动等
安全文艺活动	◎安全文艺活动主要包括安全竞赛活动、安全生产周（月）、安全演讲比赛、班组现场安全警告会
安全科技建设活动	◎对车间、班组、岗位进行安全标准化作业建设，如防火、防毒、防电、防尘等 ◎针对特殊岗位进行全方位安全建设，对班组现场人员和设备进行安全研究、分析 ◎对可能发生的火灾、爆炸、泄漏、中毒等事故和危急事件设计应急救援方案 ◎对生产技术及工艺中存在的隐患进行改造和整治
安全检查活动	◎安全检查活动主要包括设备安全性检查、操作过程安全性检查、岗位交接班安全检查、安全管理效能检查以及岗位责任制检查等
安全报告活动	◎安全报告活动主要包括安全汇报会等活动
安全审评活动	◎对安全宣传、安全教育、安全环境等进行全面评价 ◎对安全生产先进班组、车间、个人进行表彰、奖励等

安全文化活动可通过活动内容、活动目的、活动对象、组织部门、关键点等来表达。在实际的安全文化活动中，各班组可根据自身的特点采用定期或不定期的组织方式进行。

4. 重视安全文化建设基本要求

企业在进行安全文化建设时，要严密监督该工作的进程，重视安全文化建设的基本要求。冶金企业的安全文化建设，既强调向社会做出全体员工的安全承诺，又注重企业内部对员工的安全行为规范。

安全文化建设的基本要求如图 10—9 所示。

1. 安全承诺

◎ 安全承诺，即企业公开向社会做出的企业全体员工的安全承诺。安全承诺包含安全价值观、安全愿景、安全使命等内容。

2. 行为规范

◎ 班组长应积极配合部门经理，根据成员意见，参与行为规范的订立工作。
◎ 班组长督促班组成员的行为规范，以实现安全目标。
◎ 班组成员应自觉按规范作业，对于危险性作业应严格按照审批程序执行。

3. 宣传教育培训

◎ 加强对班组成员的安全宣传教育培训，不断向员工灌输安全知识、事故经验与教训。
◎ 要求班组长及班组成员积极参加安全文化活动。

4. 自主学习创新

◎ 班组长及班组成员应自主学习安全文化知识，确保能胜任本职工作。
◎ 班组安全文化建设需与时俱进，根据班组成员的特点，不断研究作业中的新情况、新问题，制定新思路、新办法，不断丰富发展班组安全文化的内容。

5. 突出特色

◎ 班组应根据自己的特色，将安全文化建设与本班组的优势、特点结合起来。
◎ 将班组日常安全管理工作与安全文化建设有机结合起来，建设具有班组特色的安全文化。

6. 评估与改进

◎ 定期对安全文化建设的成果进行评估，提出完善的措施或方案，持续改进，提高安全绩效。
◎ 班组安全文化建设需要长期坚持，才能使班组成员形成共同的价值标准、思维方式和行为规范。

图 10—9 安全文化建设的基本要求

10.2.3　安全文化建设的方法

安全文化建设影响企业班组成员的安全生产，保障企业安全生产和长远发展。结合上述安全文化建设在筹划时所要考虑的方面，以下将介绍班组安全文化建设的方法。

1. 班组成员安全文化建设的方法

班组成员的安全文化建设主要包括12种常用方法，如图10—10所示。

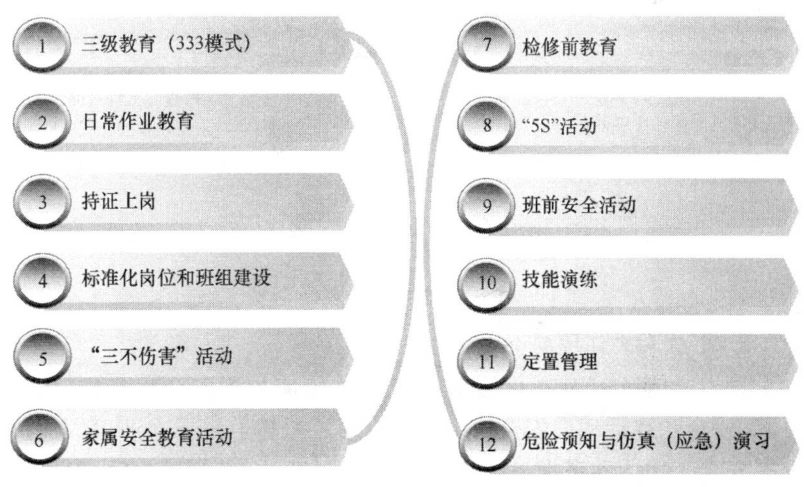

图10—10　班组成员安全文化建设的方法

2. 生产现场安全文化建设的方法

在生产现场安全文化建设中，传统的安全文化建设方法有安全标语（旗）、安全标志（禁止标志、警告标志、指令标志）、事故警示牌等。而现代的生产现场安全文化建设方法有六点，如图10—11所示。

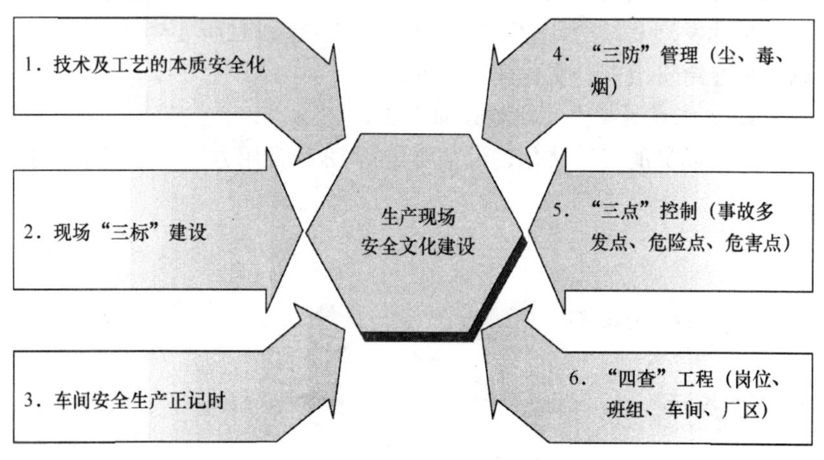

图 10—11　生产现场现代安全文化建设的方法

3. 企业人文环境安全文化建设的方法

班组的传统安全文化活动有安全宣传墙报、安全生产周（日、月）、安全竞赛活动、安全演讲比赛、事故报告会等。企业可以通过开展安全文化活动来推进企业安全管理制度的落实和提高班组成员安全意识的水平。

除了传统的人文环境安全文化活动外，还有一些现代的安全文化建设方法，如安全文艺活动、安全文化月、安全宣传工程等活动。

10.2.4　安全文化建设的流程

以下是某冶金企业的班组安全文化建设流程，供参考。

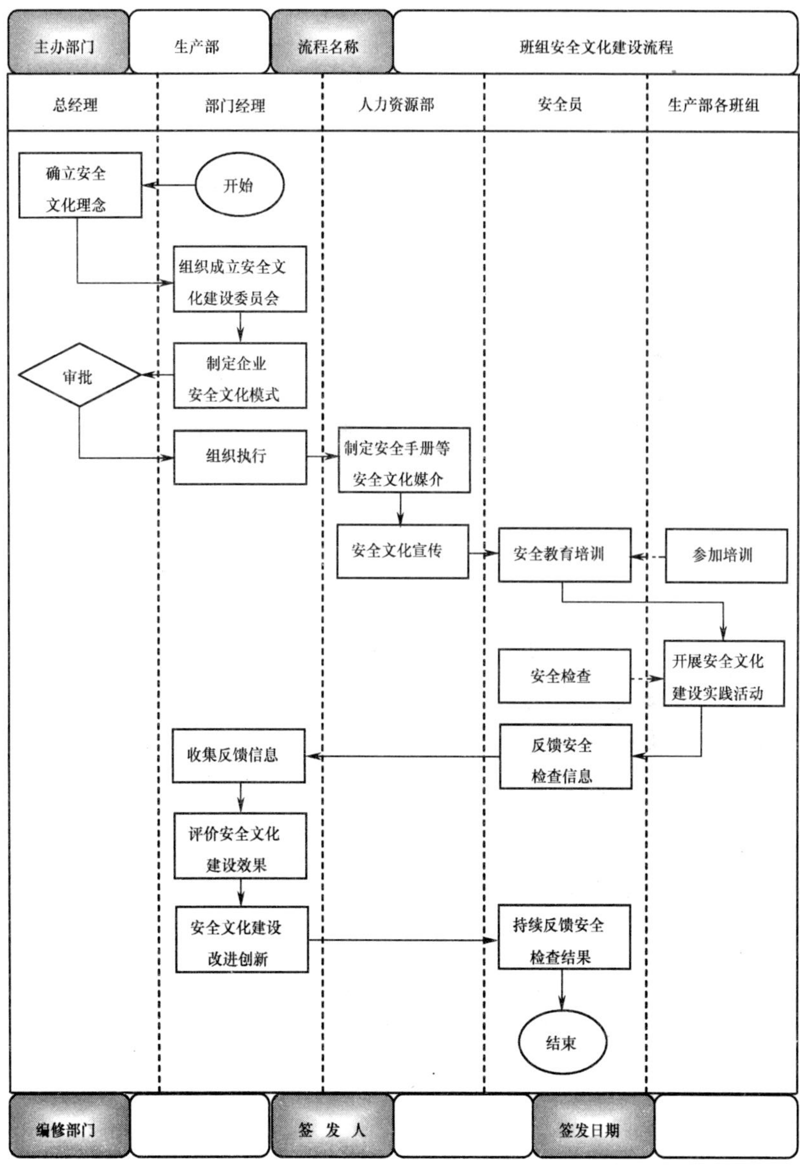
主办部门
生产部
流程名称
班组安全文化建设流程
总经理
部门经理
人力资源部
安全员
生产部各班组
确立安全文化理念
开始
组织成立安全文化建设委员会
审批
制定企业安全文化模式
组织执行
制定安全手册等安全文化媒介
安全文化宣传
安全教育培训
参加培训
安全检查
开展安全文化建设实践活动
收集反馈信息
反馈安全检查信息
评价安全文化建设效果
安全文化建设改进创新
持续反馈安全检查结果
结束
编修部门
签 发 人
签发日期

10.2.5 安全文化建设的示例

1. 班组安全文化建设活动管理办法

以下是某冶金企业的班组安全文化建设活动管理办法，供参考。

<table>
<tr><td rowspan="2">制度名称</td><td rowspan="2">班组安全文化建设活动管理办法</td><td>编　　号</td><td></td></tr>
<tr><td>执行部门</td><td></td></tr>
<tr><td colspan="4">
第1章　总　　则
第1条　目的
为进一步规范员工行为，提高员工整体素质和安全管理水平，建立安全生产的长效机制，创建具有本企业特色的安全文化，特制定本办法。
第2条　适用范围
本管理办法适用于本企业安全文化建设活动的策划准备、实践以及考核工作。
第2章　安全文化建设活动的基本理论
第3条　指导思想
坚持以人为本、平安和谐的原则，从构建安全理念文化、制度文化、行为文化、安全环境文化出发，强化员工教育和培训，规范员工行为，加强安全生产环境整治和质量标准化建设，提高管理水平，形成“珍爱生命，关注安全”的安全文化氛围，为企业的安全、和谐、发展提供强大的精神支柱。
第4条　公司安全管理理念
安全思想到位，领导作风到位，制度措施到位，责任落实到位，考核到位，现场管理和技术管理到位，安全监督检查到位。
第5条　基本原则
1. 坚持“安全第一、预防为主、综合治理”的安全生产方针，转变和提升员工安全观念。
2. 坚持“团结，稳定，正面宣传为主”，以多样化的宣传形式，大力营造有利于安全工作的舆论氛围。
3. 坚持贴近实际、贴近基层、贴近员工，推进安全文化创新，引导安全行为，强化班组员工对安全理念的理解和认同，全面提高各班组员工的安全文化素质。
第3章　安全文化建设活动的实施
第6条　建立安全文化建设活动领导小组
由部门经理、车间主任以及班组长组成安全文化建设活动领导小组，主要负责安全文化建设活动的组织实施工作，各部门及车间班组做好配合工作。
第7条　开展安全文化活动
</td></tr>
</table>

续表

<table>
<tr><td rowspan="2">制度名称</td><td rowspan="2">班组安全文化建设活动管理办法</td><td>编　号</td><td></td></tr>
<tr><td>执行部门</td><td></td></tr>
<tr><td colspan="4">1. 活动领导小组成员认真学习公司发布的相关安全文件，并结合各班组的实际工作情况，讨论并制定出安全文化建设实施方案和安排，经总经理审批，下发活动通知。
2. 活动领导小组加强对安全文化活动的组织领导，广泛发动员工参与，积极有序地开展安全文化系列活动。
3. 各班组成员需积极参与企业组织的各项安全文化建设活动，通过参与活动，全面提高自身的安全文化素质，形成良好安全文化理念。
第 8 条　安全文化宣传
1. 宣传部应加强安全文化宣教活动，积极组织各部门员工安全学习、安全培训活动。
2. 宣传员应注重宣传队伍人员培养，积极向相关媒体发送稿件，宣传安全生产知识。
3. 各班组成员应认真学习企业相关安全生产的文件及规定、公司及部门有关安全生产制度及措施，增强自身安全意识，规范安全行为，确保安全生产。
第 4 章　安全文化建设的考核
第 9 条　考核范围
公司设立安全文化建设基金，对各班组安全文化建设活动进行考核与奖励。
第 10 条　考核办法
1. 奖励。公司每季度对各班组安全文化建设活动总得分进行考核，对在班组安全文化建设活动中有突出表现的员工给予适当奖励。对在考核中取得前两名的员工进行奖励，第一名__元，第二名__元。
2. 处罚。按部门进行考核，对连续两次考核得分后两名的班组，按照第一名、第二名的奖励标准进行对等处罚。
第 5 章　附　　则
第 11 条　本办法由作业部门经理制定，自颁布之日起开始实施。
第 12 条　本办法的修订和解释由作业部门经理负责，报总经理审批通过后开始生效。</td></tr>
</table>

编制人员		审核人员		批准人员	
编制日期		审核日期		批准日期	

2. 班组安全文化建设活动方案

以下是某冶金企业的班组安全文化建设活动方案，供参考。

<table>
<tr><td rowspan="2">方案名称</td><td rowspan="2">班组安全文化建设活动方案</td><td>编　　号</td><td></td></tr>
<tr><td>执行部门</td><td></td></tr>
<tr><td colspan="4">为切实做好冶金企业的安全文化建设，加强各班组长及班组成员的安全文化意识，将安全、责任、荣誉结合在一起，确定企业的安全价值观，经研究决定举办本次安全文化建设活动。
一、安全文化建设组织结构
为了确保安全文化建设活动能够持久地开展下去，经企业总经办研究成立安全文化建设委员会。
1. 主任：1名（工厂经理）。
2. 副主任：3名（2名部门经理、1名安全员）。
3. 成员：由各车间主任、各班组安全员、宣传员、组织员等组成。
以上人员负责企业各种安全文化建设活动的组织和宣传，负责企业安全文化建设活动方案的贯彻与落实，各部门、各车间做好配合与动员工作。
二、安全文化建设活动内容
1. 学习各种规程、制度、条例、安全文件、安全管理制度、安全责任制、季节性安全措施计划和制订实施计划。
2. 上级下发的事故通报和典型事故的调查分析。
3. 生产安全规程、安全技术措施知识考试及问答。
4. 每月安全情况分析。
5. 各种安全检查，事故演习。
三、活动时间
采取定期或不定期的方式，每次灵活确定活动时间。
四、参加人员
根据安全文化建设活动范围确定参加人员，是工厂全部员工或部分员工，或班组全部成员。
五、安全文化建设活动部署
（一）筹划和宣传落实阶段
1. 制定活动方案。经质量管理部门拟定、安全文化建设委员会审核、总经理批准后，方可实施。
2. 宣传教育。公司召开动员大会，班组长以上管理人员参加，各部门及各班组做好本部门及本班组的宣传教育工作。</td></tr>
</table>

续表

<table>
<tr><td rowspan="2">方案名称</td><td rowspan="2">班组安全文化建设活动方案</td><td>编　　号</td><td></td></tr>
<tr><td>执行部门</td><td></td></tr>
<tr><td colspan="4">3. 落实活动计划。各班组根据制定的活动方案，贯彻落实活动计划及各项工作任务，有效地开展活动。
（二）实施和检查阶段
1. 按照活动方案，各班组负责实施并有效地完成活动计划。
2. 质量管理部负责对实施工作进行全过程跟踪检查，定期公布完成情况。
（三）总结和评估阶段
1. 各班组负责安全文化建设的总结，由质量管理部负责收集汇总。
2. 公司组织相关职能部门，对各班组实施的活动效果、完成情况进行评估，并将评估情况提交安全文化建设委员会审议。
3. 公司召开总结大会，通过总结本年度安全文化建设方面的经验，筹划下一年度的安全文化建设活动方案，报公司安全文化建设委员会审批。
六、安全文化建设活动反馈与改进
（一）采纳成员反馈建议
1. 以班组为单位，设立意见征集簿，积极采纳班组成员对安全文化建设活动的合理化建议。
2. 对提出合理化建议的员工进行奖励。
3. 健全安全监督机构，配备专职监督人员。
4. 每周进行一次安全巡查，建立和完善安全检查台账，积极发现问题，认真督促落实。
（二）活动措施跟踪改进
对于征集的合理化建议，安全文化建设委员会进行讨论后可予以采纳，对安全文化建设活动的实践与开展方案进行改进，为下次活动有更好的效果做准备。</td></tr>
</table>

编制人员		审核人员		批准人员	
编制日期		审核日期		批准日期	

10.2.6　安全文化建设的经验

冶金企业的安全文化建设还在不断探索中，主要表现在安全理念的确立、安全管理机制的创新、安全管理制度的建设、员工安全素质的提升等方面。安全文化建设的一些好的经验也不断涌现。以下是冶金企业在安全文化建设中的部分经验，以供读者学习和借鉴。

1. 结合实际建设安全文化

冶金企业在筹划安全文化建设时，应结合企业自身的现状以及内外部发展环境，将安全文化建设作为建立安全性企业、提高企业整体安全素质以及综合竞争力的重要手段来构建企业的安全文化体系。企业结合实际情况建设安全文化需注意的要点如图 10—12 所示。

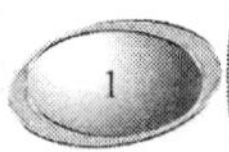

◎ 冶金企业安全文化建设须结合企业的总体经营规划和各阶段的安全生产情况，制定各阶段的安全生产目标。

◎ 冶金企业安全文化建设须结合完善的企业基本制度与政策，逐渐形成有冶金企业特色的安全行为准则、安全管理模式。

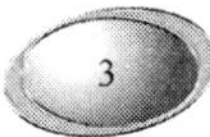

◎ 冶金企业安全文化建设须结合企业形象塑造和企业品牌建设，共同推进、共同提高。

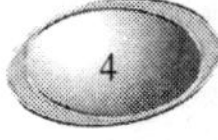

◎ 冶金企业安全文化建设须结合企业各阶段的生产经营目标，做到安全文化建设和生产经营的共同发展。

◎ 冶金企业安全文化建设须结合各种安全活动展开，以各种安全活动为载体，促进安全文化建设。

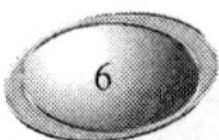

◎ 冶金企业安全文化建设须结合安全教育和安全培训工作，使班组长和班组成员不断接受安全教育，提高综合素质。

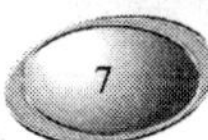

◎ 冶金企业安全文化建设须结合安全生产的需求进行，不断引进先进的安全文化，实现员工对企业安全价值观的认同。

图 10—12　企业结合实际情况建设安全文化需注意的要点

2. 树立企业的安全理念

判断安全文化建设是否符合企业的要求，首先要看该企业的安全文化建设是否有安全理念的引导。企业在建设安全文化时，应树立正确的安全理念，以处理安全与生产、安全与质量之间的关系。企业在树立安全理念时应做到以下几点，具体内容如图 10—13 所示。

提出安全愿景

◎ 冶金企业的安全愿景：坚持“管理、宣传、培训”并重的原则，全面提升班组长及班组成员的安全意识和能力，塑造安全型冶金企业。

明确三大要素

◎ 冶金企业在树立安全理念时，应明确行为、状态和责任三大要素。

行为：突出班组长及班组成员在安全生产中的地位，规范他们在生产各环节中的行为。

状态：突出设备、物资、人员在生产过程中的状态，提升设备技术水平，改善作业环境。

责任：突出班组长及班组成员在生产过程中的责任。

完善教育培训

◎ 构建安全教育网络，使班组长及班组成员树立安全行为意识。

◎ 注重理论联系实际，更新安全理念，提高安全技能，使安全培训有较强的科学性、时效性。

图 10—13　树立企业安全理念的要点

3. 构建和完善安全文化机制

冶金企业在建设安全文化时，仅靠安全理念还不够，还需要建立有效的安全文化管理机制和完善的安全文化管理制度。图 10—14

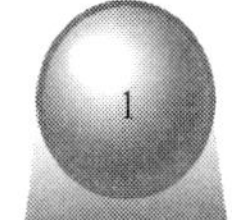

◎ 对安全文化机制进行系统整合，形成精确的安全文化体系，做到标准、行为、管理、监督检查、考核奖惩、事故识别、安全信息等方面的精确化。

◎ 健全完善安全规章制度，规范冶金企业班组安全管理和操作行为、安全行为制度、安全状态制度以及安全责任制度。

◎ 以安全观念为载体，落实班组长及班组成员的安全责任，增强员工的安全意识，规范操作行为，构建责任、管理、流程、现场、作业、安全为零的安全定位运行机制。

图 10—14　构建和完善安全文化机制的要点

列出了一些构建和完善安全文化机制的要点，以供读者参考。

4. 强化安全文化执行力

安全文化建设与清晰明确的责任要求是相关的。班组长作为班组生产现场的第一责任人应鼓励和奖励良好履行安全责任的员工，对于履行职责不到位的员工应给予相应的惩处。这样才能强化安全文化的执行力。企业在强化安全文化执行力时应做到以下几点，如图 10—15 所示。

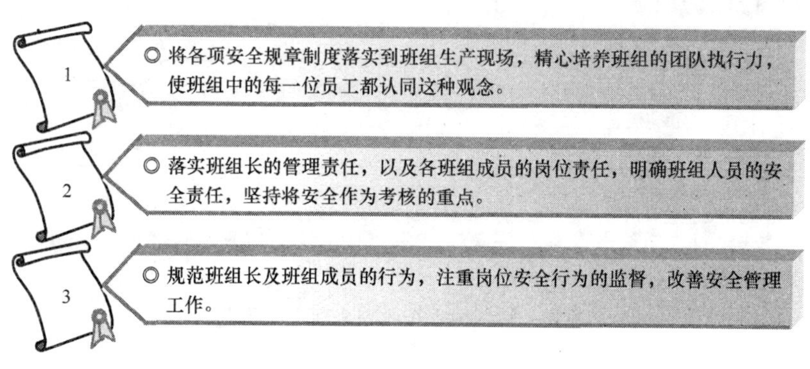

图 10—15　强化安全文化执行力的要点

第 11 章　班组安全生产体系

11.1　安全生产保证体系

11.1.1　安全生产保证体系的构成

安全生产保证体系是以安全生产为目的，按规定要求去开展安全管理工作的一个系统整体。其主要的内容包括组织结构形式、活动内容、过程控制，以及配备必要的人员、资金、设施和设备等。

1. 建立安全生产保证体系

企业可根据作业环境的具体情况，建立健全符合本企业特点的安全生产保证体系，并形成安全体系文件。班组安全人员作为一线的安全生产管理者，需了解保证体系的构成。安全生产保证体系的构成如图 11—1 所示。

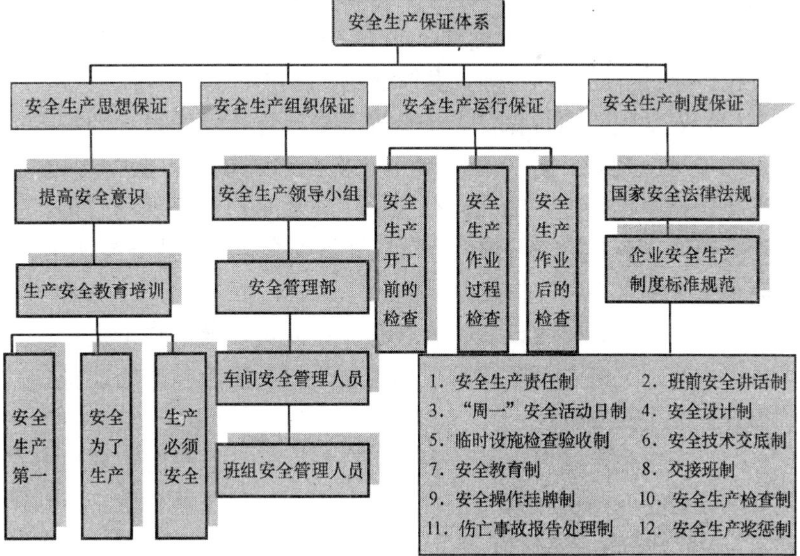

图 11—1　安全生产保证体系的构成

2. 安全生产保证体系的内容

安全生产保证体系主要包括安全生产思想保证、安全生产组织保证、安全生产运行保证、安全生产制度保证四项内容。班组长需了解保证体系的各相关内容。

(1) 安全生产思想保证。安全生产思想保证主要是指提高员工的安全意识，进行职工安全教育。安全生产领导小组需进行安全思想、安全纪律教育和考核，切实有效建立全体员工“安全第一”的意识，杜绝冒险作业、侥幸作业和对安全问题麻木不仁等行为。

安全管理部可结合企业安全生产工作开展有针对性的竞赛和宣传活动，落实职业安全和职业健康监督、检查。若发现存在侥幸心理，不愿认真进行整改的现象，可以及时向安全监督部门汇报，请安全监督部门协助督促企业整改。

(2) 安全生产组织保证。企业需根据国家和上级安全生产的方针政策、法律、法规和企业的生产实际，健全安全生产责任制，配置相应组织机构和岗位，做到事事有人管，对安全生产实行全员、全方位、全过程的闭环管理，发挥激励机制作用。

(3) 安全生产运行保证。企业安全生产运作保证系统的主要内容是加强班组建设，健全班组规范化安全管理机制，实行规范化、标准化、程序化管理，提高运行检修工作质量；严格现场管理，强化安全纪律，有效治理习惯性违章；开展安全技术、业务技能培训，提高员工技术水平和防护能力。

同时，配置必要的设备、装备和专业人员，确定整个生产过程中重点内容、关键点及危险部位的控制手段、措施并严格实施，以确保企业的生产安全性。

(4) 安全生产制度保证。企业生产制度保证系统的主要内容是建立和完善企业的各项规章制度，实行安全生产法制化管理；从严要求，从严考核，杜绝“有法不依、执法不严”，认真执行“三不放过”原则，用重锤敲响警钟，做到警钟长鸣。

11.1.2　安全生产保证体系的要素

为适应市场经济的基本要求，规范生产现场安全行为，企业需推出安全生产保证体系。该体系共有八个安全体系要素，分别是管理职责、教育和培训、采购、生产现场安全控制、检验、事故隐患的控制、纠正和预防措施、内部审核。

1. 管理职责

企业需通过制定安全管理各级人员的责任和义务，明确各级人员的安全生产职责、权限和互相关系，使所有人员能够按照其规定的职责、权限开展工作，及时有效地采取纠正措施和预防措施，以消除事故隐患和防止事故的发生。

2. 教育和培训

企业需对全部人员进行安全生产教育和培训，实现安全生产保证体系有效运行，以达到安全生产的目标。各管理人员的培训重点是提高安全生产意识和安全管理水平；作业人员的重点是遵章守纪，提高自我保护和防范事故的能力。

班组长作为连接管理层与作业层的桥梁，既需要学习安全管理知识，也需要学习安全技术，提高管理水平及自我保护、防范事故的能力。

3. 采购

企业可通过对采购过程进行控制，使所采购的设备、电器、钢管、扣件、安全网、安全笆、安全帽、消防器材等符合安全规定的要求。班组长需对作业现场设备与安全设备进行检查，确保作业的安全。

4. 生产现场安全控制

企业安全管理人员及现场班组长需对生产过程中可能影响安全生产的因素进行控制，针对生产中存在的不安全因素进行预先分析，从技术上和管理上采取措施，确保生产按安全生产的规章制度、操作规程要求进行，使生产过程的安全处于受控状态。

5. 检验

企业安全管理人员及作业现场班组长应及时发现事故隐患，排除生产中的不安全因素，纠正违章作业，监督安全技术措施的执行，堵住事故漏洞，防患于未然。

对生产过程中暴露出的安全设施的不安全状态、违章操作、指挥不当等现象，以及文明生产和环境保护工作中存在的缺陷情况，企业安全管理员及作业现场班组长应组织定期和不定期的检查与复查，以确保符合安全生产要求，并做好记录。

6. 事故隐患的控制

企业安全管理人员及现场班组长为了控制事故隐患，需发动全体员工，使生产过程中存在的事故隐患能及时发现、及时处理，确保不合格设施不使用、不合格过程不通过、不安全行为不放过，做到一般问题当天解决，重大问题限期解决，确保安全生产。

7. 纠正和预防措施

班组安全员在查明原因，并做出调查结论的前提下，需提出纠正、防范措施的建议。班组安全员监控纠正措施的落实，记录纠正措施的实施过程。

安全生产保证体系的健全和正常运作是预防的根本，企业需推行全面、全过程、全员的标准化管理，增强人员自我保护意识，执行各类安全技术规范和日常监督、检查、指导。

8. 内部审核

企业安全管理员需组织相关人员对安全生产保证体系进行内部审核，及时发现安全管理中的问题，组织力量加以纠正和预防，使安全生产保证体系运作满足有关规定、规则和要求，有效控制安全生产。

11.1.3 安全生产保证体系的职责

企业可通过制定安全管理各级人员的责任和义务，明确各级人员的安全生产职责、权限和互相关系，使所有人员能够按照其规定的职责、权限开展工作，及时有效地采取纠正措施和预防措施，以消除事故隐患和防止事故的发生。

1. 安全生产领导小组的职责

企业需建立总经理为安全生产保证体系第一责任人的安全生产领导小组，并层层分解，实施全过程的安全控制。安全生产领导小组的职责如图 11—2 所示。

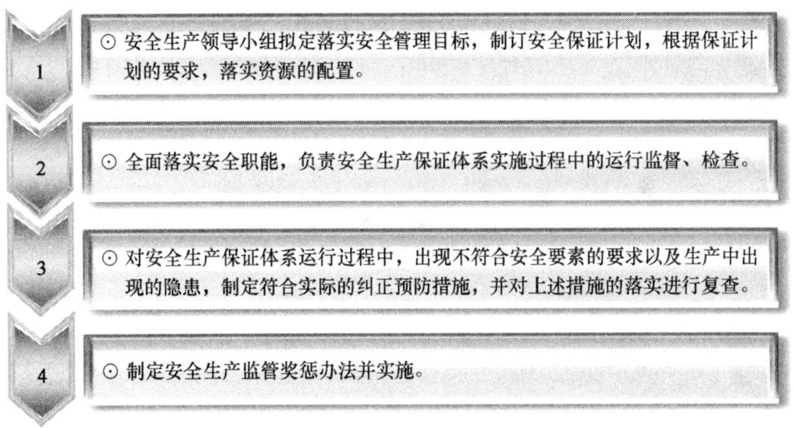

图 11—2　安全生产领导小组的职责

2. 安全部的职责

安全部对安全生产应负全面领导责任。企业根据国家和地方、上级颁布的有关安全生产、文明生产的政策和规定，制定符合企业实际生产的安全管理目标，落实安全管理监督和检查工作。安全部的职责如图 11—3 所示。

3. 车间安全管理员的职责

车间安全管理员主要负责对车间的安全进行监督检查，确保班组成员能够安全工作，保证生产现场的安全。车间安全管理员的职责如图 11—4 所示。

4. 班组安全员的职责

班组安全管理员主要负责作业现场的安全管理，具体的管理职责如图 11—5 所示。

◎ 贯彻执行各项有关安全生产的法令、法规、标准、规范和制度，落实生产组织设计中的安全技术措施和资源的配置。

◎ 选择和评价合格供应商，负责安全生产所需的材料、设备及设施的采购。

◎ 对生产过程及活动中的危险源予以识别，并落实专人进行监控，明确责任，突出重点，发挥安全控制的有效性作用。

◎ 按照规定组织相关人员对生产现场的安全工作进行定期检查。

◎ 对事故隐患提请安全员及时整改，避免事故发生。

图 11—3　安全部的职责

◎ 编制安全生产保证计划，并根据安全生产保证计划组织有关班组安全员实施有针对性的安全技术措施，并注重督促检查。

◎ 协调安全生产保证体系运行中的重大问题，组织召开安全生产工作会议，负责安保计划及日常计划的运行，组织检查、验收、协调工作。

◎ 定期组织班组安全员及作业人员进行安全操作规程和安全规章制度的学习，对班组的安全进行监督。

◎ 组织相关人员对进场的材料、安全设施、机械设备进行验收，严禁未经检验或检验不合格的材料、设备、防护用品等进入现场，把好选材用料的安全关。

◎ 对安全生产检查中出现的安全隐患，督促班组安全员及相关人员予以整改，并对整改落实情况进行复检，协助上级部门进行生产的安全检查和督促。

◎ 处理一般工伤事故，协助处理重大工伤、机械事故，处理事故遵循“四不放过”原则，并采取有效整改措施，防止事故再发生。

◎ 督促班组安全员对操作人员进行岗位培训教育，检查持证有效性，确保未经过安全生产教育培训的人员不得上岗作业。

图 11—4　车间安全管理员的职责

◎ 监督、检查操作人员的遵章守纪情况，参与安全技术交底，对生产全过程的安全实施控制，并做好记录。

◎ 组织作业人员进行岗前安全教育和培训，做到持证上岗。

◎ 在生产过程中，对重要部位、关键点进行重点安全交底，确保安全职责和责任人，做好培训教育记录，按规定记录职工劳动保护记录卡。

◎ 掌握安全动态，加强现场安全巡视，发现事故隐患进行原因分析，并及时采取纠正和预防措施，消除事故隐患。

◎ 协助上级部门的安全检查，如实汇报生产现场的安全状况。

◎ 负责一般事故的调查、分析，提出处理意见，协助处理重大工伤、机械事故。

图 11—5　班组安全员的职责

11.2　安全生产监督体系

11.2.1　安全生产监督体系的构成

为建立健全安全生产监督组织机构，形成完整的安全生产监督体系，并与安全生产保证体系共同保证安全生产目标的实现，企业应成立三级安全监督网络。安全生产监督体系的构成如图 11—6 所示。

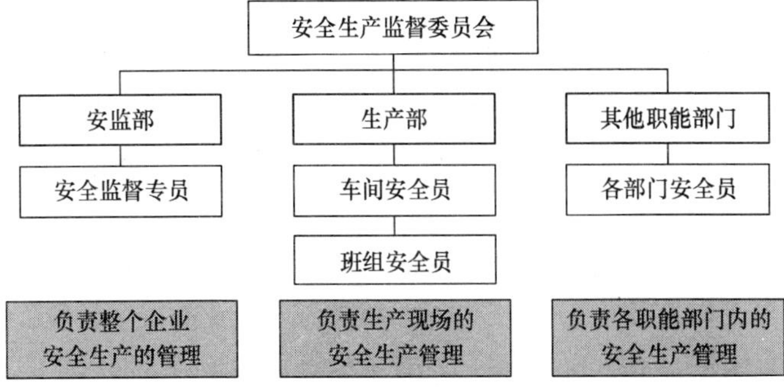

图 11—6　安全生产监督体系的构成

11.2.2　安全生产监督体系的要素

由于企业安全生产监督体系一般由安全监督部门、车间安全员和班组安全员组成三级安全监督网络，其构成要素包括安全监督部门、车间安全员和班组安全员。

安全生产监督体系的主要功能是安全监督和安全管理，即运用行政上赋予的职权，对生产建设及运行全过程的人身和设备安全进行监督，并具有一定的权威性、公正性和强制性，协助领导做好安全管理工作，开展各项安全活动等。

安全生产监督体系的具体功能如图 11—7 所示。

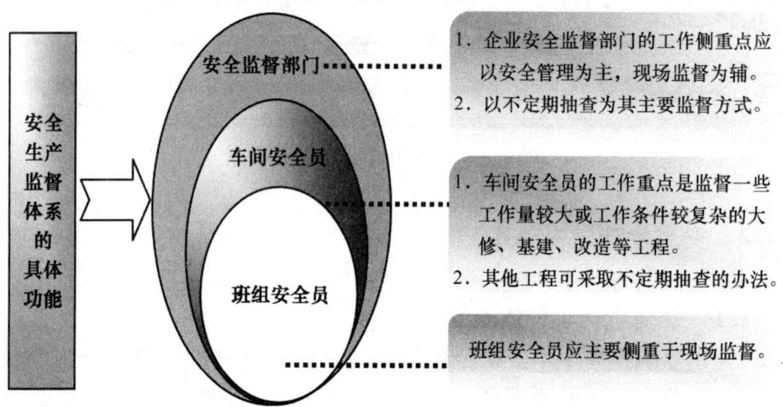

图 11—7　安全生产监督体系的具体功能

对安全基础仍然相当薄弱、现场违章频发的电力企业，可考虑建立安监值日制度，利用三级安全成员组建安监值日队伍，以解决一些班组安全员“不敢抓、不敢管或怕得罪人”的问题，确保安全监督与考核有效到位。

11.2.3　安全生产监督体系的职责

安监部作为安全生产监督机构，负责做好企业的安全管理工作，由总经理直接领导。各车间（部门）安全员负责本车间（部门）的日常安全管理工作，由本车间（部门）负责人和安监部领导。班组安全员负责开展班组安全生产管理工作，由班长和本车间（部门）安全员领导。

1. 安全生产监督委员会

企业应建立安全生产监督委员会，公司的安全生产监管工作由法人代表（总经理）总负责，安监部经理及各部门经理参与。安全生产监督委员会的职责如图 11—8 所示。

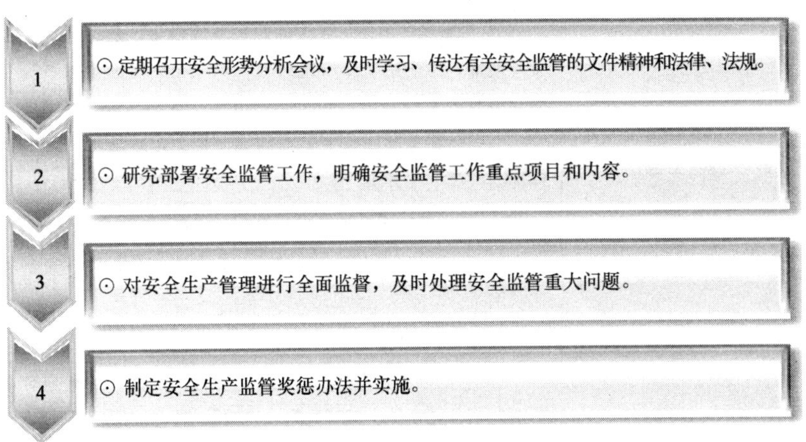

图 11—8 安全生产监管委员会的职责

2. 三级安全监督人员职责

安监部人员、车间安全员、班组安全员为三级安全监督人员，其具体的职责见表 11—1。

表 11—1　　三级安全监督人员职责

工作大项	工作细化
1. 制订实施“两措”计划	参与编制安全技术劳动保护措施计划，参与制订反事故技术措施计划，监督“两措”计划实施完成
2. 实施安全监督	（1）负责对安全生产过程中人身安全的监督管理和设备安全的监督
	（2）安全监督人员应进入生产区域、施工现场检查了解安全情况

续表

工作大项	工作细化
2. 实施安全监督	（3）监督劳动保护、安全工器具、安全防护用品的购置、发放和使用
	（4）制止各级人员的违章指挥、违章作业、违反生产现场劳动纪律的行为
	（5）发现违纪行为、重大问题和事故隐患，及时向主管领导汇报，并下达“违章通知书”和“安全监督通知书”，限期整改
3. 实施安全检查	协助主管领导开展各类安全检查工作，积极推行“安全性评估”等工作方法
4. 总结汇报	（1）安监部组织开展各项安全例行工作
	（2）厂部开好安全生产委员会、安全生产分析会、安全监督网络会、安全生产工作会议等
	（3）车间开好安全生产分析会，班组过好安全活动日等
	（4）总结分析安全生产情况，对存在的问题，特别是对薄弱环节、频发性、带有危险倾向的问题，提出整改建议
5. 安全事故的处理	对事故现场进行保护，并对现场进行拍照、录音、录像，参加事故调查，并对事故提出处理办法
6. 奖惩	对安全生产做出贡献者提出表扬、给予奖励的建议或意见，对不认真执行安全生产规定者提出批评，对违章作业严重者有权停止其工作

11.3 安全生产评估体系

11.3.1 安全风险管理概念

安全风险管理是指通过识别企业生产经营活动中存在的危险、有害因素，运用定性或定量的统计分析方法确定其风险严重程度，进而确定风险控制的优先顺序和风险控制措施，以达到改善安全生产环境、减少和杜绝安全生产事故的目标。

其中，风险是指危险、危害事件发生的可能性与后果严重程度的综合度量。而安全风险一般用风险率表示，风险率（R）等于事故发生概率（P）与事故损失严重程度（S）的乘积。

其计算公式为：$R=PS=\frac{事故次数}{时间}\times\frac{事故损失}{事故次数}=\frac{事故损失}{时间}$

班组长需了解安全风险管理的概念，以便深入学习安全风险管理的内容和具体方法。

11.3.2　安全风险管理内容

安全风险管理是对生产过程中存在的风险进行识别、估计、评价，从而控制和处理这些风险，以防止和减少损失，保障班组生产安全、顺利地运行。

班组长需掌握安全风险管理的内容，尽量控制识别出生产中存在的安全风险，并进行安全生产的改进，确保生产的顺利进行。

1. 风险识别

从生产系统的运作来看，事故的发生及其造成后果的严重程度与设备、物料、工艺安全的疏漏有关，企业需从内容、专业、层次等几个方面对风险进行识别。班组长需掌握风险识别的方式，分辨出现场存在的具体风险，以便进行风险控制和改进。具体的风险识别方式如图11—9所示。

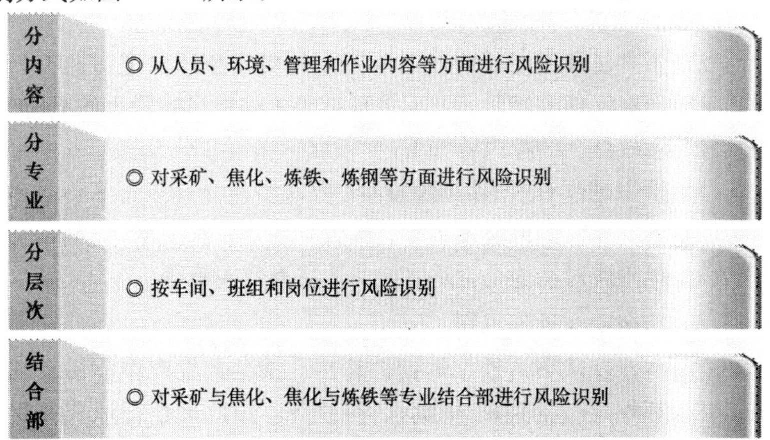

图11—9　风险识别方式

2. 风险估计

班组长在识别出生产安全风险之后，安全管理部需组织安全管理员及班组长对安全风险进行风险估计。

风险估计可通过对班组长所收集的大量详细资料加以分析，确定不能承担的风险、难以承担的风险和相对不重要的风险，并运用概率论或数理统计方法来估计、预测风险发生概率与损失程度。

3. 风险评价

在对生产安全风险进行识别和风险估计后，安全管理员及班组长应对这些风险进行风险评价。通过风险评价，可确定各个风险在整个生产系统中的重要性排序，为考虑风险控制先后顺序和风险应对措施提供依据，制订适应的风险应对计划。

4. 风险应对

安全管理员和班组长需在风险评估的基础上，从众多的风险应对策略中，选择行之有效的策略，并寻求与之对应的既符合实际，又会有明显效果的具体应对措施，力图使风险转化为机会或使风险所造成的负面效应降低到最低的程度。

5. 风险监控

安全管理员及班组长应及时或定期地对安全风险进行监控，在此技术上针对发现的问题，及时采取措施，确保风险管理的充分性、适宜性和实效性。监控内容如下。

（1）辨识是否有新的风险因素产生。

（2）各类风险的风险发生率、损失程度是否有变化。

（3）风险应对措施是否适宜，是否可有效实施等。

11.3.3　冶金安全风险识别

冶金行业是从事炼铁、炼钢、轧钢、铁合金生产作业活动的企业，其主要作业包括采矿、焦化、炼铁等，因此冶金行业具有生产工艺复杂，高温、高压、有毒有害及易燃易爆等危险因素多，管理风险大等特点，容易发生重大安全生产事故。

班组长需了解冶金行业中焦化系统、炼铁系统、炼钢系统三种最主要的作业系统中存在的风险，以便进行风险识别。

1. 焦化系统的风险

焦化系统是冶金企业中的一个重要组成部分。焦化生产的基本原理就是炼焦煤，其主要产品焦炭是高炉冶炼的主要燃料，也可用于制造煤气、有色金属冶炼及锻造等。

焦化生产包括备煤、炼焦、干熄煤、回收等环节的处理，其主要的风险包括有毒有害及易燃易爆气体风险、粉尘风险、火灾爆炸风险及高温风险等，引发的事故为火灾、爆炸、中毒、机械伤害及灼烫等。

2. 炼钢系统的风险

炼钢生产中高温作业线长，设备和作业种类多，起重作业和运输作业频繁，因此在炼铁生产过程中存在很大的风险。炼钢生产过程中存在的主要风险、事故类别和原因如下：

（1）主要风险有高温辐射、钢水和熔渣喷溅与爆炸、氧枪回火燃烧爆炸、煤气中毒、车辆伤害、起重伤害、机具伤害、高处坠落伤害等。

（2）炼钢生产的主要事故类别有氧气回火、钢水和熔渣喷溅等引起的灼烫和爆炸、起重伤害、车辆伤害、机具伤害、物体打击、高处坠落，以及触电和煤气中毒事故。

（3）炼钢生产安全事故的主要原因是人为的违章作业和错误操作、作业环境条件不良、设备有缺陷、操作技术不熟悉、作业现场缺乏督促检查和指导、安全规程不健全或执行不严格、操作技术不熟悉、个体防护措施和用品有缺陷或缺乏等。

3. 炼铁系统的风险

炼铁生产工艺设备复杂、作业种类多、作业环境差，劳动强度大，因此在炼铁生产过程中存在很大的风险。炼铁系统的主要风险、事故类别和原因如图 11—10 所示。

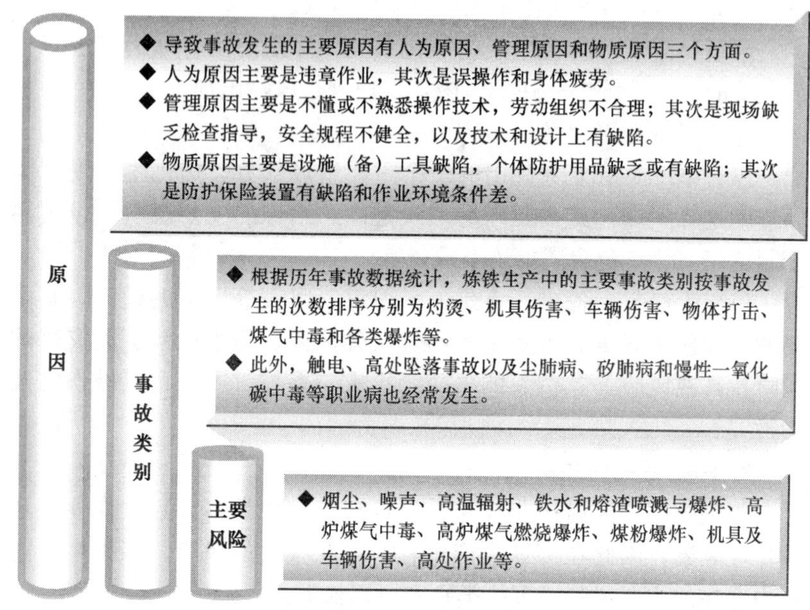

图 11—10　炼铁系统的主要风险、事故类别和原因

11.3.4　冶金安全风险评估

冶金企业风险评估可以从两个维度进行，一是风险发生的可能性，二是风险的影响程度，两个维度的乘积就是每个风险的最终得分。

班组长需了解风险评估的具体方法，以便配合安全管理人员进行安全风险的评估。下面从风险发生的可能性、风险的影响程度两个维度来介绍风险评估方法。

1. 风险发生的可能性

风险发生的可能性可以用说明性、发生概率、大型灾害/事件类发生次数、日常营运情况四项指标来表示，其具体分值见表11—2。

表 11—2　　　　风险发生可能性分值

分值	说明性	发生概率	大型灾害/事件类发生次数	日常营运情况
1	基本确定	几乎不可能，＜5％	今后10年内可能发生少于1次	一般情况下不会发生
2	很可能	不太可能，5％～30％	今后5～10年内可能发生1次	极少情况下才发生
3	可能	可能，30％～50％	今后2～5年内可能发生1次	某些情况下发生
4	不太可能	很可能，50％～95％	今后1年内可能发生1次	较多情况下发生
5	几乎不可能	基本确定，≥95％	今后1年内至少发生1次	常常会发生
备注	（1）说明性：适用于对难以定量、半定量的风险进行评估 （2）发生概率：适用于可通过历史数据计算出风险发生概率的风险，通过概率进行可能性评估必须基于已有大量历史数据的前提 （3）大型灾害/事件类发生次数：适用于大型灾害/事件的风险 （4）日常营运情况：适用于日常运营中可能发生的风险			

2. 风险的影响程度

考虑风险的影响程度时，可以从财务损失、企业声誉、法律、营运四个方面对风险的影响程度进行评分。具体的评分标准见表 11—3。

表 11—3　　　　风险的影响程度评分标准

分值	财务损失	企业声誉	法律	营运
1	较低财务损失：损失在50万元人民币以下	负面消息在企业内部流传，企业声誉没有受损	可能存在轻微的违反法律、法规和部门规章等相关规定的问题	对营运影响微弱
2	轻微财务损失：损失为50万～100万元人民币	负面消息造成较大社会影响和企业声誉影响；个别媒体出现敏感性报道	违反法律、法规、部门规章等相关规定，伴随着罚款或诉讼	对营运影响轻微，情况立刻受到控制，不影响企业的日常业务

续表

分值	财务损失	企业声誉	法律	营运
3	中等财务损失：损失为100万～500万元人民币	负面消息造成较大社会影响和企业声誉影响；媒体报道增多等	违反法律、法规、部门规章等相关规定，导致地方政府的调查或诉讼	运营效率降低，情况需要过一段时间才能得到控制；企业日常业务受到一些影响，但可在较小的代价下恢复；企业自身难以在短时间内完成事故处理
4	重大财务损失：损失为500万～800万元人民币	负面消息造成较大社会影响和企业声誉影响，需由公司出面处置；媒体报道量显著增加	严重违反法律、法规、部门规章等相关规定，导致政府的调查和重大的诉讼，或大规模的公众投诉	企业失去部分业务能力，需要付出较大的代价才能控制情况，但对企业存亡无重大影响，或受风险影响的部门无法达成其部门的关键营运目标或业绩指标
5	极大财务损失：损失在800万元人民币以上	负面消息造成重大社会影响和公司声誉影响；媒体报道强度和规格不断升级；交易所强制公司停牌做出澄清公告；权威分析师评级骤然调整	严重违反法律、法规、部门规章等相关规定，导致中央政府和监管机构的调查，重大的起诉和罚款，非常严重的集体诉讼	重大的业务失误，情况失控，并给企业存亡带来重大影响，或受风险影响的部门无法达成关键营运目标或业绩指标；因灾严重影响企业正常生产运行，导致受灾企业生产装置或设施50%以上停产

3. 风险的等级

根据风险发生的可能性和风险的影响程度的乘积可以得出风险

分值，确定风险的等级。风险的等级包括重大风险、高风险、中风险和低风险四级。安全风险的等级及相应分值如图 11—11 所示。

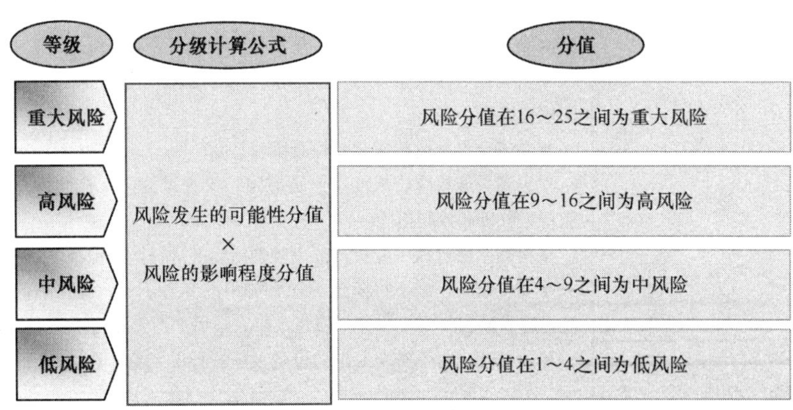

图 11—11　安全风险的等级及相应分值

11.3.5　冶金安全风险控制

为提高安全管理绩效，企业应组织相关人员对生产过程及物料、设备设施、器材、通道、作业环境等存在的安全风险进行控制，强调生产现场安全管理和生产过程的控制。

冶金企业为了保证员工人身和财产安全，可对以下几个方面进行控制，具体的控制措施见表 11—4。

表 11—4　　风险控制措施

风险控制重点	控制措施
人身安全	◆操作岗位人员需进行安全教育、生产技能培训和考核，考核不合格，不得上岗 ◆从事特种作业的人员应取得特种作业操作资格证书，方可上岗作业 ◆员工进入作业现场需进行专门的安全防护，确保人身安全 ◆禁止与生产无关人员进入生产操作现场

续表

风险控制重点	控制措施
设备安全	◆公司对生产设备设施进行规范化管理，保证其安全运行 ◆公司设有专人负责管理各种安全设备设施，建立台账，定期检查维修 ◆对安全设备设施应制订检查维修计划 ◆设备设施检查维修前应制定方案，检查维修方案应包含作业行为分析和控制措施 ◆检查维修过程中应执行隐患控制措施并进行监督检查 ◆安全设备设施不得随意拆除、挪用或弃置不用，确需拆除的，应采取临时安全措施，检查维修完毕后立即复原 ◆应按规定对不符合要求的设备设施进行报废或拆除
作业安全	◆应建立危险作业的作业安全管理制度，明确责任部门、人员、许可范围、审批程序、许可签发人员等 ◆应基于岗位生产作业中特定风险的辨识，编制齐全的岗位安全操作规程 ◆应向员工下发岗位安全操作规程，并对员工进行培训和考核 ◆编制的安全规程应完善、实用，员工操作要严格按照操作规程执行
环境安全	◆企业根据作业场所的实际情况，按照企业内部规定，在有较大危险因素的作业场所和设备设施上设置明显的安全警示标志，进行危险提示、警示，告知危险的种类、后果及应急措施等 ◆在设备设施检查维修、施工、吊装等作业现场设置警戒区域和警示标志，在检查维修现场的坑、井、洼、沟、陡坡等场所设置围栏和警示标志

11.3.6　冶金安全风险改进

一般情况下，冶金企业可通过现场管理制度改进、安全风险管理持续改进、完善外部保障三个维度对企业安全风险进行改进。

1. 现场管理制度改进

（1）实行安全生产责任制。冶金企业应对每个岗位制定相应的安全生产责任，并通过安全责任教育、员工签订安全生产协议等方式，强化员工的安全生产意识，提高其安全生产责任心。

（2）加强安全生产奖罚。为了提高员工安全生产的积极性，激励其注重安全风险改进，冶金企业应落实并加强员工生产安全奖罚制度。常见的安全生产奖罚事项如图11—12所示。

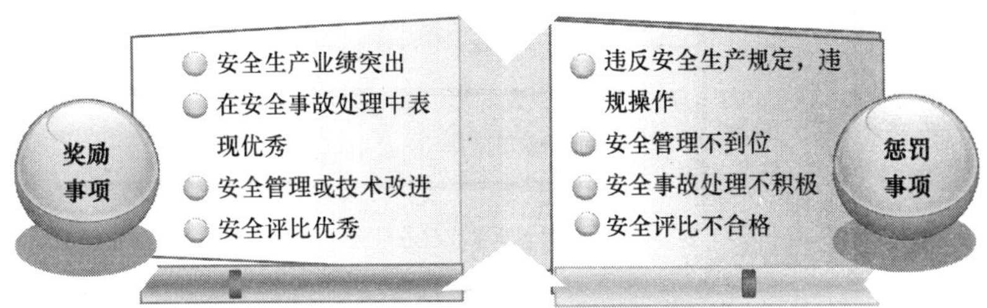

图11—12　常见的安全生产奖罚事项

（3）注重安全生产检查。工艺操作不当和设备故障是两种主要的企业安全风险，为了更好地规避安全风险，冶金企业应对这两方面进行重点检查和控制。企业一方面应通过制定明确的操作规范、定期进行工艺培训和测试、加强操作工艺检查等措施完善生产操作；另一方面应强化设备点检和维修，排除设备安全隐患。

（4）改进安全防护技术和设施。冶金企业通过改进安全防护技术和安全设施，可有效避免某些安全事故的发生，更大程度地降低安全事故损失，保障企业财产和人员的安全。

2. 安全风险管理持续改进

为了更好地对安全风险进行管理，冶金企业应建立安全风险管理系统，并进行持续改进。安全风险管理持续改进的流程如图11—13所示。

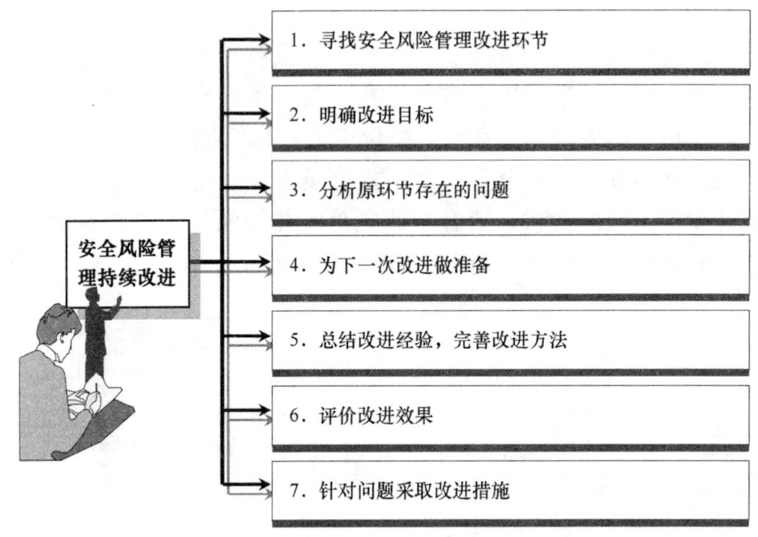

图 11—13　安全风险管理持续改进的流程

3．完善安全外部保障

为了更大限度地避免安全风险，减少安全事故损失，冶金企业应在不断改进企业自身管理外，积极和相关单位合作，为安全生产提供完善的外部保障。

（1）增加外部救援。冶金企业应积极寻找外部救援单位，选择优秀的救援单位并与之达成合作协议。当发生安全事故时，企业除了依靠自身进行处理外，还可调动外部专业人员，从而更加及时、有效地处理安全事故，降低安全事故损失。

（2）完善社会保险。冶金企业应积极办理员工社会保险，一方面可增加员工福利，提高其安全生产积极性；另一方面当出现人员伤亡时，可一定程度地减少企业对员工的补偿支出。

（3）合理购买商业保险。冶金行业属于危险性较高的行业，适当合理地购买商业保险可进一步完善企业的风险管理体系。当发生安全事故时，企业可通过商业保险获得一定程度的补偿，从而从另一层面减少企业损失。

11.3.7 安全风险管理流程

以下为某冶金企业的安全风险管理流程，供参考。

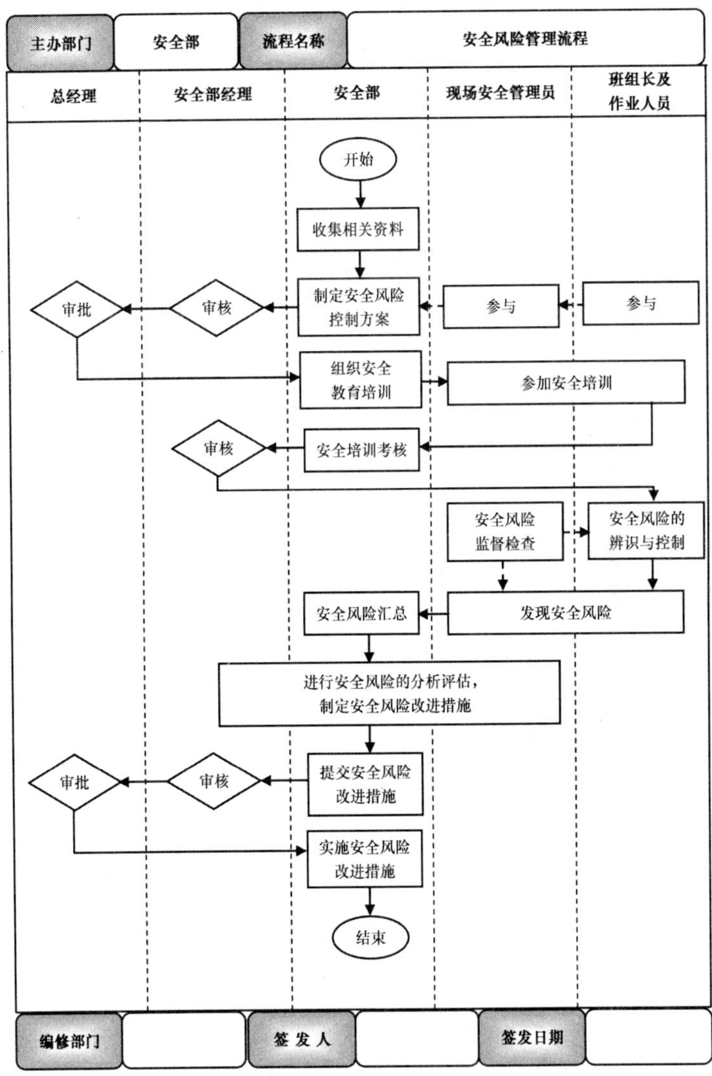

第12章　班组安全心理管理

12.1　生产与心理分析

12.1.1　冶金生产违章心理分析

从事生产作业的员工可能会出自各种心理原因而做出违章操作，这些违章操作给企业的安全生产带来了极大的隐患。员工违章作业并不一定是主动行为，很多违章行为是由于员工处于紧张、兴奋或愤怒的状态而无意中做出的，其本身并无心理活动。而主动做出违章作业的员工通常怀有四种心理，即侥幸心理、麻痹心理、“合理”心理和逆反心理。

1. 侥幸心理

存在侥幸心理而做出违章操作的员工一般都有动机，由于这些动机的驱使，他们会选择不按要求进行作业。带有侥幸心理的人通常会有“应该不会有事”“应该不会被抓到”的想法，他们将发生安全事故视为小概率事件。这种侥幸心理的作用机制如图12—1所示。

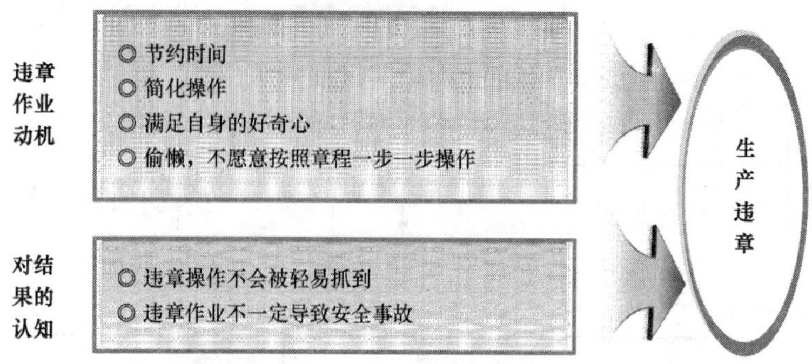

图12—1　侥幸心理的作用机制

这类员工懂得安全操作规程，而且具有较高的技术水平。由于对作业的各个程序都十分了解，他们知道如何能做一些“变通”，而且通常只是挑一些小的、看似不重要的地方进行违规操作。

2. 麻痹心理

部分员工由于长时间从事一项工作，对这项工作已经达到“无所不知”的程度。这些人过分相信自己的经验，对很多安全问题都不以为然，一些操作规程在执行的过程中都成了“走过场”，致使原本的安全保障都得不到落实。

有麻痹心理的员工不会故意地去进行一些违章操作，他们多数情况下是将一些安全规程架空，其工作虽然在形式上没有问题，但实质上已经与制度中的要求有很大差距了。这类员工通常在发现安全隐患时，不按要求进行上报或应急处理，而是认为自己已经见识过各种状况，即使发生意外也会应对自如。

3. “合理”心理

员工自以为违章操作有正当的理由，而忽视企业的安全作业制度。常见的员工违章操作的“合理”心理有三种，具体内容如图 12—2 所示。

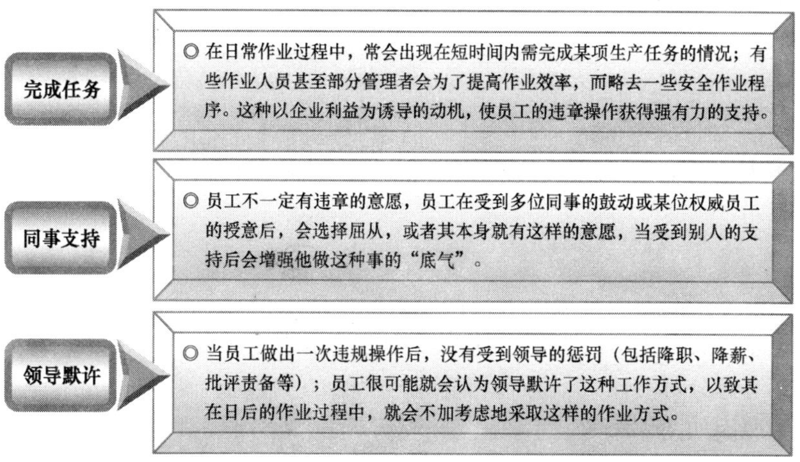

图 12—2 员工违章操作的“合理”心理

4. 逆反心理

在工作过程中有很多员工会出现逆反心理。这些员工虽然懂得违章操作的危害，本身也没有违章作业的动机，只是单纯地出于一种不愿按照管理者的要求去做的心理，而采取一些冒险的存在安全隐患的行为。

导致出现逆反心理的原因有多种，比较常见的诱因见表12—1。

表12—1　员工逆反心理的诱因

诱因	诱因分析
个性	员工由于自身所处的年龄段和个人性格等因素的影响，不喜欢被人管教和约束，在遇到约束制度的时候会本能地感到反感，而不愿遵守
上下级矛盾	由于性格不合或工作摩擦等原因，员工会对管理者有意见，当管理者要求其按照规范的操作规程进行生产作业时，员工会有违反制度的倾向
工作意见	员工有时会对企业的某项决策或某种做法不满，当这种不满情绪达到一定程度后，员工有可能会出现违反公司制度的想法

12.1.2　员工的心理状态与安全

员工在工作中表现出来的敷衍、疲劳、情绪异常和“不注意”等非适宜的心理状态会降低作业人员对危险的警惕性和反应能力，以致出现违章作业的情况，从而导致各种安全事故的发生。

1. 敷衍心态——安全保障落不到实处

敷衍心态的直接后果是使原本应该能够规避风险的安全措施都流于形式，当事故发生时这些安全措施根本起不到应有的作用。敷衍心态分习惯性敷衍心态和特殊情况下的敷衍心态，敷衍心态产生的原因如图12—3所示。

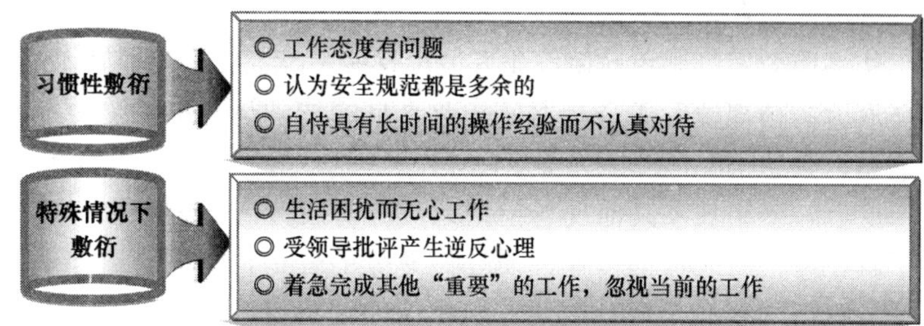

图 12—3　敷衍心态产生的原因

特殊情况下的敷衍心态如果不及时进行约束，可能会演变成习惯性敷衍心态，班组长等现场管理者在这方面应当多加注意。

2. 疲劳状态——容易发生失误和意外

疲劳是一种非常复杂的生理和心理现象，它并非由单一的、明确的因素构成。一般来说，在生产过程中，作业人员因生理和心理状态的变化，产生某一个或某些器官乃至整个机体力量的自然衰竭状态。疲劳感是人对于疲劳的主观体验，而作业效率下降是疲劳的客观反映，疲劳将给生产带来安全隐患。

如图 12—4 所示为疲劳产生的原因。

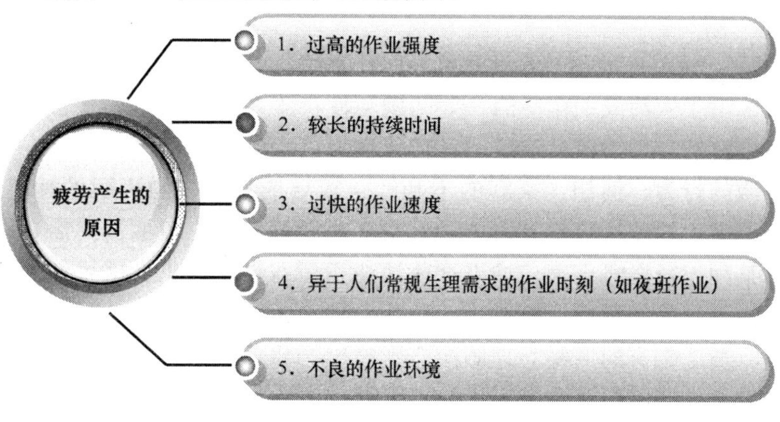

图 12—4　疲劳产生的原因

在冶金行业，大多数作业人员均是长时间从事体力工作。这样的工作性质会不可避免地使作业人员出现疲劳状态，包括智力疲劳、身体疲劳、精神疲劳等，从而使作业人员的物理运动能力、分析判断能力、紧急情况应变能力等下降。

所以，班组长及其他现场指挥人员应对疲劳产生的原因作充分的了解，对班组成员的作业性质要做充分的分析，掌握班组作业人员疲劳状态的存在规律，以便采取相应的调节措施和监控办法，避免因疲劳作业产生事故。一般来说，作业人员疲劳状态产生规律可从以下四个方面进行梳理，具体如图 12—5 所示。

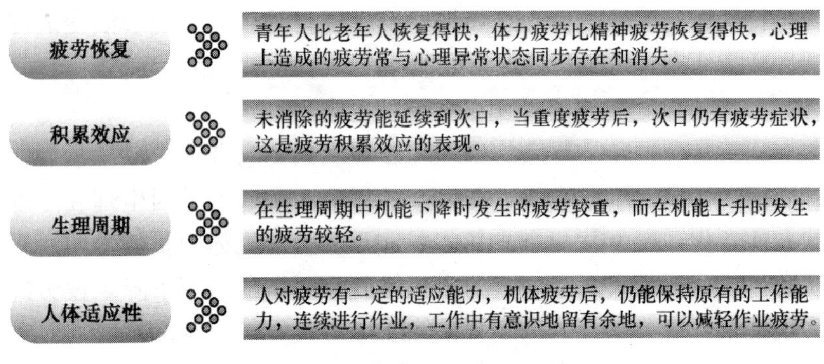

图 12—5　疲劳状态存在的规律

3. 情绪异常——导致违章和意外事故

由于生活或工作中的一些问题会使员工在作业的过程中带有许多不良的心理情绪，这些不良情绪就可能会转化成生产作业中一些过激的行为。例如，家庭的不和睦、领导的批评、同事间的冲突、与陌生人的争执等都有可能导致员工有负面情绪。负面情绪需要通过某种途径发泄出来，如果这些情绪积压在员工心里面就可能导致操作不当的问题。

员工带有的一些心理倾向会影响生产作业安全，常见的影响作业安全的情绪因素有以下几类，见表 12—2。

表 12—2　　　　　　　　工作中的异常情绪

情绪	情绪分析
低沉	家庭问题、工作不顺、朋友争执等可能会导致情绪低沉不快，导致员工本人思想不集中
兴奋	朋友聚餐、福彩中奖、受到领导表扬或工作取得巨大进展等情况会使员工情绪兴奋，容易“忘乎所以”
好奇	部分员工有很强的好奇心，总希望尝试各种新鲜事物，有时会禁不住好奇而做出一些违规的操作
紧张	当初次上阵、作业特别重要或受到领导批评时，员工心情会高度紧张，容易发生操作失误
急躁	员工为了尽快完成生产任务，尤其是当工作快要结束时容易顾此失彼，有时会为了加快作业进度而忽略安全规程
抵触	员工对企业的某项决策或对某个领导有不满情绪，可能会故意不按照安全规程进行作业
厌倦	长时间从事一项工作，可能会出现厌烦情绪，员工不能把心思放到安全作业上

4.“不注意”——导致操作失误和意外的发生

许多事故是由于操作人员的“不注意”造成的，这些“不注意”情况并不是某些员工特有的，它可能发生在任何员工身上。

“不注意”的心理不是以一种形式单独表现的，它往往与员工的“注意”状态同时发生，即员工在生产作业过程中保持“注意”状态的同时很容易发生注意力的转移，如思考其他事情或头脑恰好一片空白。当这种状态恰好遇到关键性操作步骤时，就有可能出现操作失误，从而导致无法挽回的事故后果。

因此，班组长在进行安全管理的过程中不能只监管部分员工，对于那些从不违章和从未发生事故的员工也应当予以留意。如果发现其在作业过程中出现这种“不注意”的状态，要及时给予提醒，进而保证生产作业的安全。

12.1.3 员工的个性与安全生产

与心理状态不同，人的个性是由多个稳定的心理特征组成的，员工的个性会使其拥有独特的行为规律。班组长等现场管理人员可以把握员工个性，来推测其部分行为，做好人员搭配，有重点地进行监督和控制，从而大大降低安全事故发生的概率。个性表明了一个人稳定的类型特征，它主要包括性格、气质和能力三个方面的内容。

1. 员工的性格与安全

按照思维的理性与感性和表现，将人的性格划分为四种类型：和平型、活泼型、力量型和完美型。这四种性格的具体划分及各自的优缺点如图 12—6 所示。

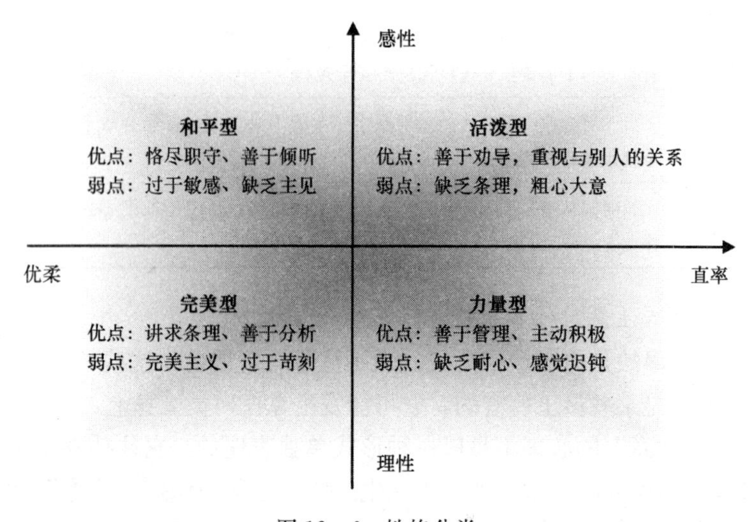

图 12—6　性格分类

（1）和平型员工特点。和平型员工希望被人接受，通常追求生活的稳定。所以，在工作过程中这类员工通常会按照要求的规范去做，一般不会自己主动进行违章操作。但是，过于敏感的性格又致使其容易有较大的情绪波动，所以在有些时候和平型员工会受情绪、心理的影响产生操作失误。另外，和平型员工缺乏主见，所以他会有从众的倾向，在其他同事的要求下可能会做出违章操作。

（2）活泼型员工特点。与和平型员工一样，活泼型员工希望被众人接受，但与之不同的地方是，活泼型员工不喜欢循规蹈矩，容易对重复性的生产工作产生厌烦情绪，可能会为了摆脱无聊状态或只是出于好奇而做一些违章操作，埋下一些安全隐患。活泼型员工通常具有较强的机械操作能力，但是熟练的操作和粗心的特点很容易使之产生麻痹心理，在生产过程中往往会出现纰漏和失误。

（3）力量型员工特点。力量型员工是天生的管理者，追求工作效率和领导地位。这类员工的获胜欲很强烈，在急于完成生产任务的情况下，容易失去耐心，进而忽略一些安全规程。力量型员工也易带有愤怒、急躁、兴奋等异常情绪，这些情绪会令其有操作失误的可能。

（4）完美型员工特点。完美型员工是各种性格员工中安全系数最高的。他们讲求条理、做事一丝不苟，在生产工作过程中一般不会违章操作，失误也非常少。但是，其刻板的性格可能会引起其他同事的反感，让其他人产生逆反心理和不良情绪。另外，完美型员工严格遵守制度，在部分情况下尤其是在发生事故的时候，不能做到灵活应对。

2. 员工的气质与安全

气质是一个人生来就具有的心理活动的动力特征，它在日常生活中表现为性情、脾气等，而不是活动的动机、目的和内涵，因此对个体来说气质具有较大的稳定性。人的气质通常分为四类：胆汁质、多血质、黏液质和抑郁质，各种气质的特点见表12—3。

表12—3　　气质类型的特点

气质类型	神经类型	灵活性	特征
胆汁质	兴奋型	灵活	直率热情、精力旺盛、脾气暴躁、情绪兴奋性高、容易冲动、反应迅速、外向性
多血质	活泼型		活泼好动、敏感、反应迅速、好与人交际、注意力易转移、兴趣和情绪易变、外向性

续表

气质类型	神经类型	灵活性	特征
黏液质	安静型	不灵活	安静稳重、反应缓慢、沉默寡言、情绪不易外露、注意力稳定、善忍耐、内向性
抑郁质	抑制性		情绪体验深刻、孤僻、行动迟缓、很高的感受性、善于观察细节、内向性

在日常的安全管理工作中，针对不同气质类型的员工采用不同的管理方式是十分必要的。例如，对一些抑郁质类型的人，可能不愿意主动向人倾诉自己的困惑，作为安全管理人员就应该有意识地找他们交流，使他们保持良好的情绪，以利于安全生产；对于性格急躁的多血质型员工，则需用激将、夸奖等灵活的方法，使其减少各种不安全操作行为。

应当注意的是，气质并不像性格那样容易区分，很多人可能具备不止一种气质类型。有相当多的人拥有两种甚至三种气质。所以，管理人员应该提高自己的认知能力，对各个员工的气质特点都准确地加以识别和判断。

3. 员工的能力与安全

心理学上把员工在顺利完成某种活动过程中所必须具备的心理特征称为能力，能力反映人们完成活动的水平。能力是保证活动成功的基本条件，活动过程往往还与人的其他个性特点以及知识、环境、物质条件等有关，所以能力不是使活动成功的决定性条件，但在其他条件相同的情况下，能力强的人往往比能力弱的人更易取得成功。

班组长及其他现场管理人员需要注意的是，能力不会直接反映到员工的文凭和职业等级上，需要通过一些事故分析（包括本企业发生的事故以及同行业曾经发生过的事故），掌握工作的性质，了解从事该工作的职工必须具备的能力及技术要求，作为选择职工、分配职工工作及培训职工能力的一种依据。

员工的能力差异产生于智力、文化、经验和年龄等方面，班组长在安排员工的工作时可以参考表12—4。

表12—4　员工能力差异

类型	具体说明
智力差异	◇智商高的人适于安全环境复杂的地点，而智商一般的人适于一般的工作环境，相互搭配，可以保证危险点预控目标的实现
文化差异	◇文化水平较高的人和文化水平较低的人要注意搭配。文化水平高的人，适合于现代化设备的操作
经验差异	◇经验不足的人与经验丰富的人要搭配使用，以防止新人员或技术水平较差的人员在一起出现安全上的不可控局面
年龄差异	◇一般年龄越大，个性差异也越大，要注意年轻人和年长者搭配，年轻人安全技术方面往往欠缺，而年龄大的人则不适合高空作业、过重的体力工作，但在安全技术方面往往比较老练，各有所长，在一起工作可以互补，以防止出现不安全现象

12.2　员工心态管理

12.2.1　员工情绪管理方法

人的情绪有很多种，积极的情绪可使员工的工作效率提高，而消极的情绪会使员工的工作效率降低，甚至引发安全事故。对于作业现场的管理人员来说，应随时关注企业员工情绪的变化，合理管理和引导员工情绪，保证企业的正常生产作业，预防安全事故。

1. 员工情绪识别

班组长作为基层管理者与生产员工具有非常紧密的接触，可以通过多种方式监测员工情绪的变化，分析不良情绪背后的情感诉求。识别员工情绪，需要管理者拥有较强的观察力和较高的情商。班组长及其他现场管理人员可以通过图12—7所列的三种方法有效识别员工的情绪。

观察

◎ 通过观察员工的精神状态、工作的积极性、工作态度等，及时把握员工的情绪状态，了解组织情绪的走向。

交流

◎ 针对企业中出现的抱怨、忧虑、烦躁、紧张、沉闷等消极情绪，可以采用个别交谈或谈心的形式，具体细致地对员工情绪做深入的了解，在沟通中解决问题。

评估

◎ 设计专门的评估手段和评估指标，通过科学的方法对员工情绪进行评估，并对评估结果进行分析，精确定位员工情绪的特征。

图 12—7　员工情绪识别的方法

2. 引导员工情绪

企业应创造良好轻松的工作环境，以此来理顺组织情绪，并在企业中形成主流的积极情绪。班组长在引导员工情绪的工作方面，可运用的措施见表 12—5。

表 12—5　引导员工情绪的措施

引导措施	措施内容
重视员工的意见	◆让员工更多地参与工作设计和企业管理，使员工对自己的工作有更多的自主权，班组长应及时对员工提出的意见做出反应
关心员工的生活	◆创建和谐友爱的人际关系氛围，班组长在了解员工的特殊问题时，应注意表达自己及企业对他的关心和慰问
帮助员工成长	◆为员工提供良好的成长、学习环境和培训机会，使其有目标、有希望、有计划，班长应该对员工的工作加以指导，毫无保留地传授工作方法和工作技巧
及时激励员工	◆在员工有良好的工作表现时应立即给予奖励，等待的时间越长，激励的效果越差。员工的情绪受到安慰和鼓舞，工作热情和工作效率就会大幅度提升

3. 疏导员工异常情绪

班组长等管理人员在发现员工有异常情绪时，应该及时帮助其进行疏导，帮助员工缓解不良情绪。情绪疏导工作的重点在两方面：疏导渠道的建设和疏导技巧的运用。

（1）疏导渠道的建设。企业应该健全员工心理疏导组织网络、扩大疏导阵容，班组长、部门领导、工会、生产技术骨干、老工人等都应作为重要的心理疏导者。做好信息公开工作，保证互动座谈、个别交流、互发短信等沟通渠道的畅通，做到员工的意见和建议能够得到及时的交流，以使员工的心理失衡甚至不满时能够找到倾诉或释放的途径。

（2）疏导技巧的运用。管理人员在疏导员工的不良情绪时应该注意方式方法，如图 12—8 所示，常见的心理疏导技巧有三种：倾听、共情和关怀。管理人员或专门的情绪疏导人员，要合理运用这些疏导技巧，形成与员工的有效沟通，进而排解其心中的不良情绪。

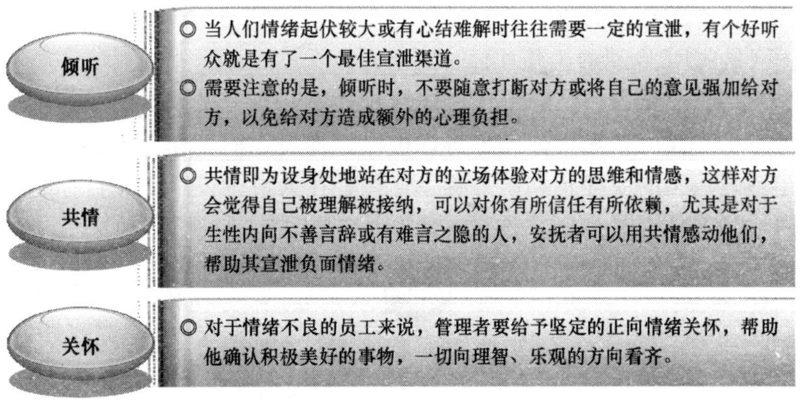

图 12—8　心理疏导的技巧

12.2.2　员工压力管理方法

压力的作用并不是单一的，适当的压力可以让员工有较高的工作效率，并在工作过程中保持较高的安全意识。但是，过多过大的压力会导致员工产生负面情绪、自我感丧失、个人能力下降，来自各方面的压力会增加员工呈现不安全状态的概率。

从组织角度来看，压力管理主要是为与员工营造一个能充分发挥其特长的有适度压力的工作环境，与此同时应避免员工产生过度压力。员工压力管理主要有五个方法：改善作业环境、制定合理的工作目标、工作再设计、改善组织氛围和自我压力管理教育。

1. 改善作业环境

改善作业环境包括两方面的内容，一个改善生产场所的环境，一个是改善员工作业的设备及工具。

（1）改善生产场所的环境。管理者应该力求创造高效率的工作环境并严格控制干扰，给员工提供一个舒适的工作空间，提高员工的安全感和舒适感，减轻员工消极压力。

（2）改善员工作业的设备及工具。员工拥有完成工作所需的状态良好的工具和设备，既有助于提高员工的作业效率，又有助于舒缓其工作的负面情绪。

2. 制定合理的工作目标

当员工认为自己的工作目标比较具体并富有挑战性时，其工作效率会更高。如果目标设定得好可以增强员工的工作动机，并相应地减轻员工的受挫感和压力感。管理者在为员工设定工作目标时应该注意 SMART 原则，该原则具体内容如图 12—9 所示。

☞ S（Specific）明确性——目标应该是具体的，不能笼统

☞ M（Measurable）衡量性——目标实现后其结果是能够被有效考核的

☞ A（Attainable）可实现性——目标在付出努力的情况下可以实现

☞ R（Relevant）相关性——目标应该是实实在在的，与员工的本职工作相关联

☞ T（Time-bound）时限性——目标有特定的完成时间

图 12—9　SMART 原则

SMART原则中与员工压力联系最为密切的是可实现性原则与时限性原则。目标设定得太高、时间太紧会导致员工压力过大；反过来，如果目标设得过低、时间太宽裕又会致使员工压力不足。所以在设定目标时，要根据员工的实际情况确定。

3. 工作再设计

管理者可以从工作本身和组织结构入手，使员工任务清晰化、角色丰富化，提高员工对工作的满意度，从而减少压力及紧张产生的机会。工作的再设计可以给员工更大的工作自主性、更强的反馈，使员工对工作活动有更强的控制力，从而降低员工对他人的依赖性，有助于减轻员工的压力感。

减轻压力的工作再设计主要包括工作轮换、工作扩大化、工作丰富化三种思路，具体的内容如图12—10所示。

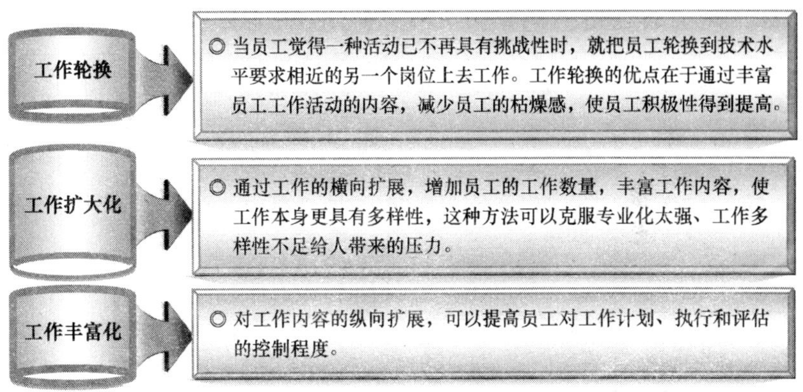

图12—10　工作再设计方法

4. 改善组织氛围

改善企业的组织氛围主要是为员工创造良好的生理和心理环境，满足员工在工作中的身心需求，进而降低员工压力过大情况出现的概率。

改善组织氛围的管理方法有五种，具体内容见表12—6。

表 12—6　　改善组织氛围的方法

方法名称	方法内容
允许参与管理	◆员工对工作目标、工作预期、上级对自己的评价等问题都有一种不确定感，这些方面的决策直接影响其工作绩效。管理人员通过让员工适当参与决策能够增强员工的控制感，帮助员工减轻角色压力
身心健康改善	◆从改善员工的身心状况入手，其理论假设是员工会对自己的身心健康负责，组织则为他们提供达到目的的手段。例如，企业可以提供各种活动以帮助员工戒烟、控制饮食量、丰富娱乐活动、培养良好的生活习惯等
疏导压力	◆帮助员工调节情绪，使员工将不满的情绪发泄出来，心理才能正常，情绪才能平稳，管理者可以通过开发多种情感发泄渠道，有效地改善员工不适的压力症状
工作帮助	◆组织员工进行提高工作能力的培训，如工作技巧的培训、谈判和交流技巧的训练等，帮助员工克服工作中的困难。同时，从硬件和软件上不断改进，对员工工作进行支持，而不能不顾实际情况做出不合理的要求
生活关怀	◆管理者可以针对特殊员工采取特殊照顾措施，如常出差的员工，他们的工作与照顾家庭可能存在很多的冲突且面临的工作环境复杂多变，其承担的压力比较大，通过领导的关心照顾可以减轻其工作压力

5. 自我压力管理教育

员工的压力可能来自于各方面，企业的管理人员所能帮助员工克服的心理压力毕竟是有限的。所以企业可以通过对员工进行压力管理的教育，帮助其进行自我压力管理。管理者可以从图 12—11 所示的三个方面对员工进行自我压力管理的教育。

帮助员工学会压力的自我认知，使其知晓过大的压力带来的危害，教会员工识别压力过大的预警信号，如生理信号、情绪信号、精神信号、行为信号等。

告知员工在压力过大的时候可以采取的调节途径，如向企业的领导倾诉、到心理咨询机构接受治疗以及自我调节等方式。

传授员工各种舒缓压力的技巧，如参加文体娱乐活动、向朋友和家人倾诉、心理瑜伽、观看演出等。

图 12—11　压力管理教育的内容

12.2.3　习惯性违章心理矫正方法

习惯性违章行为对企业的生产作业安全是极大的威胁，班组长要对有此习惯的员工进行心理矫正。员工习惯性的违章行为往往是深层次的心理问题导致的，所以相应的矫正工作是比较困难的，矫正方法也具有反复性和长期性的特点。

1. 加强安全教育

通过安全知识的积累和运用可以增强员工安全意识，使其行动具有目的性、准确性和预防性。同时，帮助员工认识到违章操作带来的危害，从心理根源上帮助员工改变对违章操作的认识。违章的安全教育主要包括违章操作危害教育和公司有关制度教育。

(1) 让员工尤其是违章操作的员工深刻地认识到违章操作带来的危害。班组长和车间主任等现场管理人员可以通过教育宣传片或讲述实例的方式，让员工认识到违章作业带来的严重后果。

(2) 让员工了解公司的规章制度。除了使员工牢记各种生产作业规范外，还要让员工明白制定规范的目的，不仅是为了方便企业管理，也是为了员工的人身安全着想。

2. 强化规范的操作习惯

人的行为有依照习惯的倾向，所以员工有了安全、规范的良好习惯，就会很自然地避开违章行为。所以，培养良好作业习惯是增强安全意识、预防习惯性违章，进而杜绝责任事故的根本途径。强化规范操作习惯的方法如图 12—12 所示。

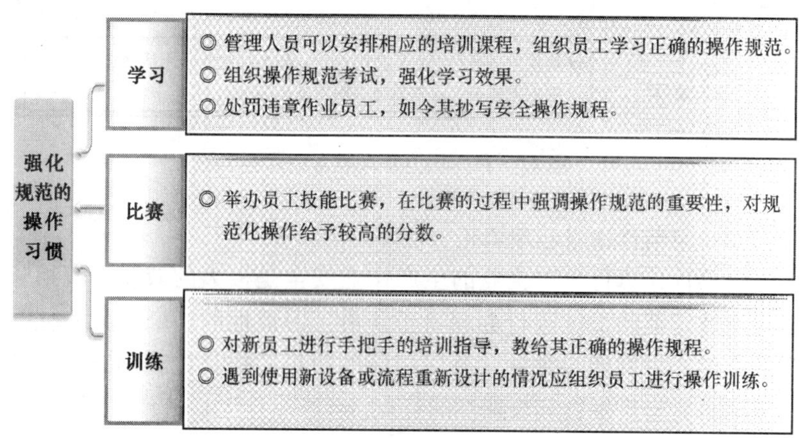

图 12—12　强化规范的操作习惯的方法

班组长、车间主任等基层管理者要努力实现各项作业程序化、科学化，动作标准化、规范化。使员工安全行为由生到熟，由慢到快，从有意识的控制性行为到无意识的习惯性行为，从而达到预防习惯性违章的目的。

3. 进行违章惩罚

习惯性违章现象之所以经常出现，其中一个重要原因就是处罚不严，企业的安全制度在实际工作过程中被管理人员架空。因此企业有必要通过严格执行企业的规定，对违章人员施以相应的惩处，习惯违章的员工才能有所收敛。

管理者在惩罚违章行为的过程中应该遵循三个原则：从小事抓起、人人平等、适度曝光。各原则的具体要求见表 12—7。

表 12—7　　违章惩处的原则

原则	具体要求
从小事抓起	◆严格检查考核，坚持从小事、细节上逐步规范员工行为。根据不同时期、不同岗位，进行重点检查、考核指定的违章行为，待这些行为规范后，再转向其他行为
人人平等	◆对习惯性违章的检查应一视同仁，不能依对方的级别和资历而采取“变通”处理。管理者自己违反了安全规定，也应该勇于认错和受罚。如果管理人员在执行制度的过程中采取多重标准，其造成的影响是非常恶劣的，员工会以此为理由拒绝承认自己的错误行为
适度曝光	◆在适当的范围内对部分违章行为进行曝光，管理者应使作业人员充分认识到作业行为不能随心所欲，为所欲为，必须遵章守纪；充分认识到不知悔改的习惯性违章是自我放弃的行为

4. 加强现场监护

加强现场监护是预防习惯性违章最直接的方法，也是最关键的环节。现场监护工作的执行主体是专门的监护人员，各作业人员相互之间也应做到彼此监督。

(1) 在作业现场，监护人员要能做到举一反三，通过一个员工一次的违章行为，推断出其他情况下和其他员工出现违章行为的可能性。监护人员要能够及时发现存在不安全心理因素的人，特别是存在侥幸心理和麻痹心理的人。

(2) 作业人员也应彼此观察对方情绪，判断其心理和行为动向，及时发现同事的不良行为倾向，并通过语言交流和肢体暗示终止不良行为的发生和延续，做到相互监督和防护。要使生产作业不只是多个人在一起工作的形式，而要让其形成真正意义上的分工协作，达到有效预防习惯性违章的目的。

附录　冶金安全法律法规

13.1.1 《中华人民共和国安全生产法》摘要说明

《中华人民共和国安全生产法》（以下简称《安全生产法》）由第九届全国人民代表大会常务委员会第二十八次会议于2002年6月29日审议通过，自2002年11月1日起施行。

《安全生产法》明确了政府、企业及企业管理者的职责、权利和义务。冶金企业在建设、生产以及供应时应严格遵守。

1. 政府在安全生产方面应履行的职责

各级政府在安全生产方面的职责主要是加强法律法规建设、支持安全生产工作、加大安全生产的监管力度，具体职责见表13—1。

表13—1　　政府在安全生产方面应履行的职责

责任主体	职责	说明
政府	加强对安全生产工作的领导	1. 各级政府都要制定安全生产规划并纳入国民经济和社会发展的总体规划，认真研究解决本地区安全生产中的重大问题 2. 做到有法必依、执法必严、违法必究，确保有关法律、法规和国家关于安全生产的方针政策的贯彻执行 3. 加强对事故预防工作的领导，按规定对危险性大、职业危害严重及重点项目的建设把好审批立项关，对威胁公众安全的重大事故隐患和危险设施、场所，要组织有关部门进行安全性评估，落实整改责任单位，对不能立即消除的重大事故隐患，应采取防范措施并制订应急计划 4. 要加强安全生产宣传教育，努力提高广大人民群众遵章守纪的自觉性和安全生产意识等

续表

责任主体	职责	说明
政府	应当支持、督促有关部门依法履行安全生产监督管理职责	1. 包括乡、镇政府在内的各级地方政府对上级政府有关部门对安全生产的监督管理应当给予支持、配合 2. 县级以上政府对安全生产监督管理中存在的重大问题应当及时予以协调、解决

2. 企业在安全生产方面应履行的职责

对冶金企业而言，在安全生产方面的职责主要是根据《安全生产法》监管本企业的安全生产工作，具体职责见表 13—2。

表 13—2　　冶金企业在安全生产方面应履行的职责

责任主体	职责	说明
冶金企业	加强对企业的安全生产管理	1. 企业必须遵守《安全生产法》和其他有关安全生产的法律、法规，并结合企业具体情况，做好安全生产的计划、组织、指挥、控制、协调等各项管理工作 2. 要依法设置安全生产的管理机构及管理人员，建立健全企业安全生产的各项规章制度并组织实施，做好对作业人员的安全生产教育和培训，做好生产作业场所、设备、设施的安全管理等 3. 在安全生产管理工作中，要注意尊重科学，探求和把握规律，运用安全目标管理、事故预测、标准化作业等安全生产管理方法
	建立、健全安全生产责任制度	1. 在企业安全生产责任制中，企业的主要负责人应对本企业的安全生产工作全面负责 2. 其他各级管理人员、技术人员和作业人员，应当根据各自的工作任务、岗位特点，确定其在安全生产方面的责任，与奖惩制度挂钩
	完善安全生产条件	企业必须具备保障安全生产的各项物质技术条件，其作业场所和各项生产经营设施、设备、器材和作业人员的安全防护用品等方面，都必须符合保障安全生产的要求

3. 企业领导在安全生产方面应履行的职责

冶金企业主要领导需要对企业安全生产工作负全面的责任，具体职责见表 13—3。

表 13—3　　冶金企业领导在安全生产方面应履行的职责

责任主体	职责	说明
冶金企业领导	对企业安全生产工作全面负责	1. 保证企业安全生产所需的资金投入 2. 建立健全本企业安全生产责任制，组织制定企业的安全生产规章制度和操作规程 3. 督促、检查本企业的安全生产工作，及时消除安全生产事故隐患 4. 组织制定并实施企业的安全事故应急救援预案，及时、如实报告安全生产事故

4. 作业人员在安全生产方面享有的权利

作业人员除需按国家法律法规和企业规章制度，严格遵守安全操作规程，做好自身的安全生产工作。同时，他们在安全生产方面也应享有权利，见表 13—4。

表 13—4　　作业人员在安全生产方面享有的权利

责任主体	职责	说明
作业人员	作业人员有获得安全生产保障的权利	1. 具有安全生产的知情权，包括获得安全生产教育和技能培训的权利，被如实告知作业场所和工作岗位存在的危险因素、防范措施及事故应急措施的权利 2. 有获得符合国家标准的劳动防护用品的权利
	对安全生产问题提出批评、建议的权利	作业人员有权对企业安全生产管理工作存在问题提出建议、批评、检举、控告，企业不得因此做出对从业人员不利的处分
	对违章指挥的拒绝权	作业人员对管理者做出的可能危及安全的违章指挥有权拒绝执行，并不得因此受到不利的处分

续表

责任主体	职责	说明
作业人员	有采取紧急避险措施的权利	作业人员发现直接危及人身安全的紧急情况时，有权停止作业或者在采取紧急措施后撤离作业场所，并不得因此受到不利的处分
	在安全生产方面的义务	1. 在作业过程中必须遵守企业的安全生产规章制度和操作规程，服从管理，不得违章作业 2. 接受安全生产教育和培训，掌握本职工作所需要的安全生产知识 3. 发现事故隐患应当及时向安全生产管理人员或主要负责人报告 4. 正确使用和佩戴劳动防护用品

13.1.2 《冶金企业安全卫生设计规定》摘要说明

原国家冶金工业部于1996年5月2日颁布了《冶金企业安全卫生设计规定》，该文件对冶金工作保证安全的组织措施和技术措施做出了基本规定，明确了电气作业安全距离，建立了完整的人身安全防护制度措施等。

该规定适用于大中型冶金企业的新建、扩建、改建和大修工程的设计。凡承担冶金企业工程设计的单位，除执行本规定外，还应执行有关安全卫生方面的国家标准、规范、规程。

1. 安全卫生设计的内容

安全卫生设计的内容及说明见表13—5。

表13—5　　安全卫生设计的内容及说明

规定内容	具体说明
设计依据与原始资料	☆涉及暴雨、雷电等异常气候，不良的工程地质、水文地质，矿石中对人体的有害成分及有隐患的建筑物资料，应经核实，方能作为设计依据

续表

规定内容	具体说明
厂址选择	☆在选择厂址时，应注意暴雨、雷电及台风等自然灾害和滑坡、泥石流、喀斯特溶洞、断层以及地震等特殊地质条件对厂址的影响 ☆厂址应避免与现有或拟建的飞机场、通信设备、雷达导航设施以及工业区域内的其他厂房互相产生不良影响 ☆在矿区附近选择厂址时，应避开矿体崩落带 ☆居住区、饮水水源、渣场、废石场、炸药库等厂外设施地址，应与厂址同时选择，统一规划；厂（矿）的水源取水点严禁设在污染源和地方病常发地区
厂（矿）区布置	☆厂矿工业区、矿井井口、通风井、排土场以及居民生活区等设施布置，应考虑风向的频率、污染源和洪水影响等因素 ☆在满足生产工艺要求下，应同时符合安全、卫生、防火等有关规定 ☆应尽量将厂前区、轧钢区和机修区布置在厂区常年最小频率风向的下风侧 ☆料场和原燃料用量大、污染较严重的生产设施，应尽量布置在靠近厂外运输线和码头处，远离居民区 ☆厂区建筑群体的平面与空间布置，应满足自然通风与自然采光的要求，高温车间应尽量避免西晒，并应做到协调美观
生产工艺设备安全卫生化	☆生产工艺设备的设计应符合安全卫生和适应操作者生理和心理的健康要求 ☆应将尘毒消灭在生产过程中，发展无危害、少危害的新工艺、新技术、新设备，淘汰尘毒危害严重又难以治理的落后工艺设备 ☆宜选用无毒、低毒的原材料代替有毒、剧毒的原材料，将危害减少到最低程度

续表

规定内容	具体说明
车间布置	☆车间布置应按工艺要求，尽可能做到物料运输距离短、工序之间衔接好、方便操作和检修 ☆车间内生产粉尘、噪声和使用易燃物料的设备，应尽量隔开，缩小其影响范围 ☆原料、半成品和备品备件，应有足够的存放面积和适当的储运方式 ☆车间内门与通道的位置、数量及尺寸等应与人行道、运输方式、运输路线相适应，车间内的人行道与机动车道或移动机械交叉处，应设信号、报警装置 ☆设备外缘与建筑物之间距离一般不小于 1 m
操作室	☆操作室的设计应便于观察、联络，保证操作者在座位上能直接控制需操作的全部设备。优先设计坐姿，必要时采取坐、站、走交替的操作姿势 ☆高温岗位的操作室，应设双层钢化玻璃或隔热防雾玻璃窗，玻璃间的空气层厚应不小于 0.05 m；横跨热生产线的操作室底部，应采用隔热材料等隔热措施
建筑物	☆建筑物的设计，除应符合建筑法规和结构规范外，还要使厂（矿）区建筑群的造型与色彩协调一致 ☆建筑物的设计，应充分考虑冶金工厂的特点；有可能引起钢铁水与溶渣爆炸之处，应有严格的防水防潮措施；高温烘烤部位应有防热隔热措施等 ☆设计中应对桥式起重机净空尺寸、安全走道、检修平台等有明确的规定 ☆装有重型与中型桥式起重机的厂房，其柱顶或屋架下弦与桥式起重机小车顶端的净空尺寸不得小于 0.4 m；地基较好，地面荷载不大，跨度小于 15 m 时，净空尺寸可缩小至 0.22 m

续表

规定内容	具体说明
防火	☆厂房、站房与仓库的安全出口，不应少于 2 个；安全疏散距离和楼梯、走道及门的宽度必须符合现行防火规范，安全疏散门必须向外开启 ☆地处城市的冶金企业，若地方消防车队不能在接到报警后的 5 min 内赶到生产车间，必须按规定设专职消防队 ☆冶金企业的站房、库房，均应按物品的类别分别存储，并按不同要求采取相应的防火措施。存放油类与化工材料等易燃物质的场所，应设自动报警与灭火设施 ☆大于 1 600 kV·A 的变压器，应设热检测器和固定式二氧化碳灭火器。有可能被钢水、铁水溅到的电缆构筑物，应用耐火材料防护 ☆消防设计必须经当地消防部门批准；选用的消防器材，必须是经过国家鉴定合格的产品
防爆	☆高炉、熔炼炉、平炉、转炉和电炉的水冷却设备，在设计、制造和安装时必须保证足够的强度和严密性，严防水进入高温炉内 ☆存放液体金属与熔渣处，地面不得有易积水的坑、沟等，如生产上必须设置地面沟、坑等，则必须有严密的防水措施，并保证干燥。车间内地面标高应高出厂区地面标高 0.3 m 以上
防冻	☆寒冷地区应有必要的防冻设施，气温出现过 0℃以下并持续一段时间的其他地区，视生产需要也应有防冻措施 ☆锅炉和受压容器的设计必须遵守《蒸汽锅炉安全技术监察规程》《压力容器安全监察规程》《钢制石油化工压力容器设计规定》等有关规定

续表

规定内容	具体说明
防暑降温	☆单跨或双跨厂房应将热源布置在最小频率风向上风侧，多跨厂房应尽量将热源集中到一跨或两跨；自然冷却或强制冷却的各种炽热成品，应集中到一定区域 ☆应尽量减少炽热的成品、半成品在车间内停留的时间及运输距离 ☆各种散发热量的炉窑、设备和管道，应采取隔热措施 ☆当地夏季通风设计计算温度高于32℃的冶金企业，应设有降温设施的高温作业倒班休息室，并有足够的床位。每个床位占面积以2～4 m^2 为宜
噪声与振动防护	☆设计时应选用低噪声的工艺设备，并合理布置；充分利用地形、声源指向性、绿化等，尽量使高噪声区与低噪声区分开；对超过噪声标准的噪声源，应采取措施，最大限度降低噪声危害 ☆对厂区内各类地点的噪声限制值，以及由厂内声源辐射至厂界的噪声，设计时应执行GBJ 87—85《工业企业噪声控制设计规范》的规定 ☆噪声超标的通风机、鼓风机、压缩机和排气、放风等，均应配备消声器。油磨机、柴油机、破碎机、振动筛等设备，应采取吸声或隔声措施 ☆在同一厂房内的高噪声跨与其相邻的低噪声跨之间应设置隔声墙或隔声屏障
放射线防护	☆放射性同位素应用的设计，在使用、储存、运输、装卸、监督与管理方面，必须遵守GB 4792—84《放射性卫生防护基本标准》中的有关规定，并经主管卫生部门批准 ☆使用封闭型放射源的场所，必须解决外照射防护问题 ☆放射源应尽量避免在人口密集地区使用和储存 ☆放射性工作场所的屏蔽设计，必须保证操作人员自身受到的年剂量当量不超过50 mSv（5rem）；相邻作业区人员所受到的年剂量当量不超过5 mSv（0.5rem）

续表

规定内容	具体说明
采光照明	☆设计应充分利用自然采光，所有建筑物除特殊需要不得开窗或条件限制不能开窗外，都应采用向外开的窗户采光 ☆厂房照明的照度，应按 GB 50034—2004《工业企业照明设计标准》规定设计，人行通道、作业地点和主要交通运输线路均应有照明 ☆易触及的无防触电措施的固定式和移动式照明，安装高度小于 2.4 m 的，电压不应超过 36 V ☆在车间屋面桁架上安装灯具或架设照明用线，应考虑在起重机上能进行维护的设施，或架设维护走道、平台等 ☆照明开关应设在出入口或运输线附近和人们容易识别的适当地点
尘毒与安全检测	☆生产过程中产生的尘毒危害和不安全因素，按国家规定需要进行检测的，应配备相应的检测装置；同时，还应规定检测项目、方法和周期 ☆在尘毒净化管道系统和除尘器、净化器的进出口处，应设固定测定孔；在有爆炸性的尘毒净化系统中，应同时设有连续自动检测装置
安全走道、梯子、平台、栏杆和其他危险场所的防护措施	☆大中型厂厂区的主干道两侧，应铺设人行道。生产车间厂房内必须设有安全走道，宽度应大于 1 m，两侧用宽 0.08 m 的黄色铅油标明架设的安全走道应有栏杆、防滑钢板，栏杆下部应设防护板 ☆需经常登高检查和维修的设备，应安设钢斜梯，不用钢直梯 ☆设置平台的地点和平台的尺寸，应以方便操作和检修为原则。室外的平台有相应的漏水措施 ☆平台、人行通道、坑池边、升降口和安装孔等有人可能进入又有坠落危险的场所，必须设栏杆、围栏或盖板 ☆无防护罩的旋转体、连续可移动的机械设备和高压危险区应设安全栏杆

续表

规定内容	具体说明
安全色	☆消火栓、灭火器、灭火桶、火灾警报器、消防用具以及绝对禁止进入的危险地区的护栏等应采用红色 ☆起重机、一切吊具、卷扬机、操作台、低矮的过梁、坑道边缘、设备传动轴等危险处应采用黄色 ☆电瓶车、地爬车、升降叉车的四框、起重机及其梁中心、吊钩的滑轮架、机车防撞器及防护栏杆等应采用黄色与黑色相间条纹
安全标志	☆油库、火药库、化工易燃产品车间等易爆地易爆地区，应有明显的永久性的“严禁烟火”标志 ☆安全标志按GB 2894—2008《安全标志及使用导则》的相关规定执行

除上述内容外，冶金企业安全卫生设计还包括采矿、选矿、原料厂位置设置等方面内容。因此，在冶金企业安全卫生设计时应结合本企业自身的实际情况，明确企业已具备的设施、设备情况，并参考《冶金企业安全卫生设计规定》中的内容进行合理设计，避免重复或缺失。

2. 安全卫生设计的注意事项

在编制冶金企业安全卫生设计规程时，应注意以下几点。

（1）安全教育室、检测站、救护设施与职业病治疗设施等安全卫生专项工程应有专门的设计与概预算，其他安全卫生设施的概预算包括在各专业设计的概预算中。

（2）安全卫生的要求应贯穿在各专业设计中，做到安全可靠、技术先进、经济合理，互相协调一致，尽可能达到本质安全化，并符合人机工程学原则，以实现经济效益与安全生产的统一。

（3）在选用工艺流程时，要满足安全卫生的要求。安全卫生技术装备水平应与工艺设备装备水平相适应，必要时高于工艺设备设计的技术装备水平。在采用技术措施后仍有危害的作业，应采取安全防护措施，或用自动化、遥控取代人工操作。

(4) 在初步设计中应进行安全卫生评价，评价的主要内容为防火、防爆和安全距离、岗位尘毒浓度等指标是否符合国家的安全卫生标准和有关规定；与国内已投产的类似工艺设备和设施的安全卫生条件比较，暴露出来的安全卫生问题是否得到有效的解决；与扩建、改建、大修前相比较，安全卫生条件是否有了明显的改变。

(5) 安全卫生设施必须与主体工程同时设计，同时施工，同时验收、投产使用。初步设计审查与工程竣工验收时，必须有同级劳动、卫生、公安部门和工会组织参加。凡不符合安全卫生要求的不予验收、不得投产。职业危害特别严重的硅砖和含焦油、沥青、石棉的制品厂（车间）应报上一级主管安全部门批准，才能投产。

13.1.3 《冶金企业安全生产监督管理规定》摘要说明

《冶金企业安全生产监督管理规定》于 2009 年 8 月 24 日由国家安全生产监督管理总局局长办公会议审议通过，自 2009 年 11 月 1 日起施行。

本规定适用于冶金企业安全生产监督管理工作，以及炼铁、炼钢、轧钢、铁合金生产作业活动和钢铁企业内与主工艺流程配套的辅助工艺环节的安全生产及其监督管理。制定本规定的目的是防止和减少生产安全事故和职业危害，保障从业人员的生命安全与健康。

1. 设置监督执行主体

对冶金企业实施监督的主体包括国家安全生产监督管理总局、县级以上地方人民政府安全生产监督管理部门、冶金企业第一责任人等，其各自的职责见表 13—6。

表 13—6　　冶金企业安全生产监督主体

监督主体	监督内容
国家安全生产监督管理总局	◇对全国冶金安全生产工作实施监督管理
县级以上地方人民政府安全生产监督管理部门	◇按照属地监管、分级负责的原则，对本行政区域内的冶金安全生产工作实施监督管理
冶金企业第一责任人	◇对冶金企业安全生产工作负责，相关负责人在各自职责内对本企业安全生产工作负责

安全生产监督管理部门还应当建立健全建设项目安全预评价、安全专篇、安全验收评价的备案管理制度。同时，对实施监督检查的人员制定详细的要求，使其不断提高执法能力，具体如图 13—1 所示。

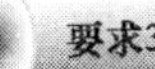

图 13—1　监督检查管理工作及人员的要求

2. 监督管理内容

冶金企业应当遵守《冶金企业安全生产监督管理规定》的条款，

掌握此规定中监督管理的内容，为冶金企业的监督管理提供依据。该规定中监督管理的内容如下。

（1）冶金企业应当建立健全安全生产责任制和安全生产管理制度，完善各工种、岗位的安全技术操作规程。

（2）冶金企业的从业人员超过300人的，应当设置安全生产管理机构，配备不少于从业人员3‰比例的专职安全生产管理人员；从业人员在300人以下的，应当配备专职或者兼职安全生产管理人员。

（3）冶金企业主要负责人、安全生产管理人员应当接受安全生产教育和培训，具备与本企业所从事的生产经营活动相适应的安全生产知识和管理能力。特种作业人员必须按照国家有关规定经专门的安全培训考核合格，取得特种作业操作资格证书后，方可上岗作业。

（4）冶金企业应当定期对从业人员进行安全生产教育和培训，保证从业人员具备必要的安全生产知识，了解有关的安全生产法律法规，熟悉规章制度和安全技术操作规程，掌握本岗位的安全操作技能。未经安全生产教育、培训不合格的从业人员，不得上岗作业。

（5）冶金企业的新建、改建、扩建工程项目（以下统称建设项目）的安全设施、职业危害防护设施必须符合有关安全生产法律、法规、规章和国家标准或者行业标准的规定，并与主体工程同时设计、同时施工、同时投入生产和使用。

（6）建设企业应当按照有关规定组织建设项目安全设施的设计审查和竣工验收。

（7）建设项目安全设施竣工后，应当委托具有相应资质的中介机构进行安全验收评价。建设项目安全设施经验收合格后，方可投入生产和使用。

（8）冶金企业应当对本单位存在的各类危险源进行辨识，实行分级管理。对于构成重大危险源的，应当登记建档，进行定期检测、评估和监控，并报安全生产监督管理部门备案。

（9）冶金企业应当按照国家有关规定，加强职业危害的防治与职业健康监护工作，采取有效措施控制职业危害，保证作业场所的职业卫生条件符合法律、行政法规和国家标准或者行业标准的规定。

(10) 冶金企业应当建立健全事故应急救援体系，制定相应的事故应急预案，配备必要的应急救援装备与器材，定期开展应急宣传、教育、培训、演练，并按照规定对事故应急预案进行评审和备案。

3. 冶金企业的资金投入要求

冶金企业应当保证安全生产所必需的资金投入，并用于下列范围，如图 13—2 所示。

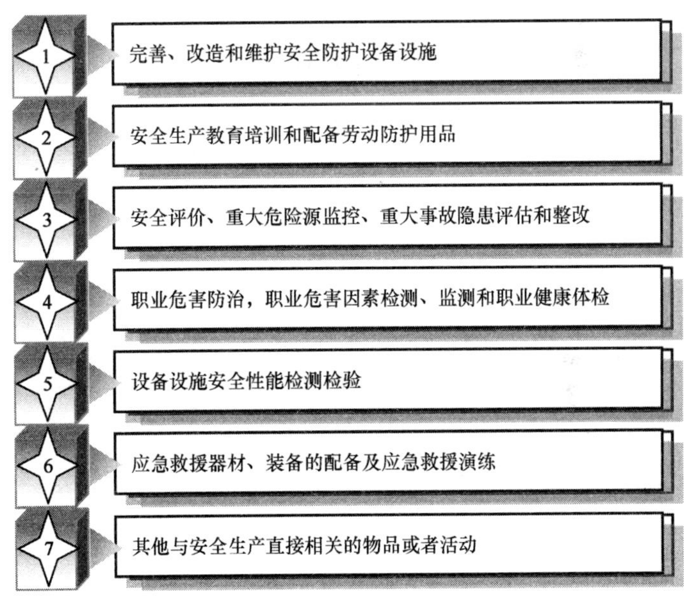

图 13—2　冶金企业资金投入的适用范围

4. 监督管理结果处理

安全生产监督管理部门及其监督检查人员应当加强对冶金企业安全生产的监督检查，对违反安全生产法律、法规、规章、国家标准、行业标准和相关规定的安全生产违法行为，依法实施行政处罚。处罚结果见表 13—7。

表 13—7　　　　　　监督管理处罚结果表

处罚结果	违反条款或事项
给予警告，并处 1 万～3 万元的罚款	《冶金企业安全生产监督管理规定》中的第 21 条、第 23 条、第 24 条、第 27 条
责令限期改正；逾期未改正的，处 2 万元以下的罚款	1. 安全预评价报告、安全专篇、安全验收评价报告未按照规定备案的 2. 煤气生产、输送、使用、维护检修人员未经培训合格上岗作业的 3. 未从合法的劳务公司录用劳务人员，或者未与劳务公司签订合同，或者未对劳务人员进行统一安全生产教育和培训的